PONDICHERRY

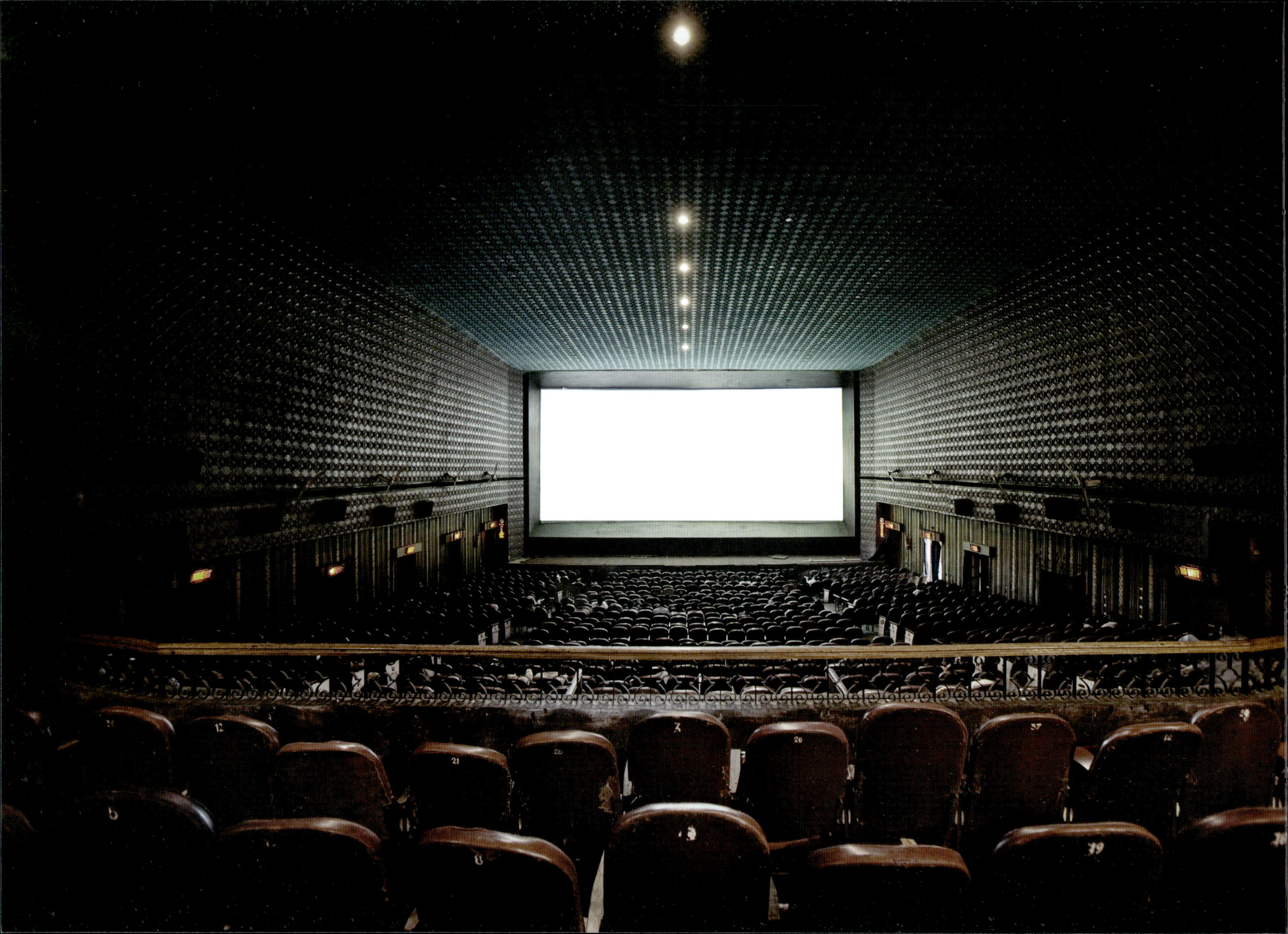

PONDICHERRY

Sebastian Cortés

Essays by Pascal Bruckner, Akash Kapur, and Amin Jaffer

Lustre Press
Roli Books

Pondicherry

by Sebastian Cortés

'He remembered that she was pretty, and, more, she had a special grace in the intimacy of life. She had the secret of individuality which excites and escapes.' – Joseph Conrad

As a photographer, and more simply as an observer of places and people, I have wandered the streets of Pondicherry and stepped beyond the white walls to ask for hospitality of those who have allowed me to record their world. This exercise of revealing and anchoring in time and space has allowed me to mingle with the many influences that linger in the air of Pondicherry.

Wherever I happen to be, in an Indian village, on a fashion set in New York, or in Rajasthan, exploring abandoned havelis, I have always sought those in-between moments that unveil. As William Egglestone once said, 'I just wait until my subject appears – which is often where I happen to be.'

Since a photograph is but a starting point, a reflection that triggers other thoughts and emotions, I sent the images of this book to writer friends, who are keen observers of the world. Their comments on Pondicherry have helped to widen the range of tones of this book and their words have magically enriched it.

This book is an offering to the many people and places which compose the mosaic of Pondicherry. The lives, the emotions, and the moments captured in these pages, are both the town's past and present.

Pondicherry, December 2011

Sebastian Cortés, born in New York, took up photography in 1980 while at the New York University film school, where he studied and collaborated with many of the best names in the industry. In 1985, he moved to Milan and pursued fashion and lifestyle photography assignments for many international magazines, as well as for commercial clients, while also concentrating on portraits and personal work. In 2004, Sebastian moved with his family to India. His award-winning photography is greatly appreciated and has enriched several book projects. Currently, he divides his time and energy between commercial, editorial, and artistic projects, both in India and Europe.

Pondichéry

par Sebastian Cortés

'Il se souvint qu'elle était jolie, et, surtout, qu'elle avait dans l'intimité une grâce particulière. Elle avait le secret de l'individualité qui excite et qui échappe.' – Joseph Conrad

En tant que photographe, et plus simplement encore en tant qu'observateur de lieux et de gens, j'ai parcouru les rues de Pondichéry, et me suis introduit derrière les murs blancs pour demander l'hospitalité de ceux qui y vivent, afin de photographier leur univers. Cet exercice de révéler et de fixer dans le temps et l'espace, m'a permis de me mêler aux différentes influences qui flottent dans l'atmosphère de la ville.

Où que mes pas me conduisent, dans un village de l'Inde, devant un set de mode à New York, ou au Rajasthan dans des havelis désertés, je cherche toujours à capter ces instants magiques entre deux souffles où une autre réalité se dévoile. Comme le disait William Egglestone: 'J'attends simplement que mon sujet apparaisse – et c'est souvent là où je me trouve.'

Comme une photographie peut n'être qu'un commencement, une réflexion qui à son tour initie d'autres réflexions et d'autres émotions, j'ai envoyé les photos de ce livre à des amis écrivains qui sont des observateurs attentifs du monde. Leurs commentaires sur Pondichéry ont élargi la gamme des tonalités de ce livre et l'enrichissent de la magie de leurs mots.

Ce livre est une offrande aux nombreuses personnes et aux nombreux endroits qui composent la mosaïque de Pondichéry. Les vies, les émotions et les situations capturées dans ces pages sont à la fois le passé et le présent de cette ville.

Pondichéry, décembre 2011

Sebastian Cortés naît à New York où il débute sa relation avec la photographie en 1980, à l'école de cinéma de New York University. Il a alors l'opportunité de collaborer avec plusieurs grands noms du domaine cinématographique. En 1985, il s'installe à Milan et commence à travailler pour de nombreux magazines internationaux de mode, ainsi que pour des agences publicitaires. Egalement, il se focalise sur des portraits et des activités plus personnelles. En 2004, Sebastian s'installe avec sa famille en Inde. Ses photographies de voyage et de mode sont grandement appréciées. Actuellement, il consacre son énergie à l'édition et à d'autres projets professionnels et artistiques dans son pays d'adoption ainsi qu'en Europe.

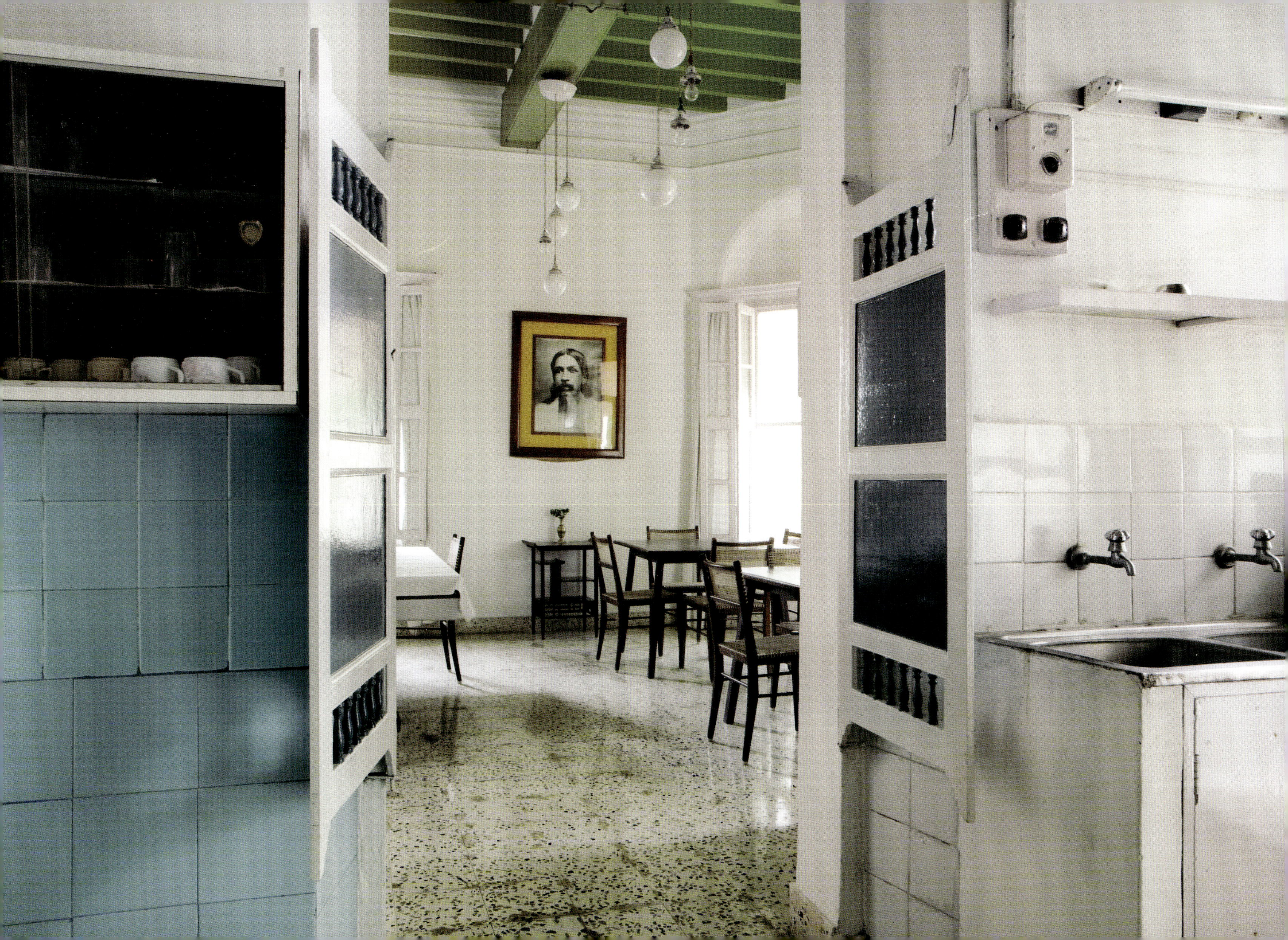

An Eden that is hard to fathom...

by Pascal Bruckner

The first time I came to Pondicherry, 25 years ago, drawn by the quaint fragrance of this former outpost, I hated it. The town seemed to have slipped out of everyone's memory as it lay helpless under the scorching sun. We were staying at Monsieur Magry's Grand Hôtel de l'Europe, from whose walls hung pictures of Versailles and of the châteaux along the Loire. Monsieur Magry, a grand melancholic landlord, divided his life between cooking French meals, much too heavy for the hot climate, and waiting on his young, 18 year-old Indian mistress we eyed enviously. For this half-caste patrician man, always dressed in a lungi, life had stopped with the departure of the French, as he continually harked back to their extravagant rituals and ceremonial pomp. While Auroville seemed embroiled in internal conflicts, an enlightened disciple of the Mother's kept talking to us about the magnetic powers of her hands, and about the anemic Tamilians debilitated by their meatless diet. The Consul General of the time, feeling lost in a large rundown mansion with patchy walls, spoke to us about his plans to revive the town, whereas he himself seemed weighed down by doubt and torpor. Some dissolute remnants of old Europe found themselves trapped here, like flies caught in a spider's web, living out their lives in a strange cocktail of pastis and drugs. Neither the fresh batches of baguettes coming out every morning from the bakeries – a funny sort of inverted exoticism – nor the club of ex-servicemen of the colonial French Army in their faded uniforms, evoked the slightest curiosity. Pondicherry would never match up with Goa as an important global pilgrimage destination; a teeming crossroads of cultures and influences, exuding an oriental air. Eden had grown musty and India was to gobble up this last vestige of the French empire, and so much the better.

The miracle, however, has happened. As these superb photographs by Sebastian testify, Pondicherry has finally woken from its deep slumber. This miniscule territory lost between sea and land was fortunate in attracting conquerors of different origins who settled here in cheerful tolerance, unmindful of race or creed. A handful of men and women, from India and abroad, have now joined forces to restore houses, give façades a facelift, reviving cultural exchanges, and thus saving this town from oblivion and collapse. Look at the curious paradox: this narrow strip of land has turned its back on the ocean. Hardly anyone bathes in it. Its currents are considered perilous; there is no port, and the fishing industry remains quite out of date. Pondicherry is now a sealed-off town, uncommunicative about its secrets, its elegant residences, its tree-lined boulevards, and serious-minded ashrams. Having never been the Mecca of drop-outs, this town has been saved from the scourge of mass tourism, which, according to an iron rule, would affirm that hippies have always been, wherever they settled, the best prospectors for travel agencies. One still comes across these sun-tanned, turbaned vagabonds disguised as sadhus straight out of the carnival, trying hard, as they did in the 1970s, to offer to their fellow-creatures a spectacle of their own eccentricity. But these upscale ragamuffins are but a handful. Pondicherry is visited and revisited by people who love India, people looking for something other than a cheap thrill, who stop here to get acclimatized and breathe a subtle fragrance wafting between two continents, Europe and Asia. An Eden that is hard to fathom and does not unveil itself at once, it bares out its heart of secrets only to the deserving. It is its geographic side that keeps you on the fringe of the Indian cauldron and its bubbling tumults. Pondicherry evokes the sensuousness of being on the edge.

After seeing Sebastian's photographs, one notices the predominant tonality of this town: the washed-out grey. It constitutes a web of harmonics and subtle shades, a clever compromise between the ancient and the new, the façades repainted white, the ochre or pastel tones of the houses, the burgundy floors, the vivid green of the palm-trees, the wear-and-tear caused by the sea air, the climate, and the monsoon-rains. The ashram of Aurobindo, by deciding to paint its buildings in sparkling grey – slightly uniform, slightly regimental – turns its back on what verily constitutes the charm and beauty of this place: this perpetually unresolved rivalry of colours and their myriad shades. This grey that sometimes veers to green or to blue lends to Pondicherry its poignant charm, a blend of languor and nostalgia. An invisible patina covers the most flaming things, which seem to have become bygones even before surfacing, to a point where they vanish into nothingness, suspended on the edge of the abyss. One gets a taste of a time of quality and reminiscence, very different from the hurly-burly of big cities. Here, the present seems already past, like a fugitive trail dimming away almost as soon as it has appeared. Look at these interiors photographed by Sebastian, both empty and overloaded at once, filled with bric-à-brac of beds, clocks, lifeless lamps, and sagging sofas set in chiaroscuro against flaky walls. They lead us on to another dimension. The tonality of this parallel world exudes a kind of soft, impalpable melancholy which evokes an idleness bordering on the miraculous as if we had always lived in it and were returning home. Nothing is lost, nothing is to be regained, we are experiencing the satiny weft of time that flows on and strips us threadbare, makes of us eternal travelers condemned to transience. It is nothing very important or grandiose, just a heady perfume, a wink of light, a shuffling of naked feet, just the bare essence, a weightless enchantment that feels like joy.

Pascal Bruckner began writing in the vein of the so-called 'nouveaux philosophes' and counts among their best known French proponents. He published *Parias* (Parias), *Lunes de Fiel* (adapted to film by Roman Polanski) and *Les voleurs de beauté* (*The beauty stealers*) (Prix Renaudot in 1997). An essayist for the *Nouvel Observateur* and *Le Monde*, Pascal Bruckner has always had a deep love and understanding of India.

C'est un paradis exigeant...

par Pascal Bruckner

La première fois que je suis venu à Pondichéry, il y a 25 ans, aimanté par le parfum désuet de cet ancien comptoir, je l'ai détesté. La ville semblait oubliée de tous, abandonnée sous la canicule. Nous logions au Grand Hôtel de l'Europe orné de photos de Versailles et des châteaux de la Loire, chez Monsieur Magry, grand seigneur déprimé dont l'existence se partageait entre la confection de repas français, indigestes sous cette chaleur et les tendres soins qu'il portait à sa maîtresse indienne, une jeune femme de 18 ans que nous lui enviions. Pour ce métis aux manières patriciennes, toujours vêtu d'un dhoti, la vie s'était arrêtée avec le départ des Français dont il évoquait sans fin les rituels et les fastes, très exagérés. Auroville semblait déchirée par des luttes intestines, un adepte illuminé de Mère nous entretenait des pouvoirs magnétiques de ses mains et de l'anémie des Tamouls, terrassés par le manque de viande. Le Consul de l'époque, perdu dans une vaste maison délabrée, aux murs tachés, évoqua des projets mirifiques pour réveiller la ville mais lui-même semblait accablé par le doute et la torpeur. Quelques épaves dissolues du vieil Occident s'étaient laissées prendre là comme des mouches dans une toile d'araignée et finissaient leur existence dans un étrange cocktail de pastis et de drogue. Ni les fournées de baguettes sortant chaque matin des boulangeries, dérisoire exotisme à l'envers, ni le cercle des anciens combattants dans leur uniforme passé de la Coloniale, ne suscitaient le moindre intérêt. Pondichéry ne serait jamais comme Goa une des grandes étapes du pèlerinage mondial, un carrefour fécond de cultures et d'influences marquées de l'estampille orientale. L'Eden était moisi, l'Inde allait engloutir ce dernier vestige de l'Empire français et c'était tant mieux.

Le miracle pourtant s'est produit. Pondichéry comme en témoignent les superbes photos de Sebastian Cortés est sortie de son grand sommeil. Ce territoire lilliputien perdu entre la terre et l'eau a eu la chance d'attirer des conquérants de toutes origines qui s'y sont installés, dans une tolérance bienheureuse, sans souci de races, de credo. Une poignée d'hommes et de femmes, indiens et étrangers, se sont mobilisés pour restaurer les maisons, ravaler les façades, ranimer les échanges, sauver le lieu de l'oubli et de l'effondrement. Paradoxe intéressant: cette étroite bande de terre tourne le dos à l'Océan. On s'y baigne peu ou à peine, les courants sont dangereux, il n'y a pas de port, le commerce de la pêche reste archaïque. Pondichéry est une ville close, fermée sur ses secrets, ses élégantes demeures, ses boulevards bordés d'arbres, ses ashrams studieux. N'ayant jamais été la Mecque de la marginalité, elle échappe au fléau du tourisme de masse selon cette loi d'airain qui veut que les hippies aient été, partout où ils se sont installés, les meilleurs prospecteurs des agences de voyage. On y croise encore de ces clochards bronzés, enturbannés, travestis en sâdhus de carnaval, qui tentent comme dans les années 70 de donner à leurs congénères le spectacle de leur propre extravagance. Mais ces déguenillés de luxe sont une poignée. Viennent et reviennent à Pondichéry ceux qui aiment l'Inde, en attendent autre chose qu'un frisson bon marché et s'arrêtent là pour s'acclimater, respirer un parfum subtil de frontière entre l'Europe et l'Asie. C'est un paradis exigeant qui ne se livre pas tout de suite, qu'il faut mériter, découvrir, une parenthèse géographique qui vous maintient au bord du chaudron indien et de ses tumultes. Pondichéry ou la volupté du seuil.

A voir les photos de Sebastian, on comprend la tonalité dominante de cette ville: le gris délavé. Un tissu d'harmoniques et de nuances, un compromis savant entre le neuf et l'ancien, les façades repeintes en blanc, les tons ocre ou pastel des maisons, les dalles bordeaux des sols, le vert éclatant des palmes et le travail d'usure de la mer, du climat, de la mousson. L'ashram d'Aurobindo en décidant de peindre ses bâtiments d'un gris pimpant, un peu uniforme, un peu militaire, tourne le dos à ce qui fait précisément la beauté du lieu, le combat jamais gagné entre les couleurs et leur dilution. Ce gris qui vire parfois au vert ou au bleu donne à Pondichéry son charme si poignant, un mélange d'indolence et de nostalgie. Une invisible patine recouvre les choses les plus flamboyantes qui semblent révolues avant d'être advenues, sur le point de basculer dans le néant, suspendues au bord de l'abîme. On y goûte une qualité de la durée, très différente du tourbillon des grandes métropoles, celui de la réminiscence. Le présent y paraît déjà du passé, comme une trace fugitive qui s'estompe, à peine apparue. Voyez ces intérieurs à la fois vides et surchargés, remplis d'un bric-à-brac de lits, d'horloges, de lampes anémiques, de sofas défoncés sur fond de murs écaillés et de clair-obscur que photographie Sebastian: on y entre dans une autre dimension. La tonalité de cet univers parallèle serait une sorte de mélancolie légère, impalpable qui suggère un miraculeux désoeuvrement. Comme si nous habitions là depuis toujours et que nous retournions chez nous. Rien n'est perdu ou n'est à retrouver, nous éprouvons juste la trame soyeuse du temps qui s'écoule et nous dépossède, fait de nous d'éternels promeneurs voués à l'éphémère. Ce n'est rien d'important, de grandiose, à peine une odeur entêtante, un clignotement de la lumière, un frottement de pieds nus, c'est juste l'essentiel, une légère extase qui ressemble au bonheur.

Pascal Bruckner a commencé à écrire dans la veine des soi-disant 'nouveaux philosophes' et compte parmi les représentants français les plus connus de ce mouvement. Il a publié *Parias*, *Lunes de fiel* (adapté pour le cinéma par Roman Polanski) et *Les voleurs de beauté* (Prix Renaudot en 1997). Parmi ses essais, citons *La Tentation de l'innocence* (Prix Médicis) et le célèbre *Sanglot de l'Homme blanc*. Il collabore souvent avec le *Nouvel Observateur* et *Le Monde*. Ses voyages le conduisent souvent en Inde.

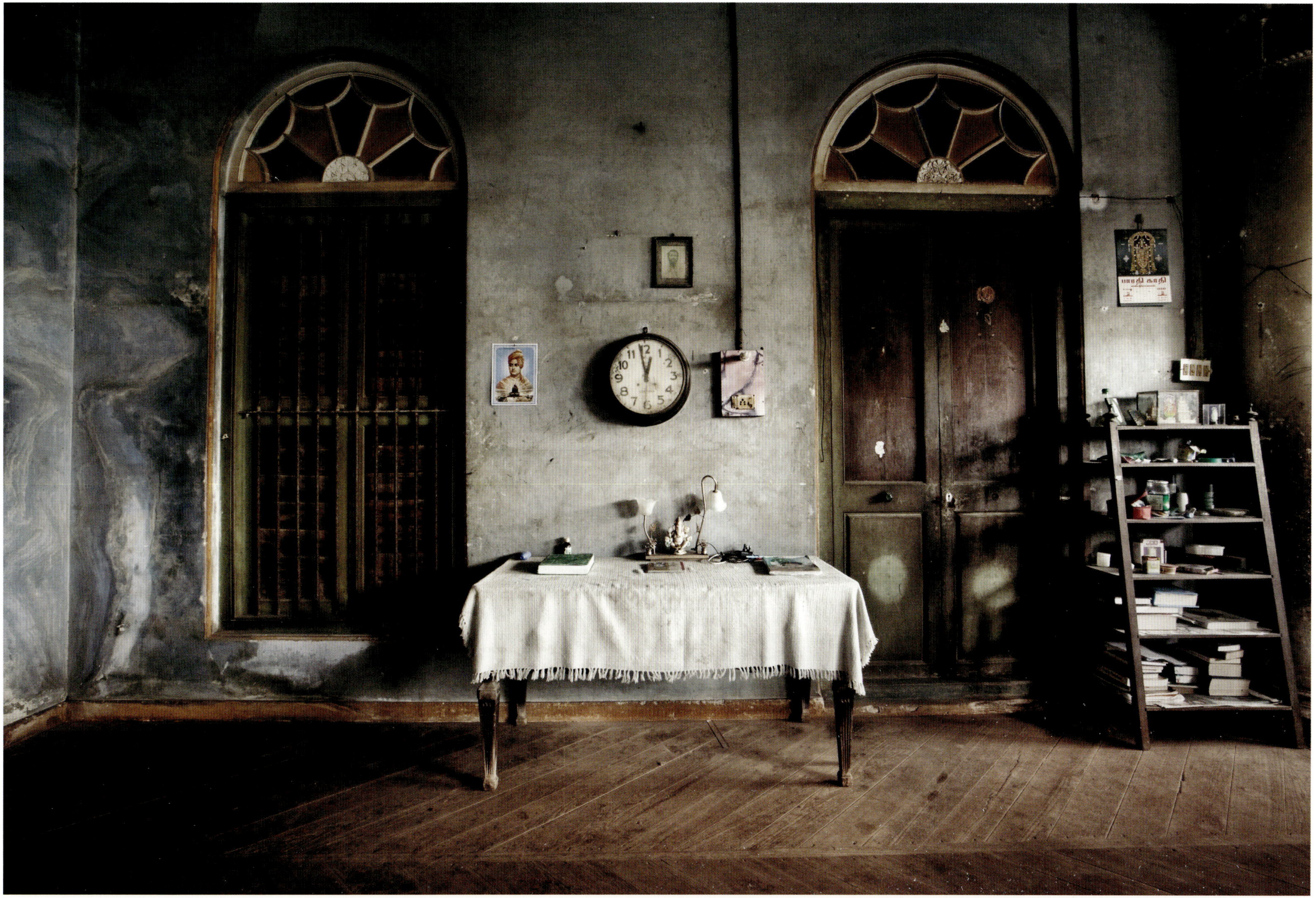

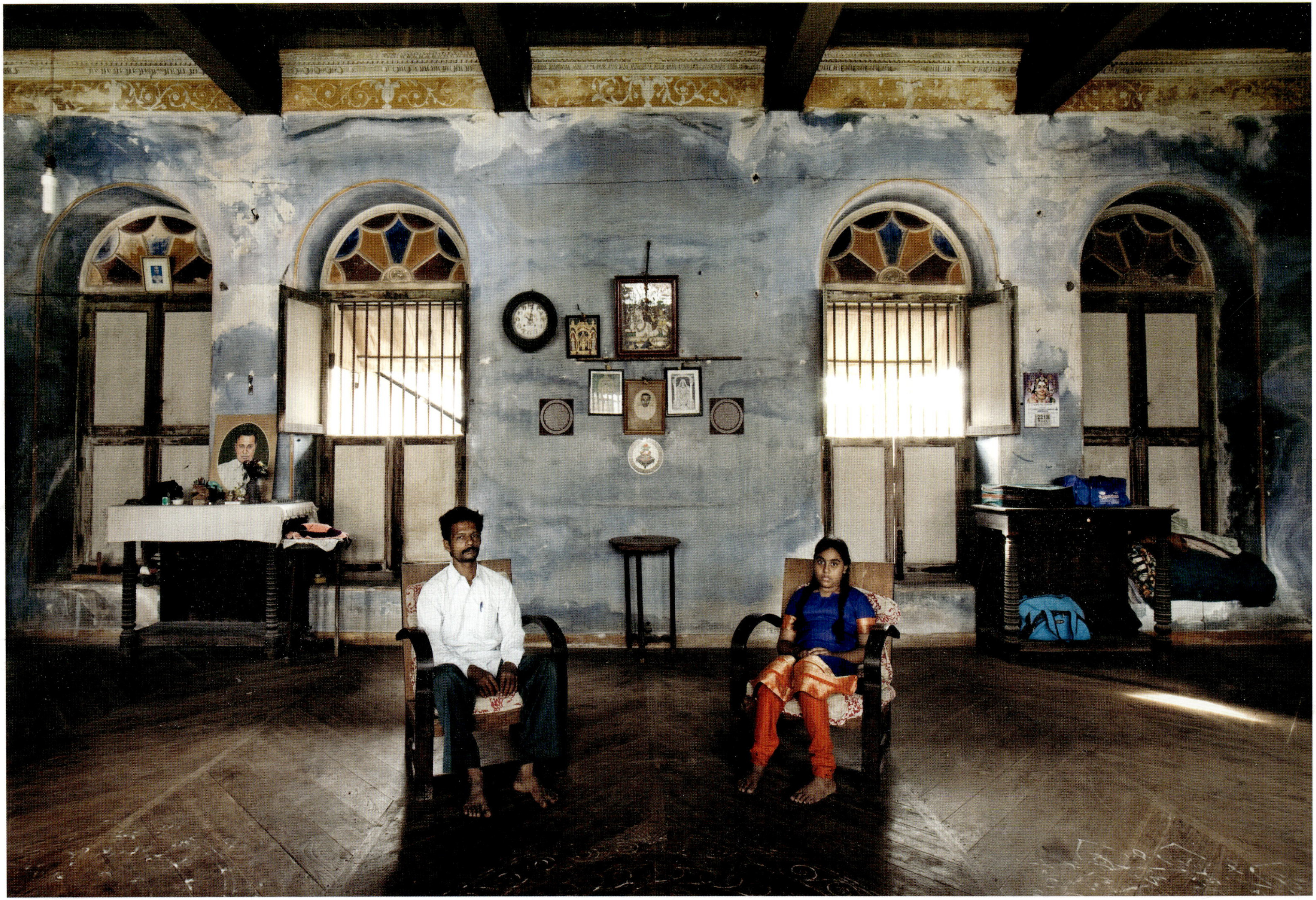

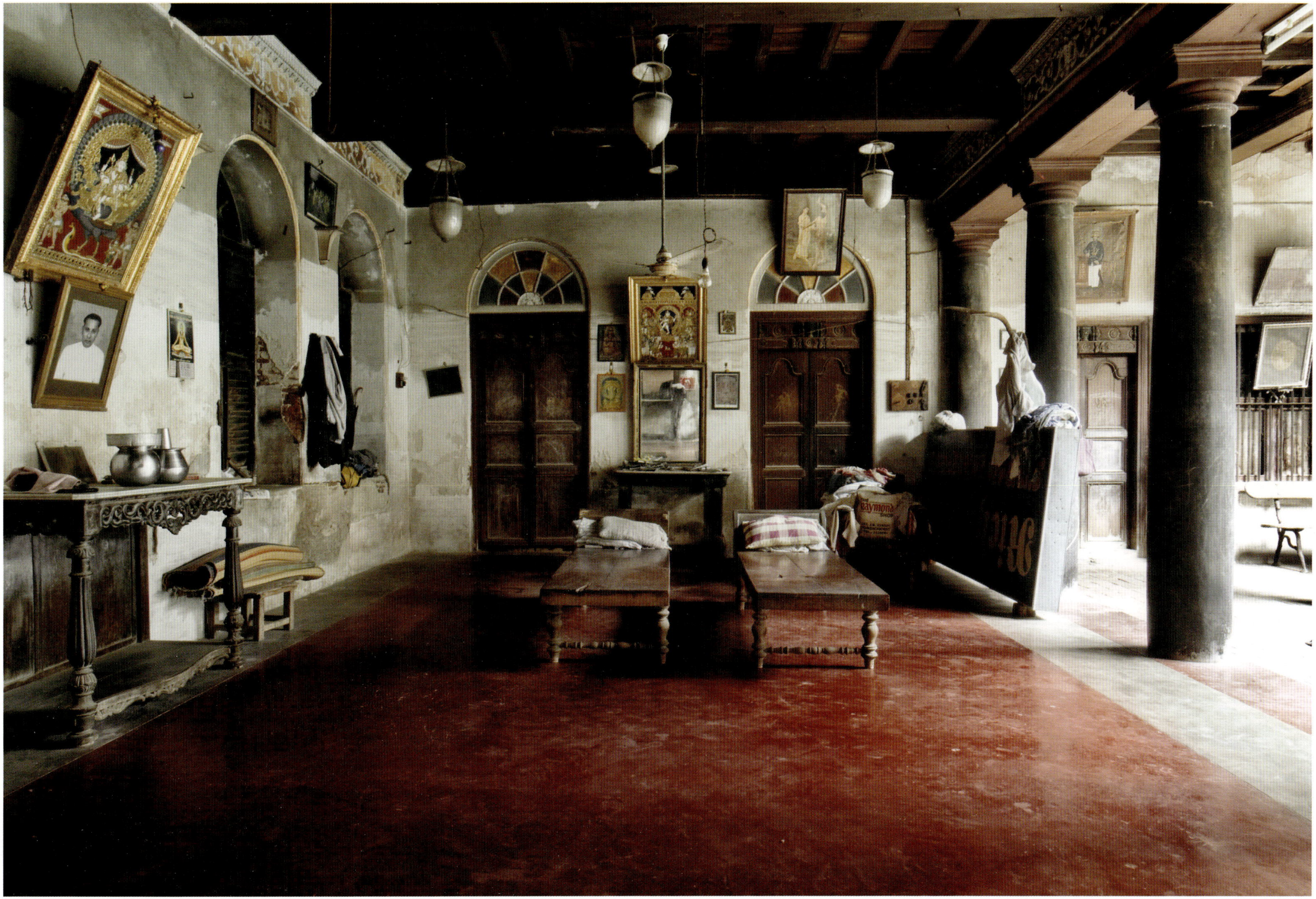

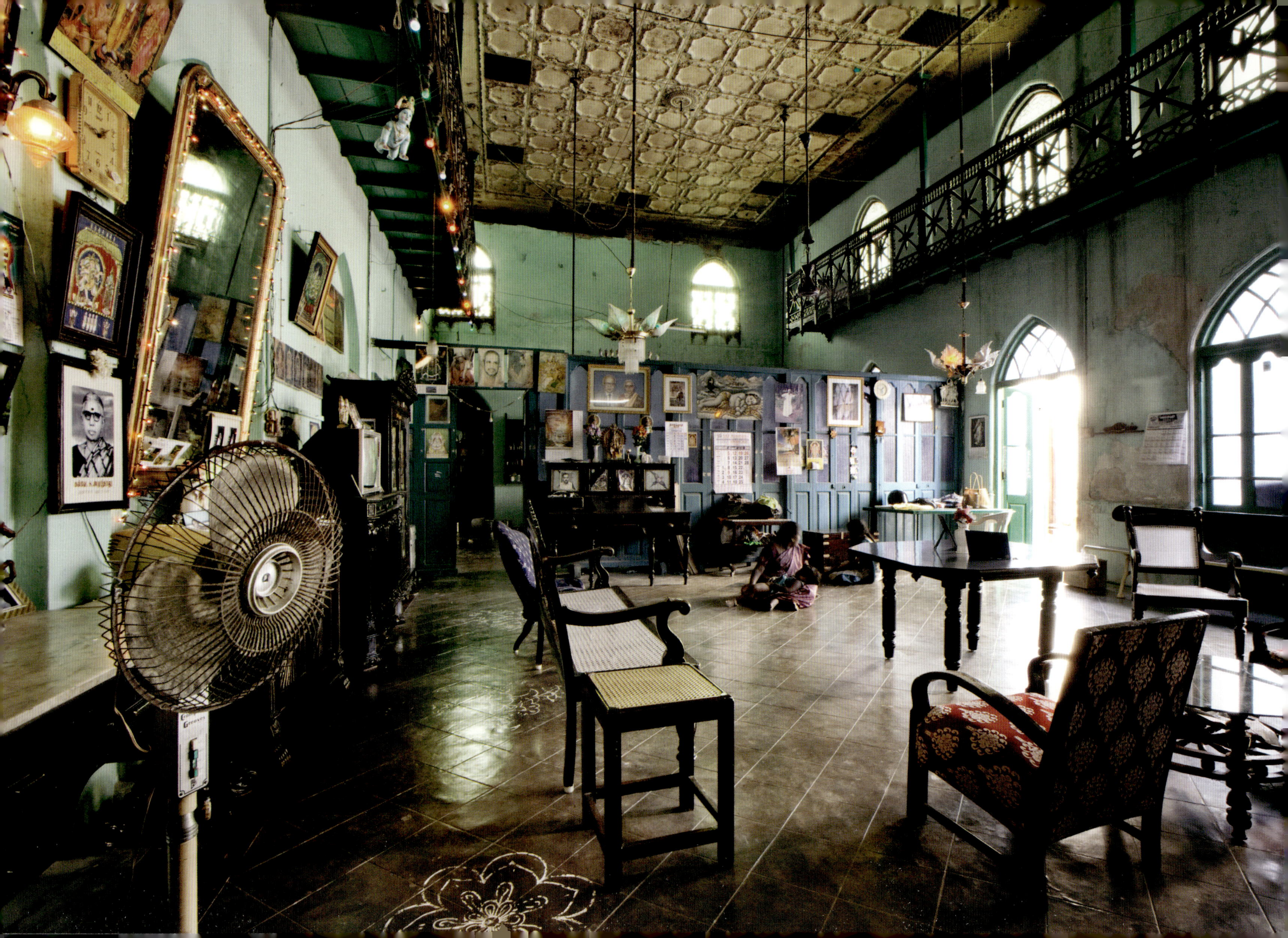

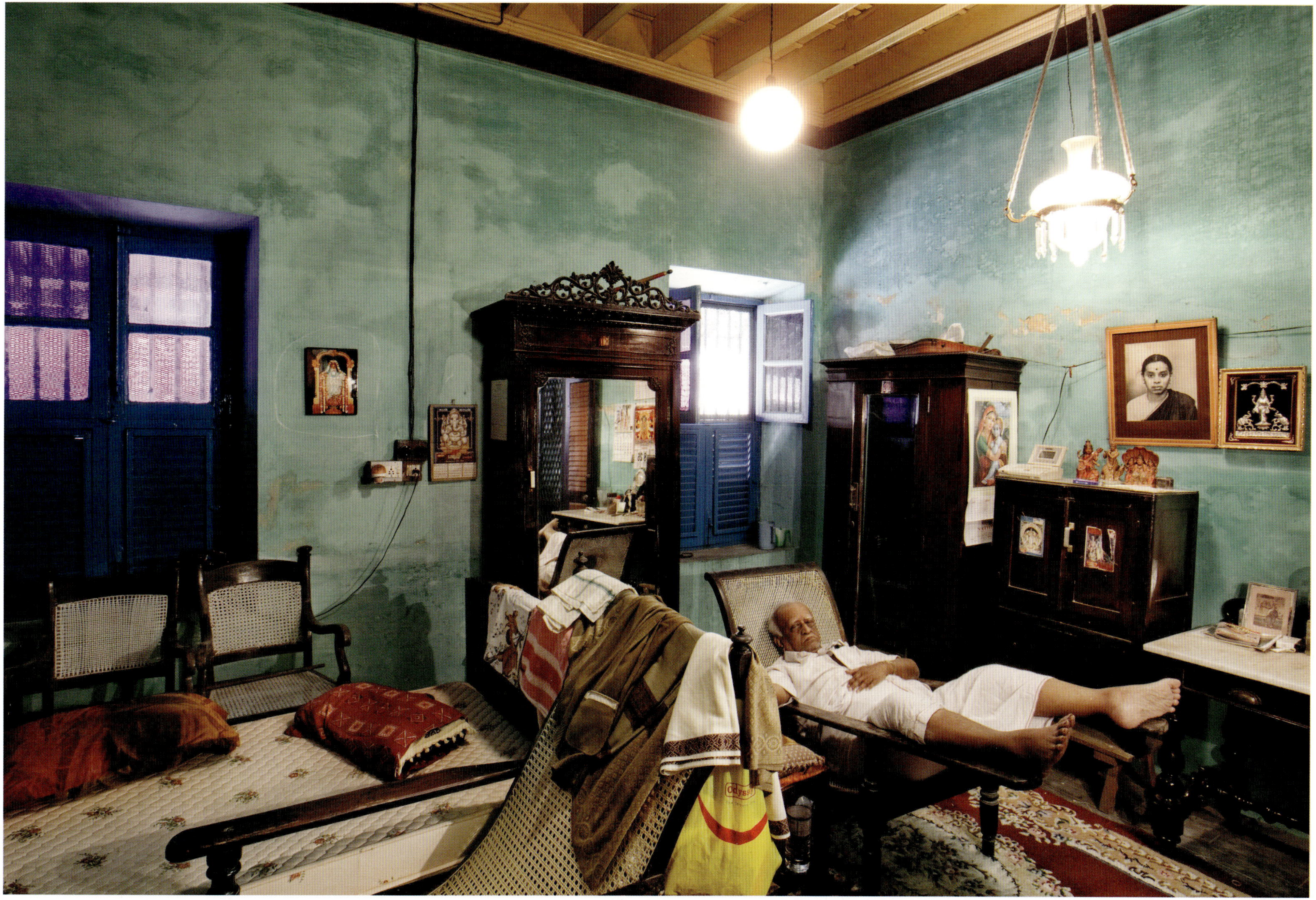

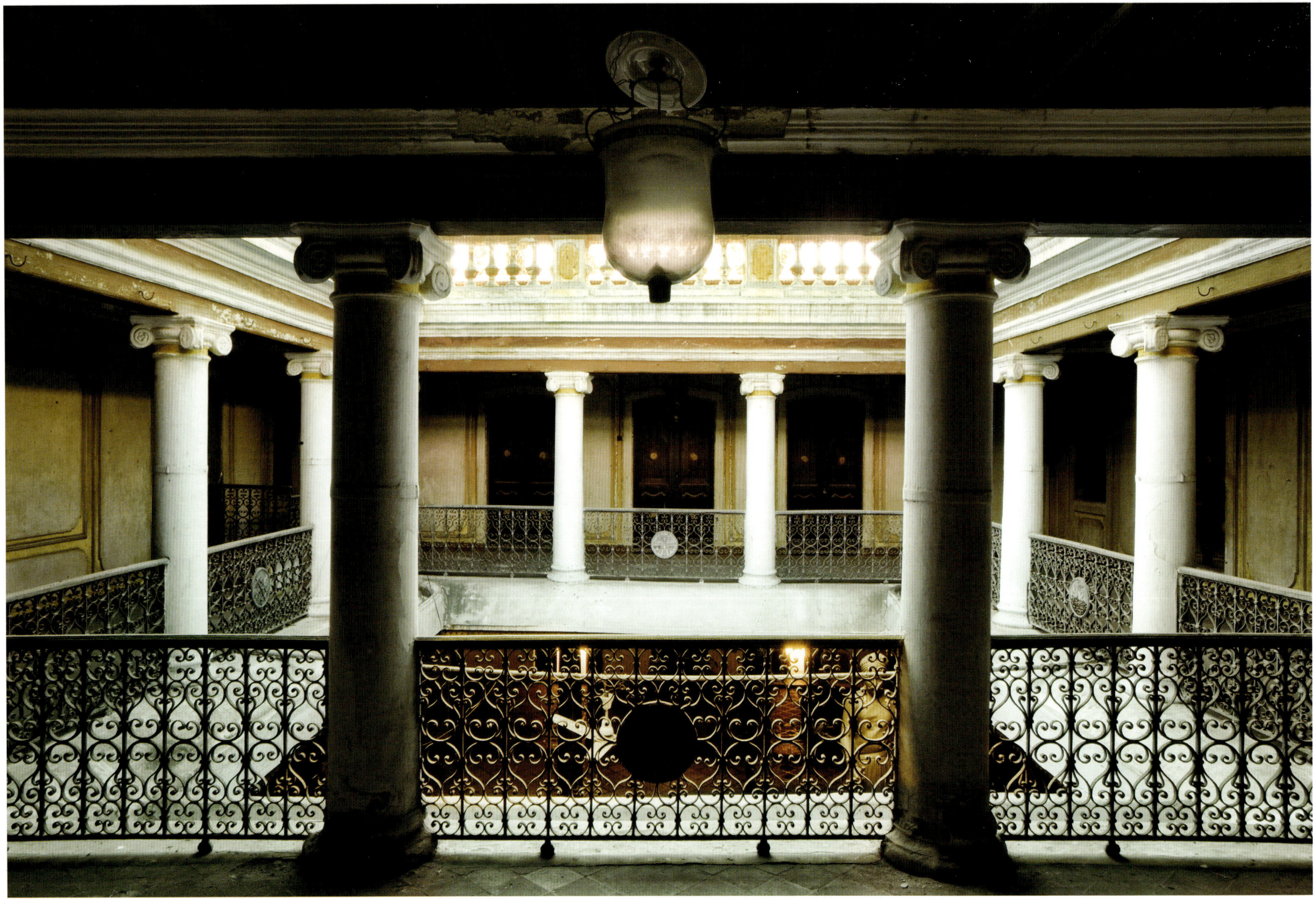

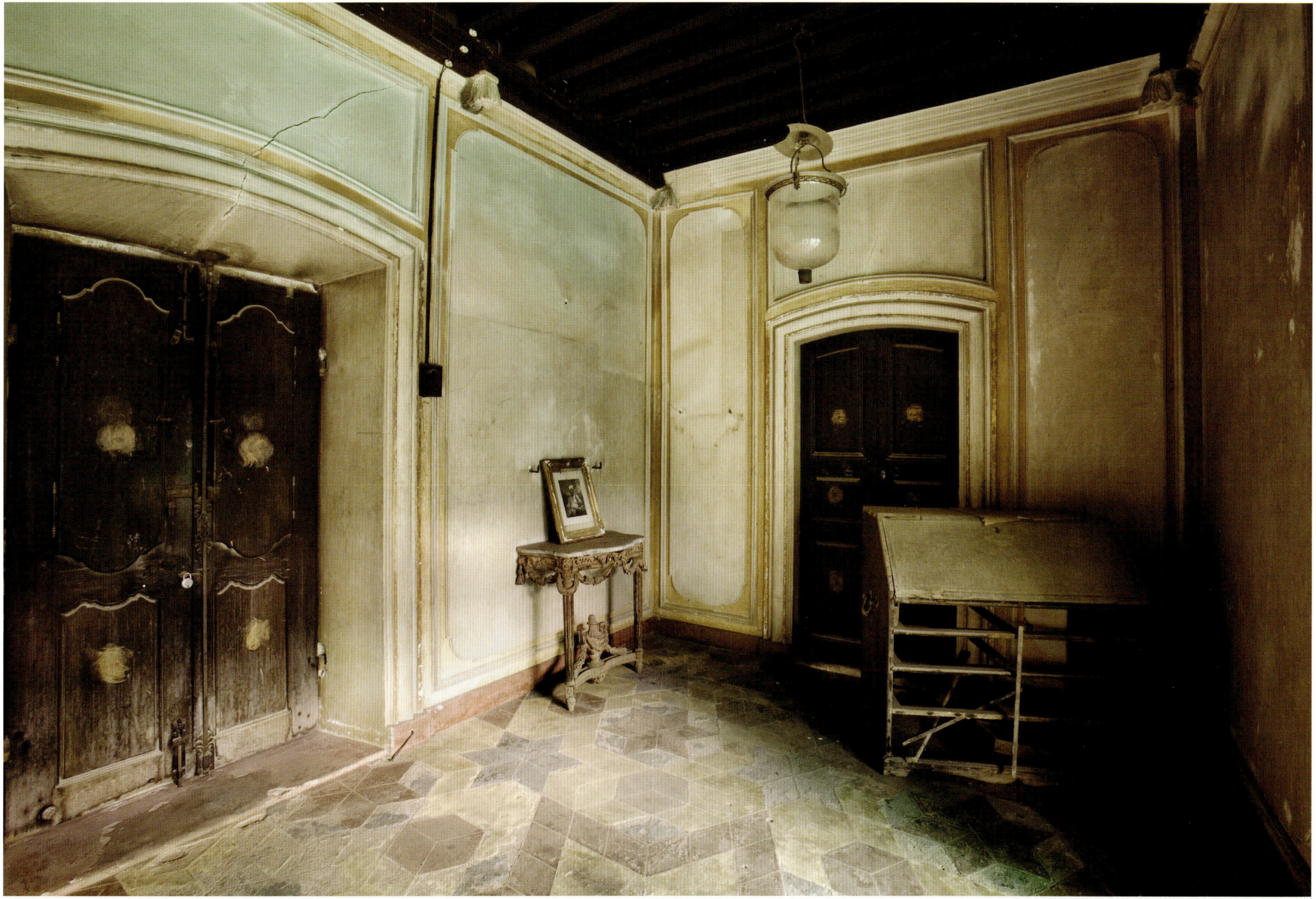

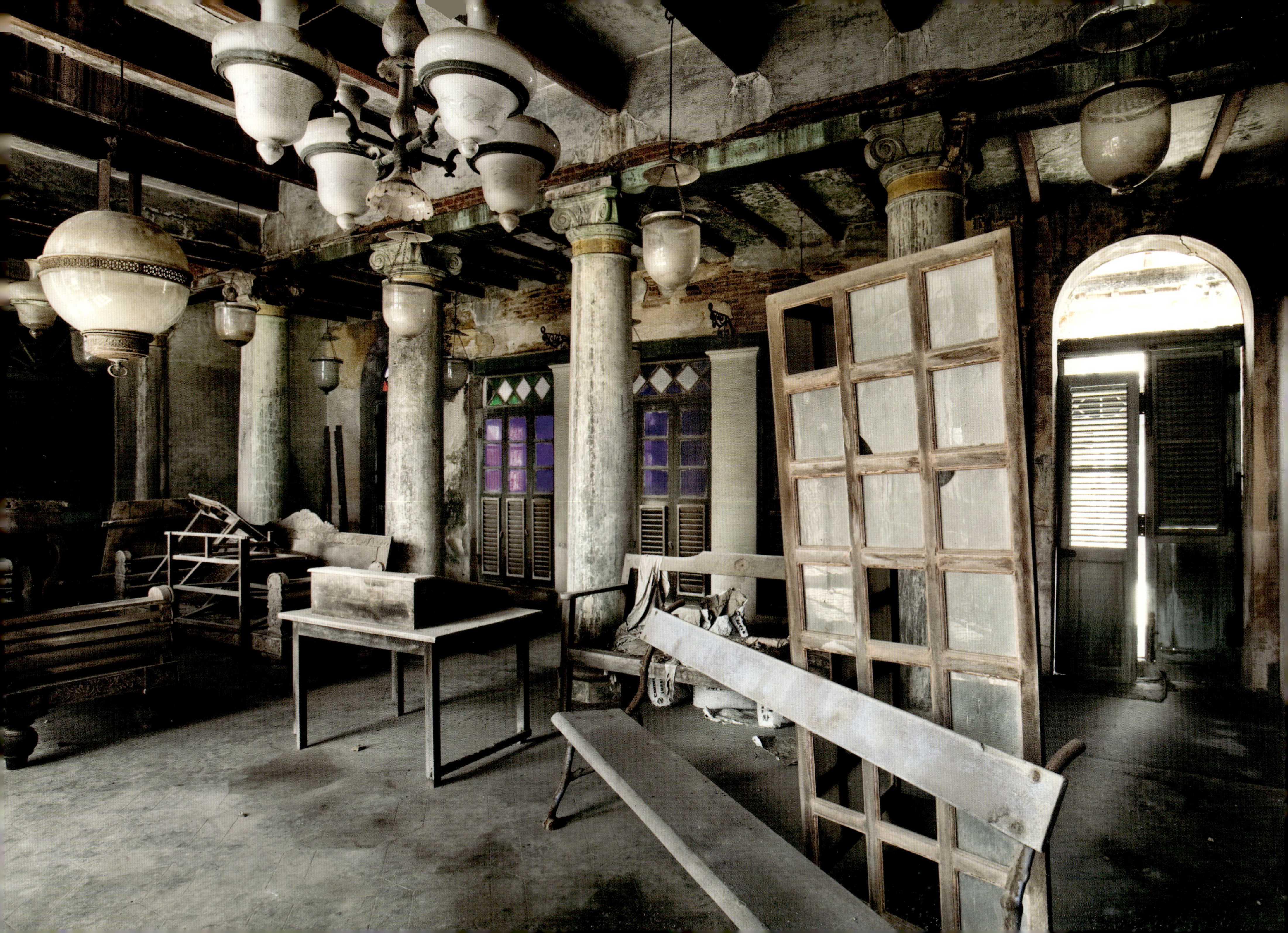

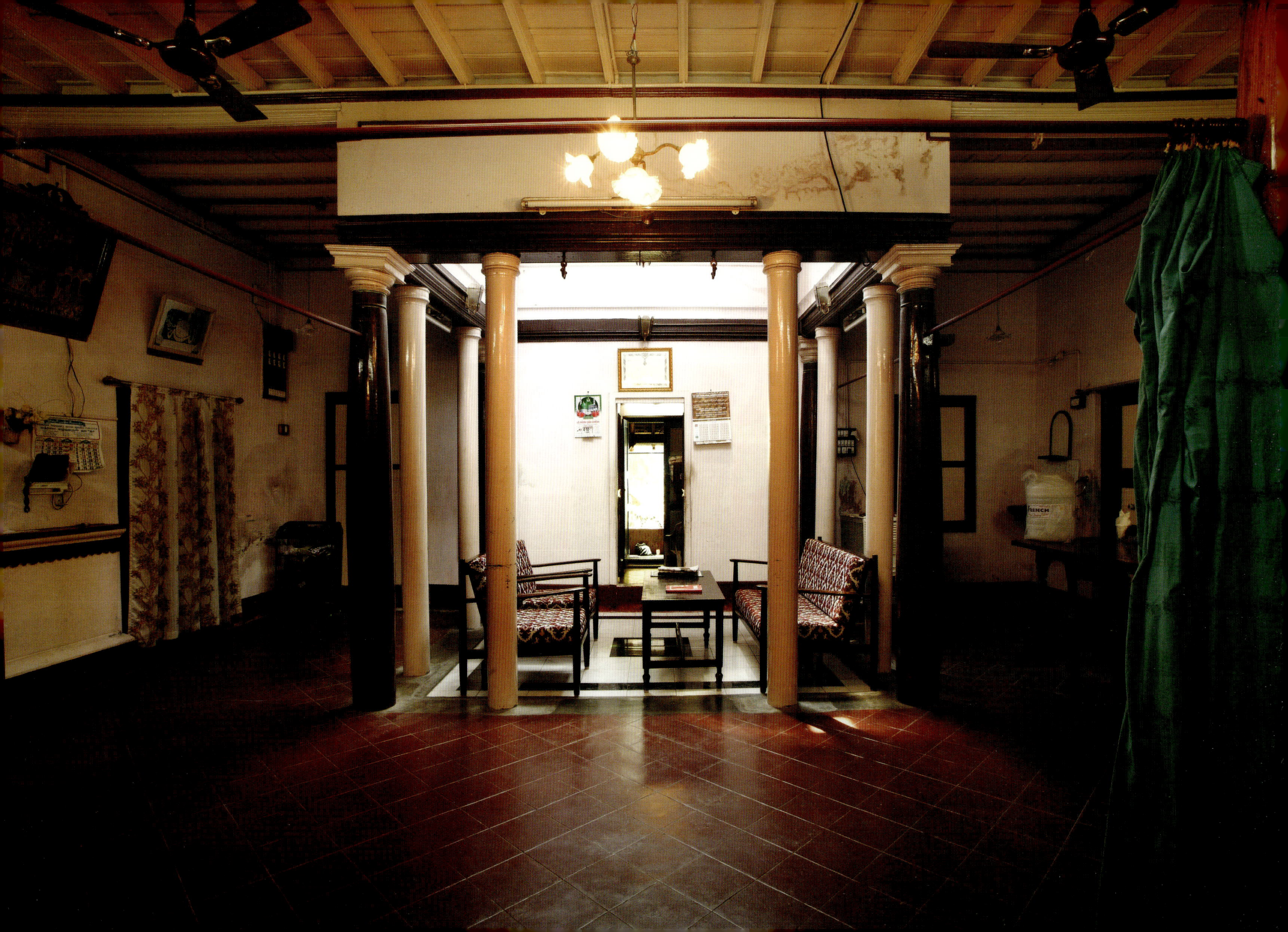
FRENCH

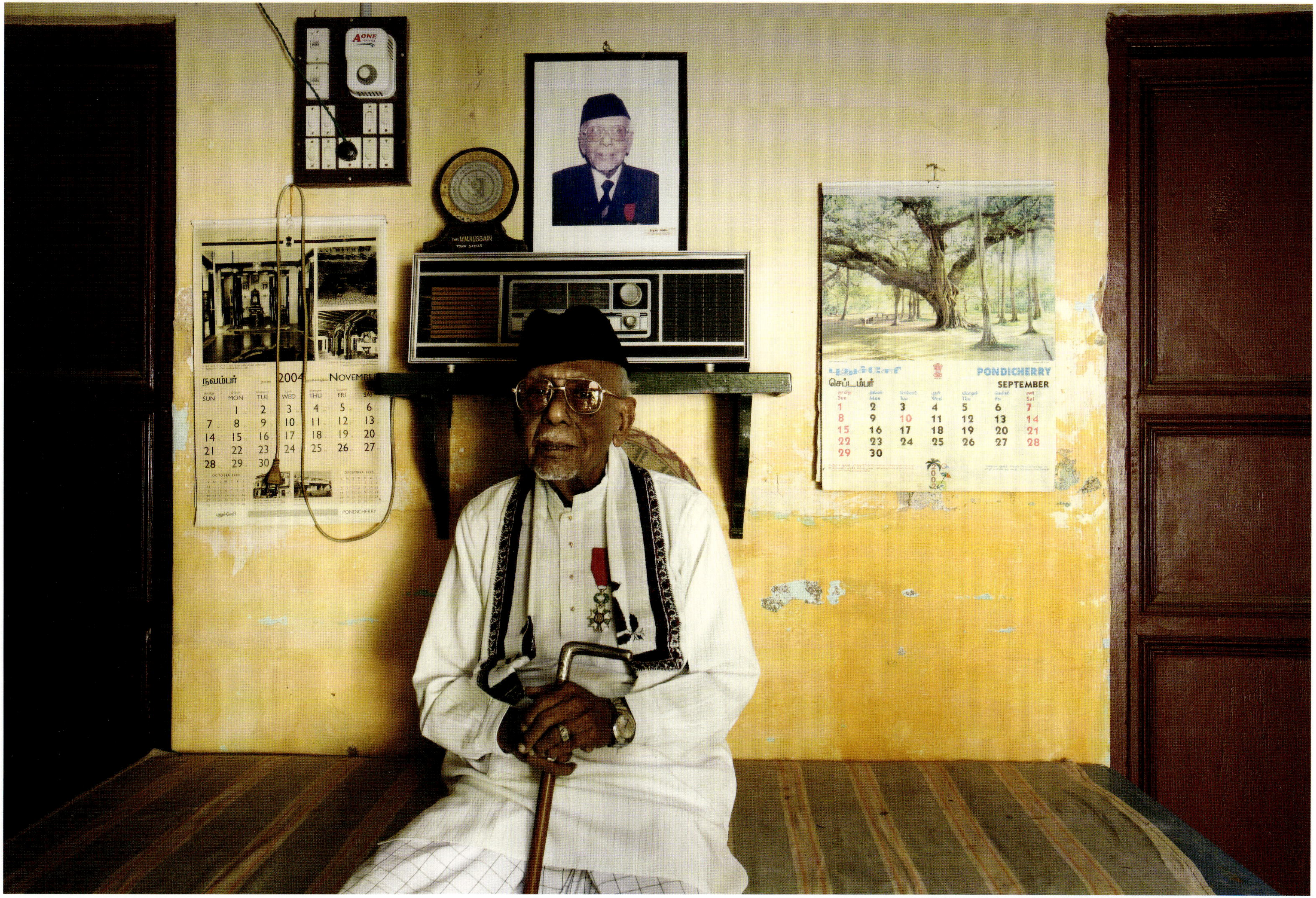
AONE
M.M.HUSSAIN
நவம்பர் 2004 NOVEMBER
SUN MON TUE WED THU FRI SAT
PONDICHERRY
செப்டம்பர்
SEPTEMBER

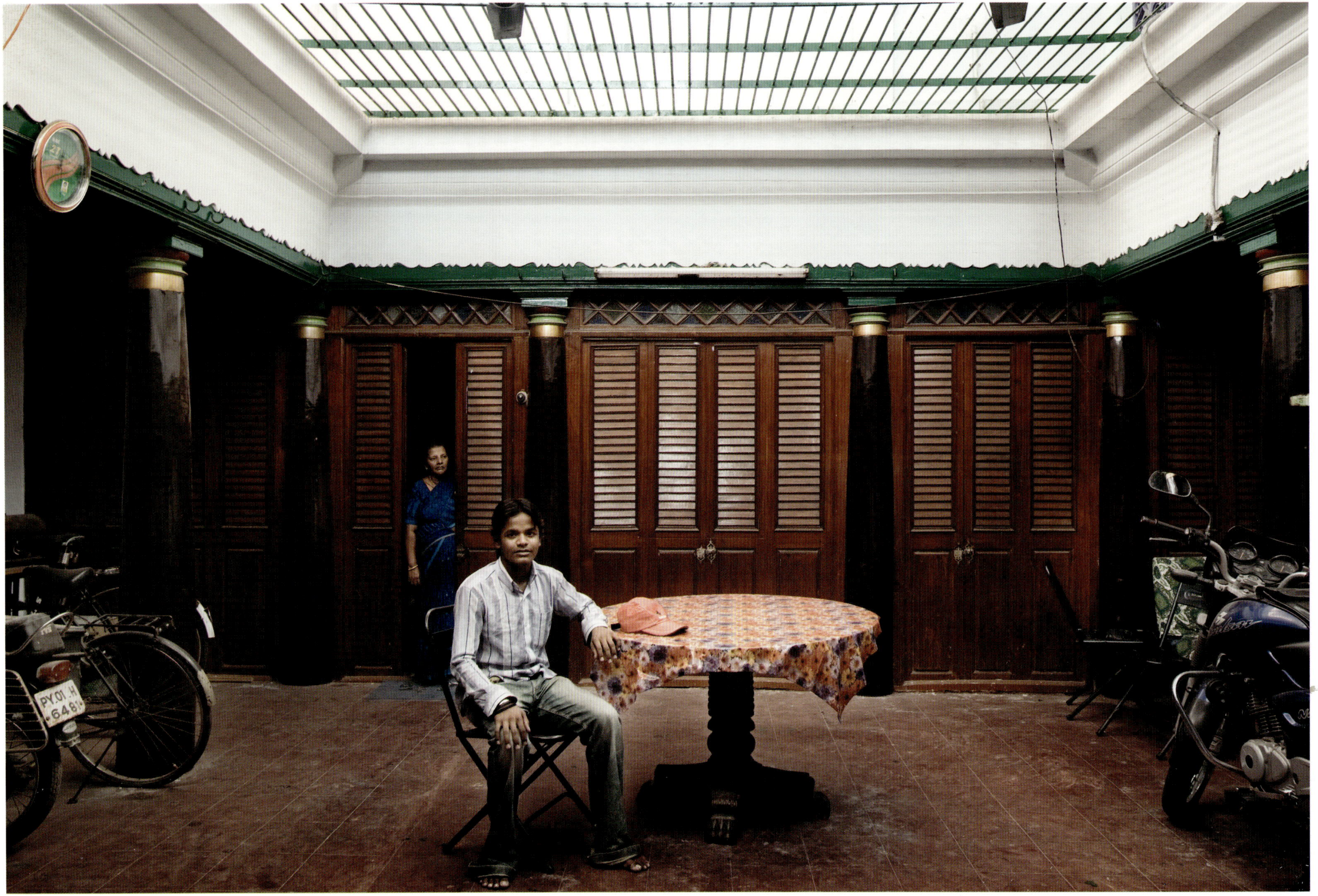
PY.01.H
6481

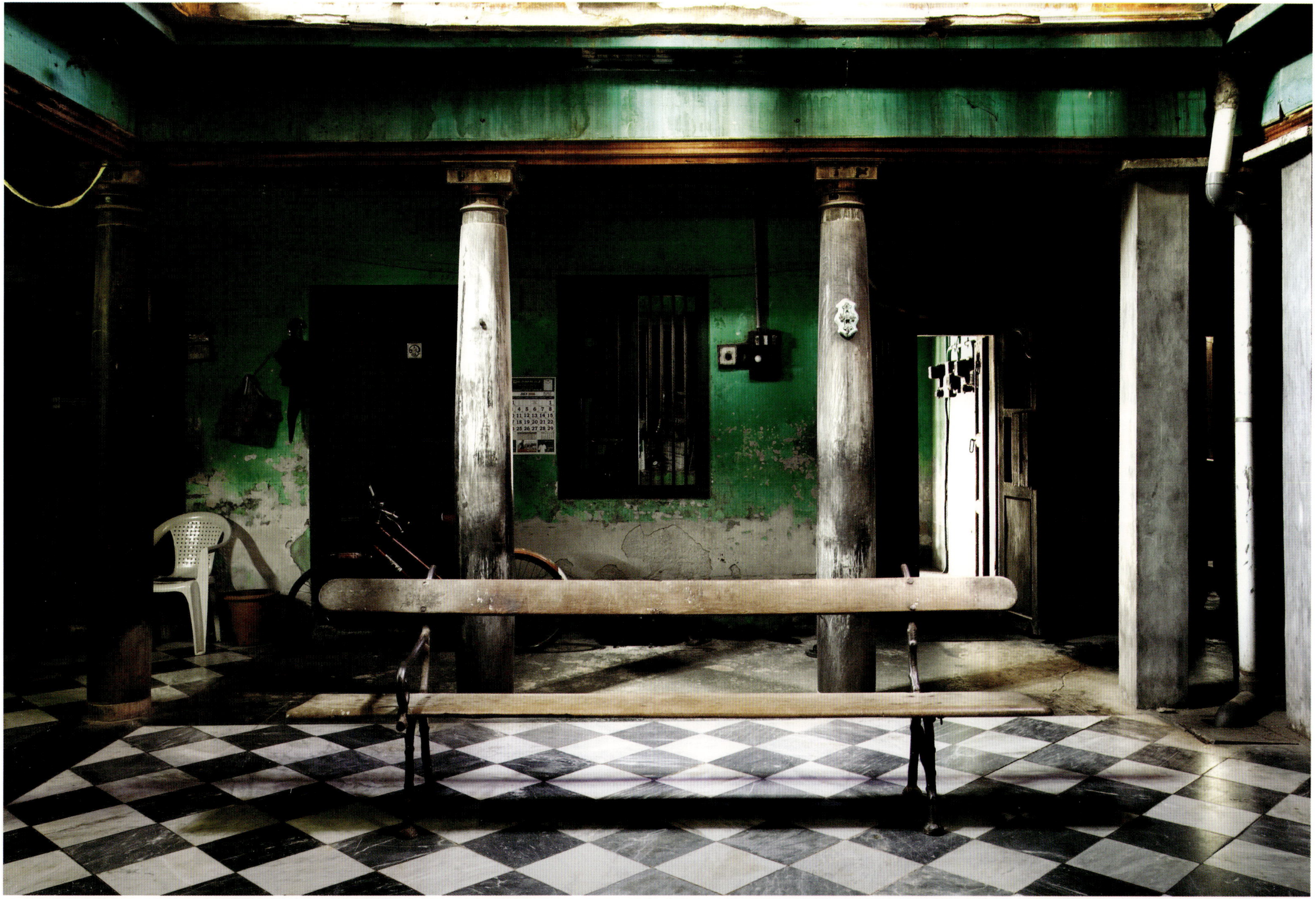

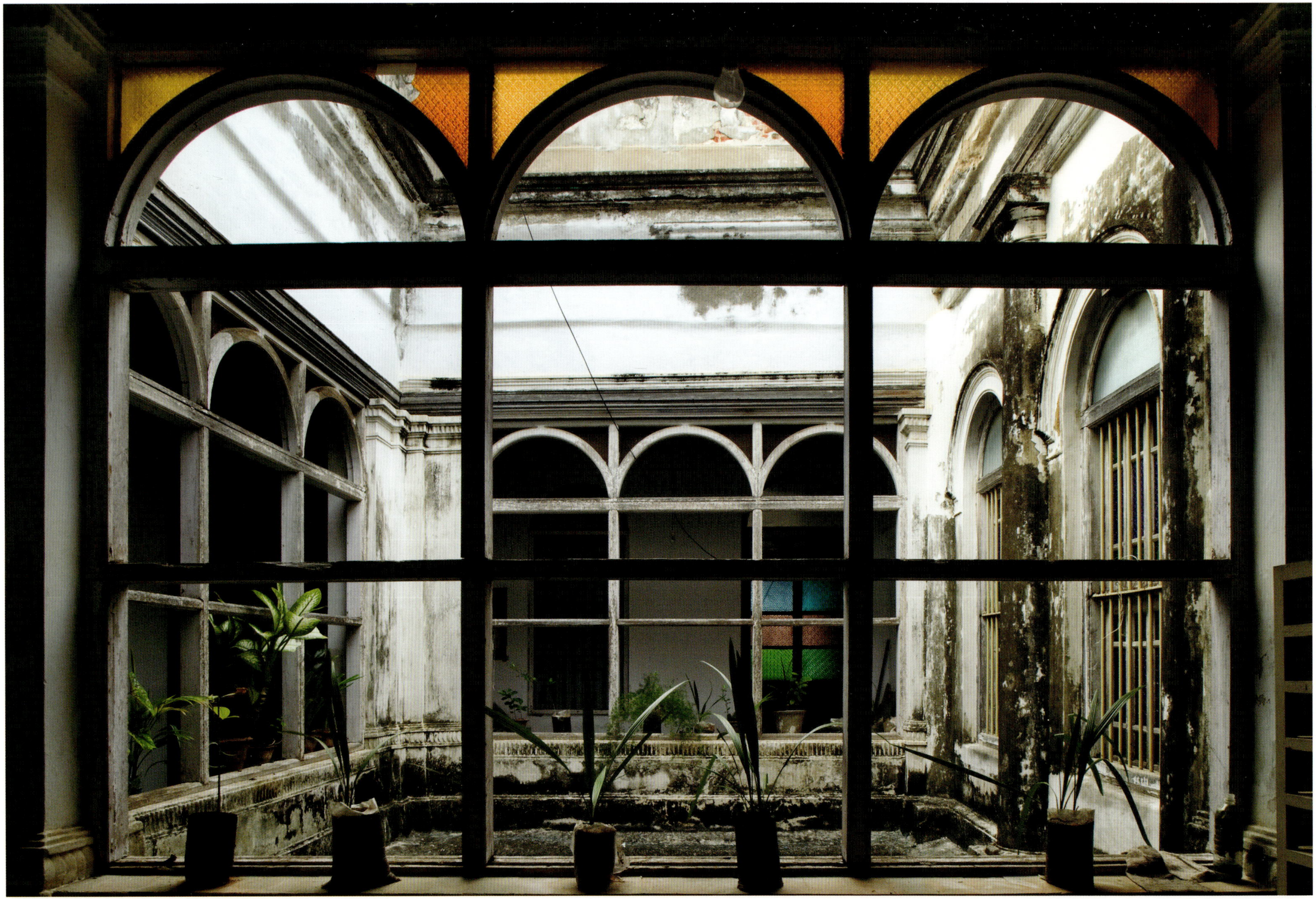

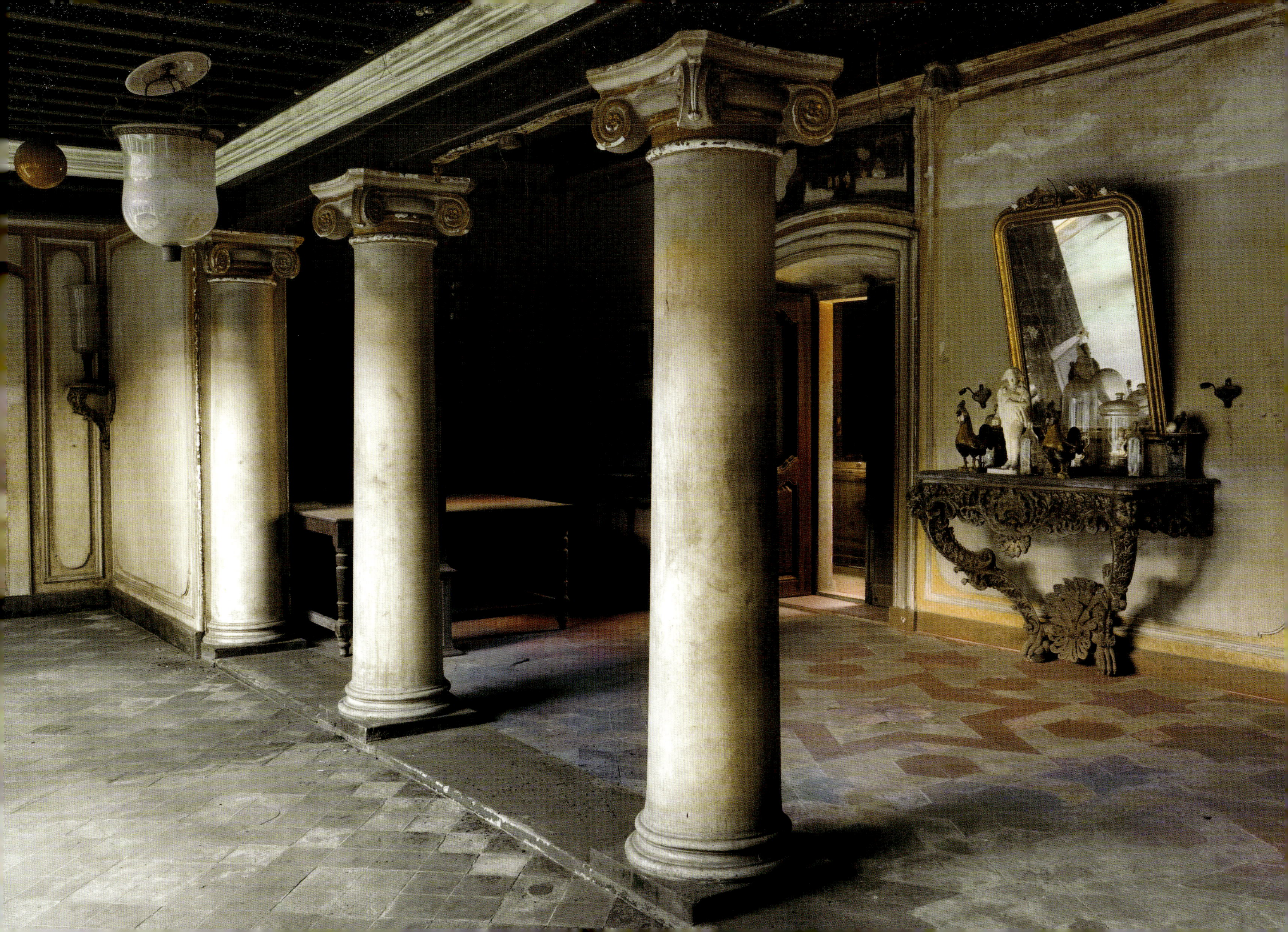

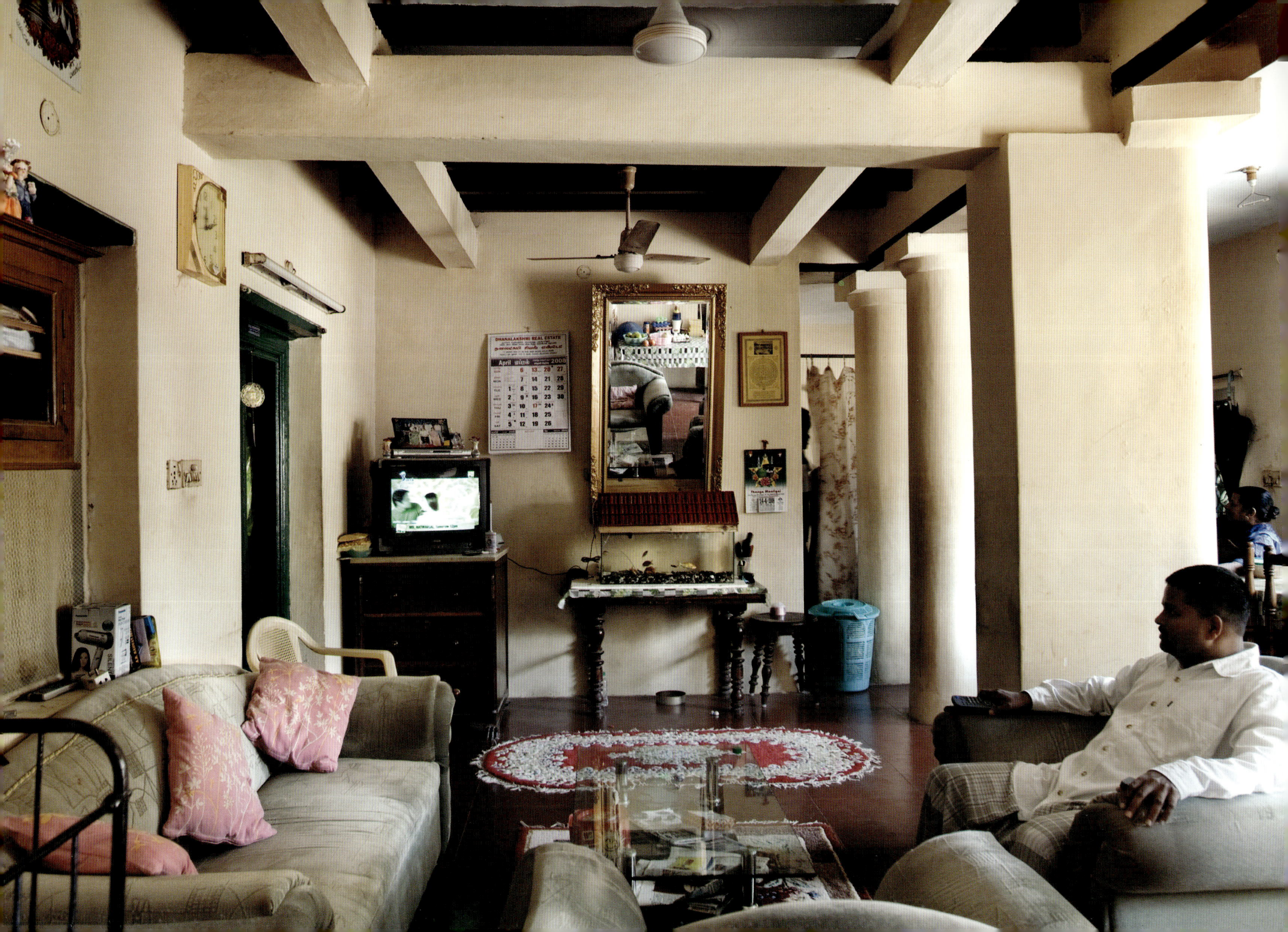

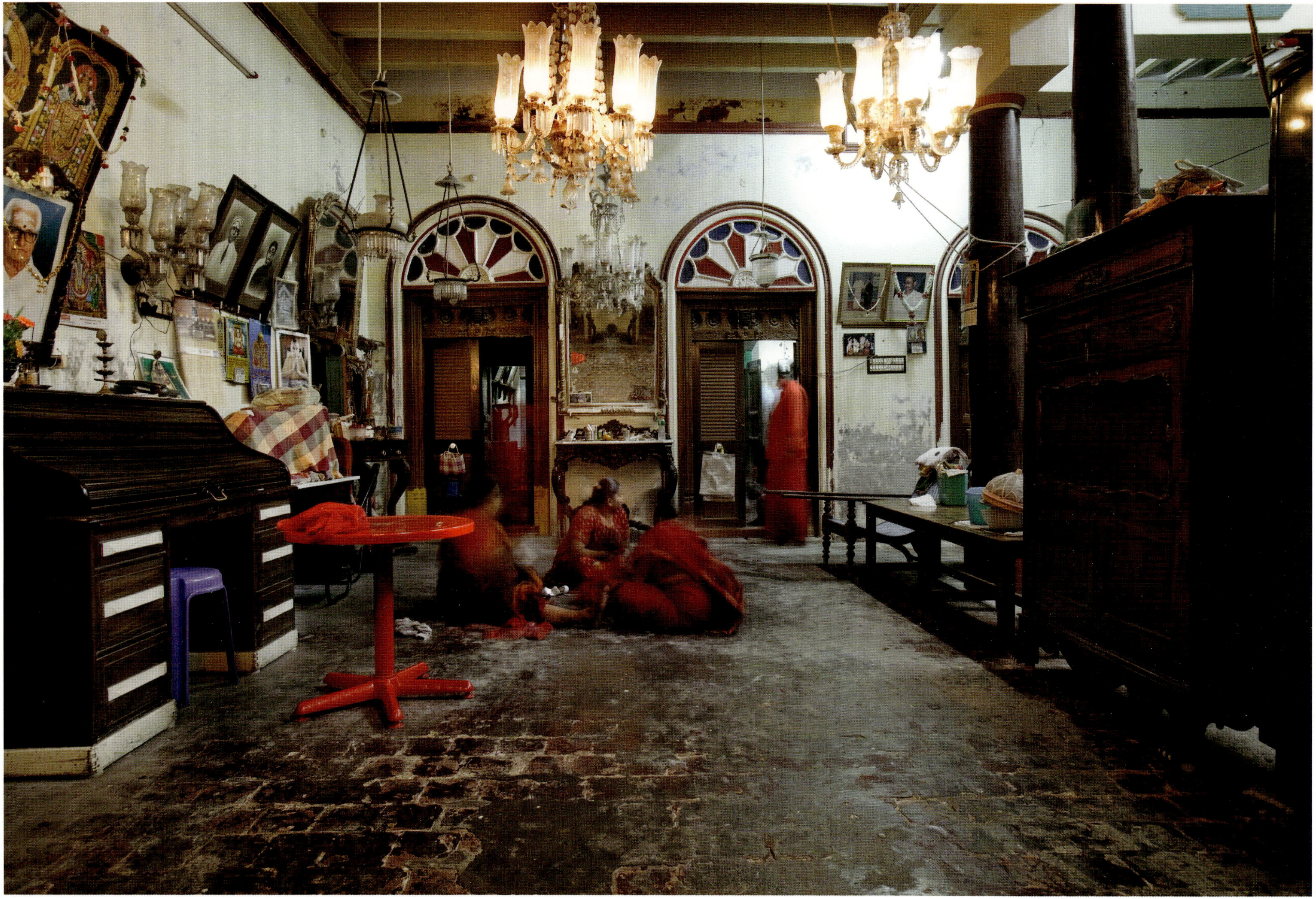

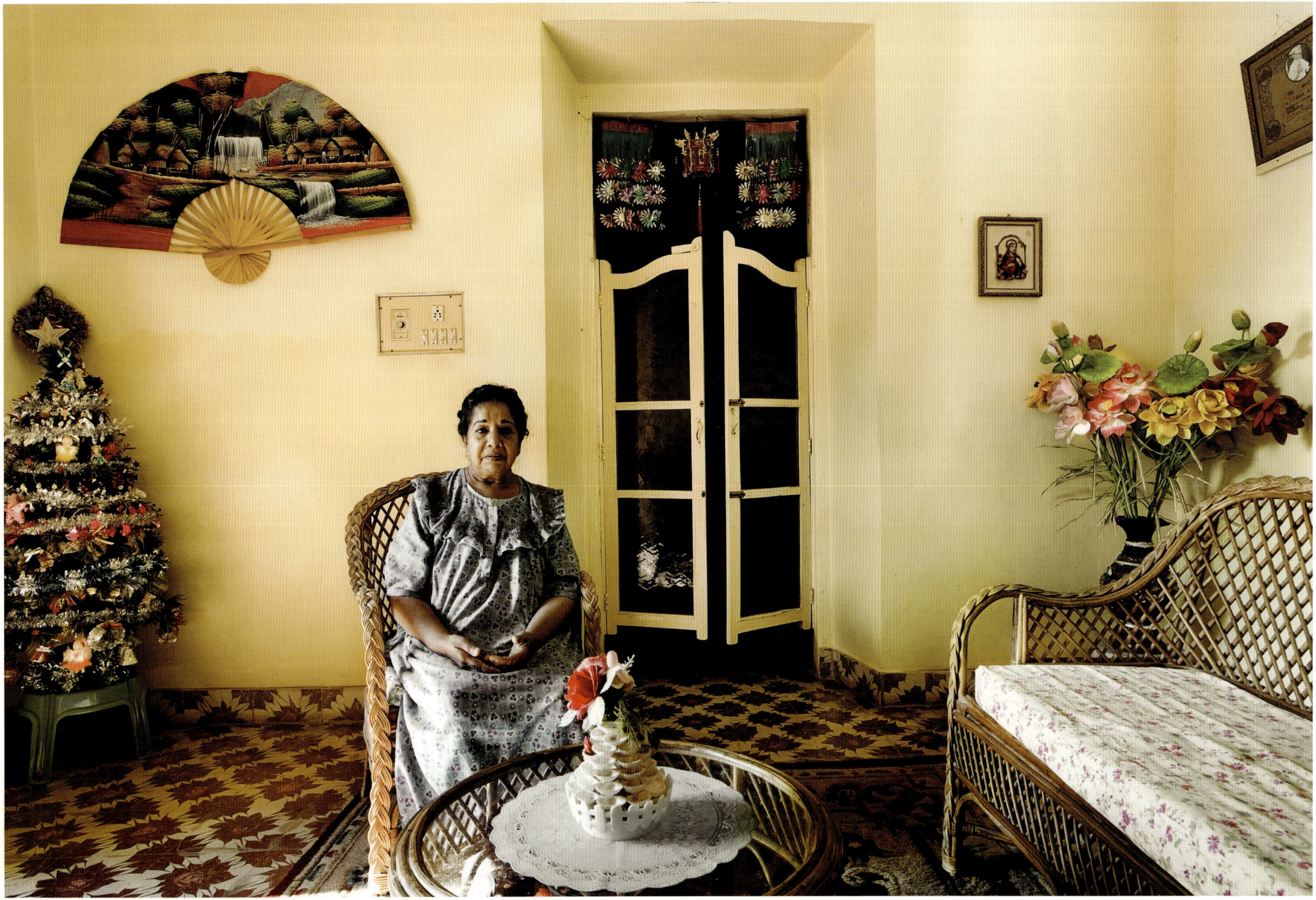

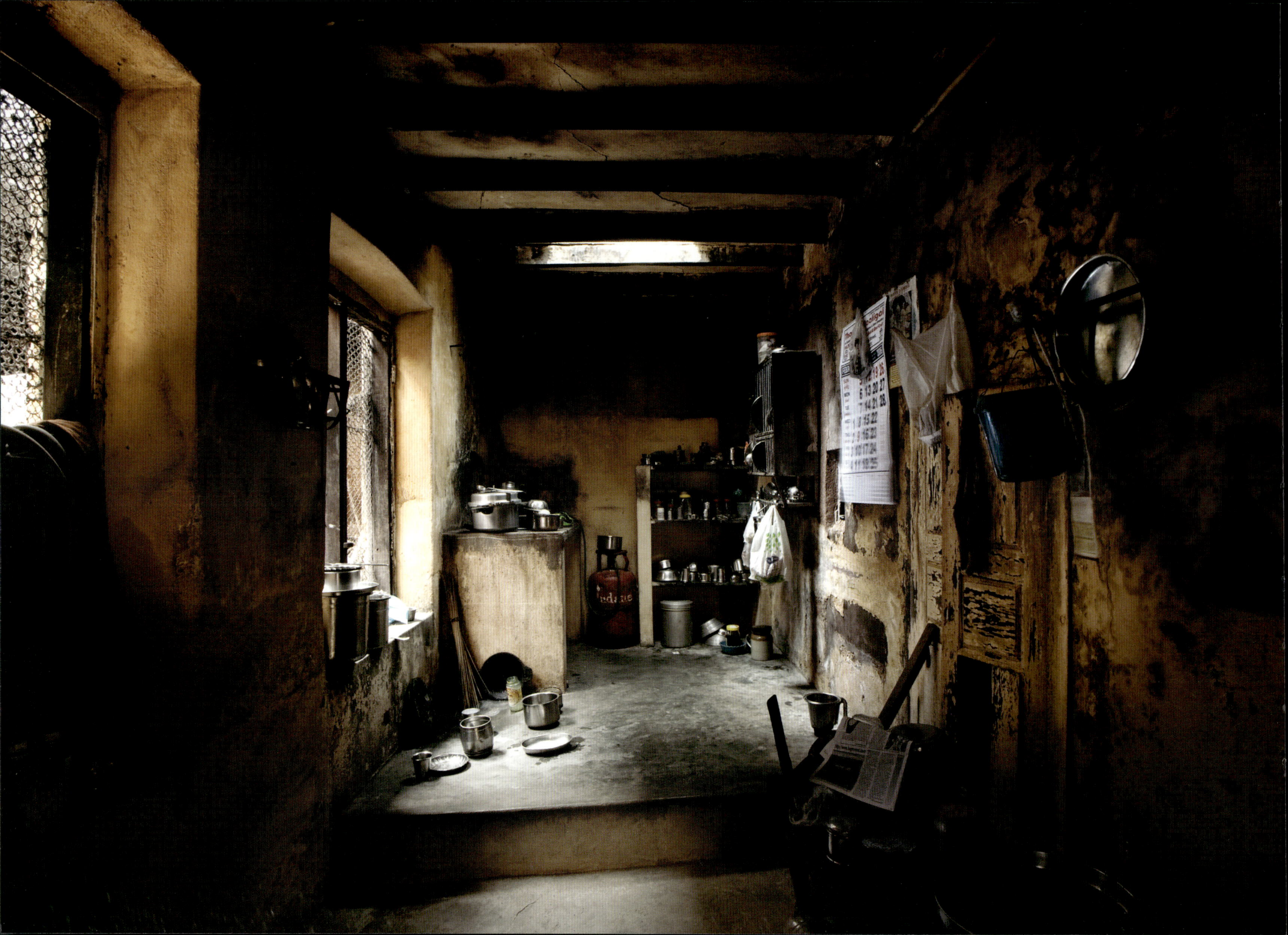
Indane

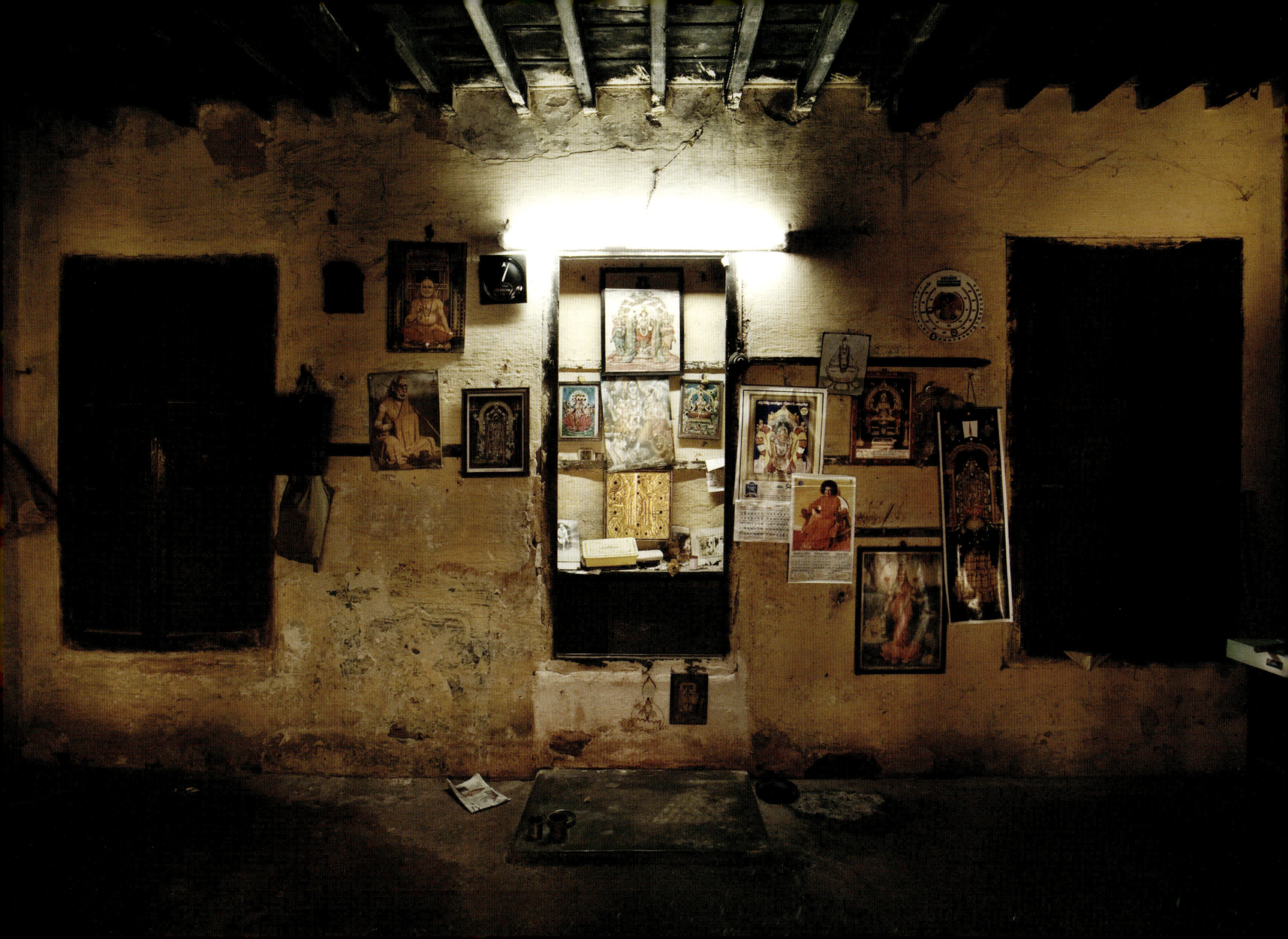

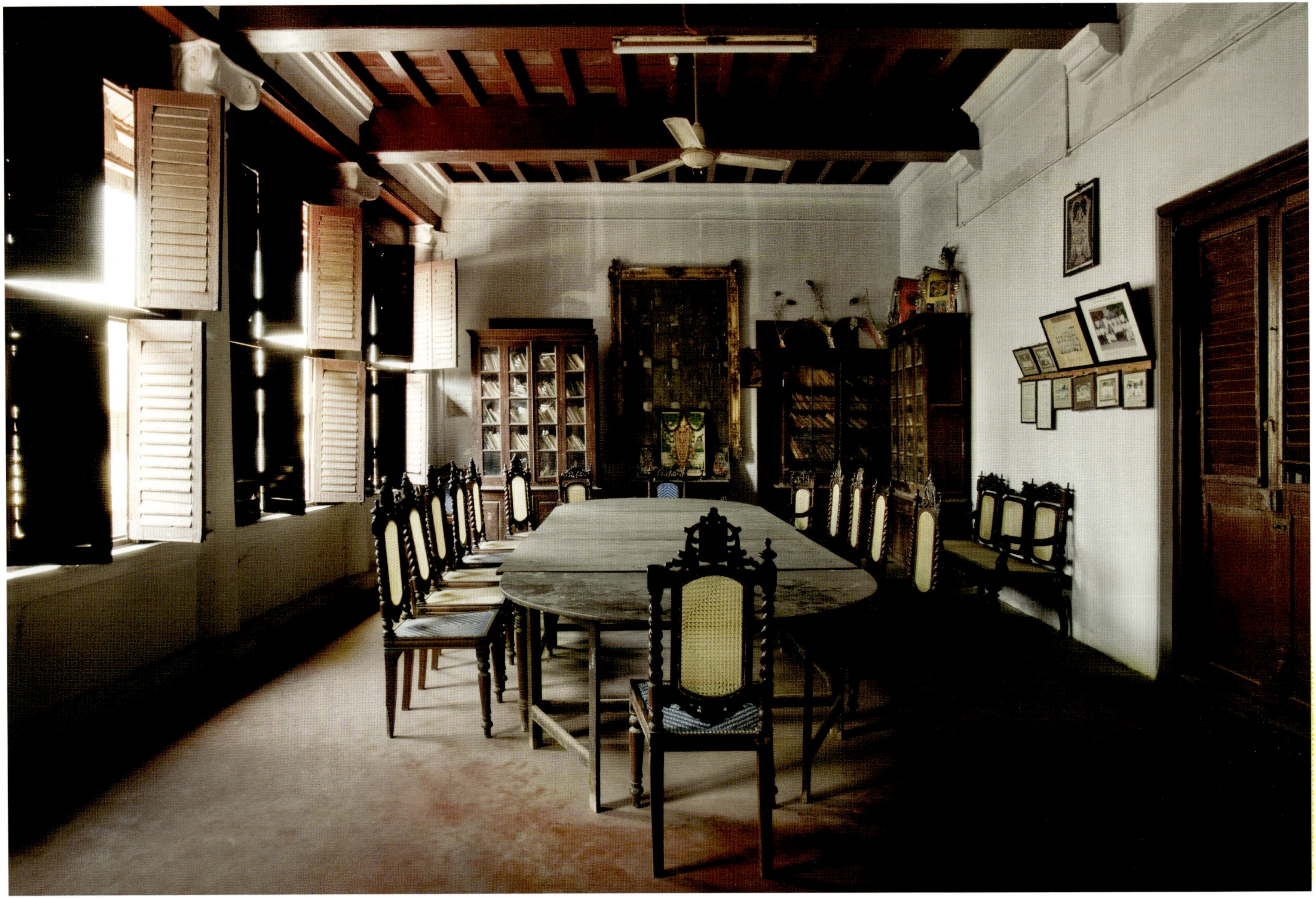

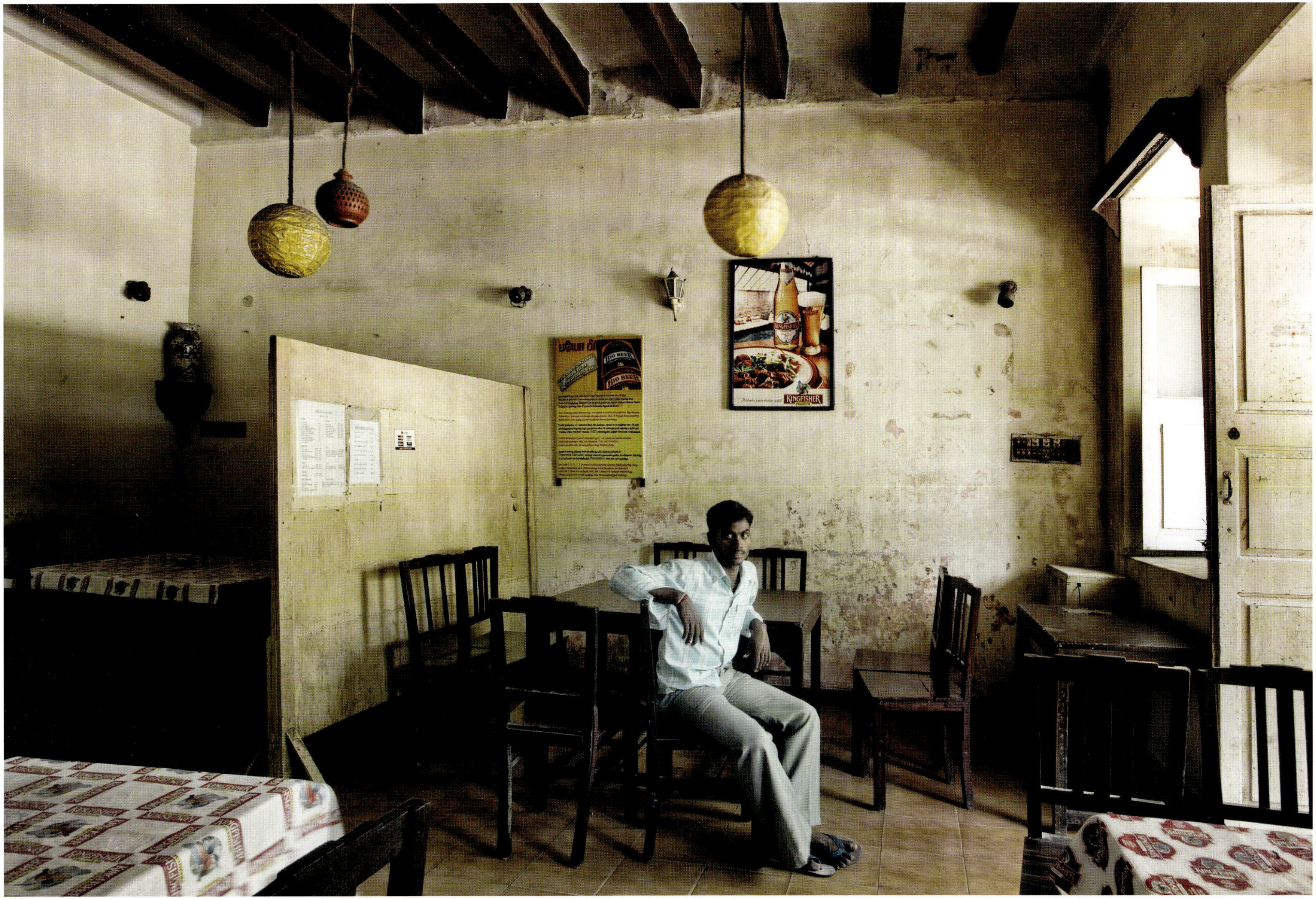
BIO BEER
KINGFISHER

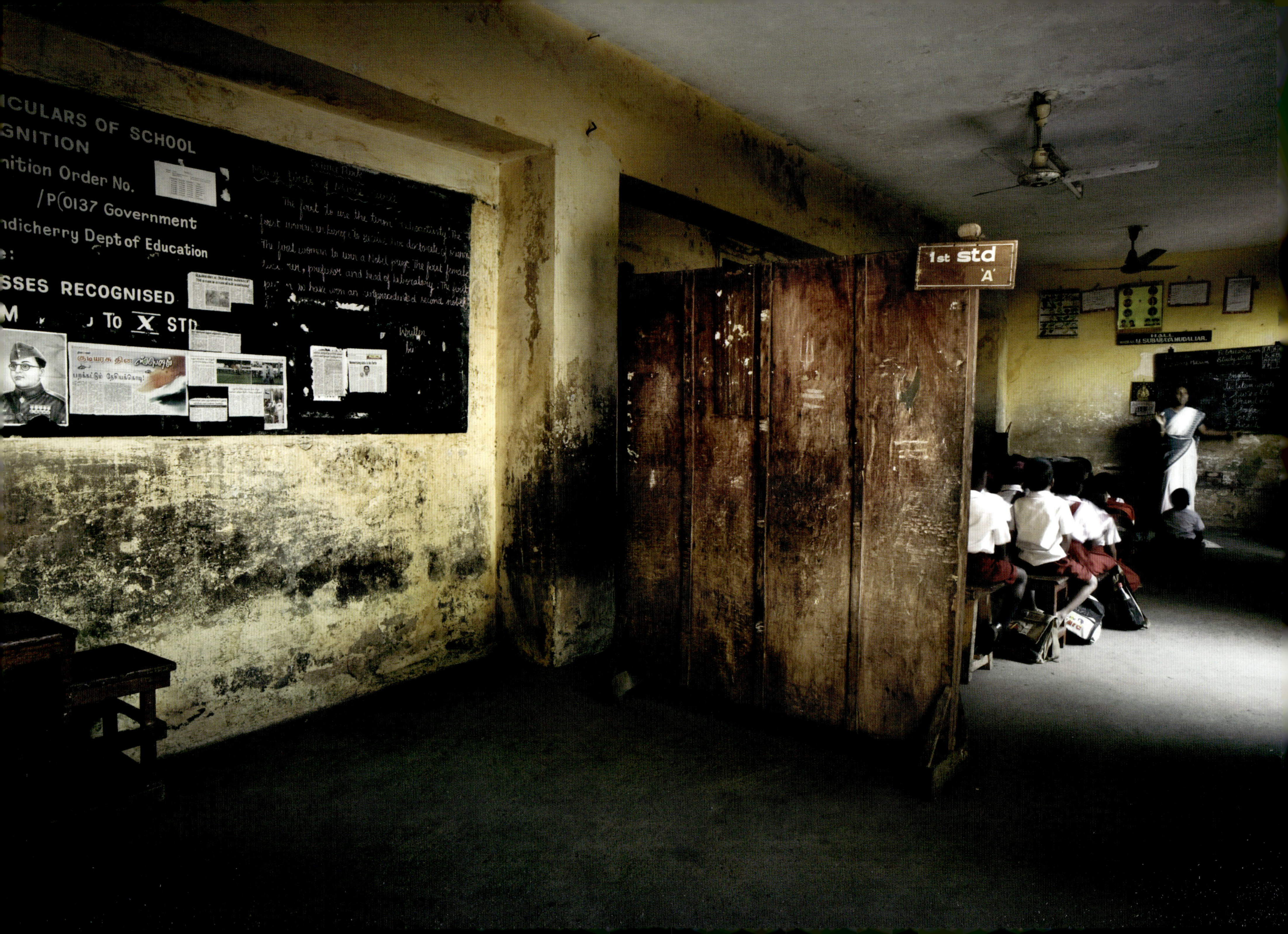
ICULARS OF SCHOOL
GNITION
nition Order No.
/P(0137 Government
ndicherry Dept of Education
e:
SSES RECOGNISED
To X STD
1st std
'A'

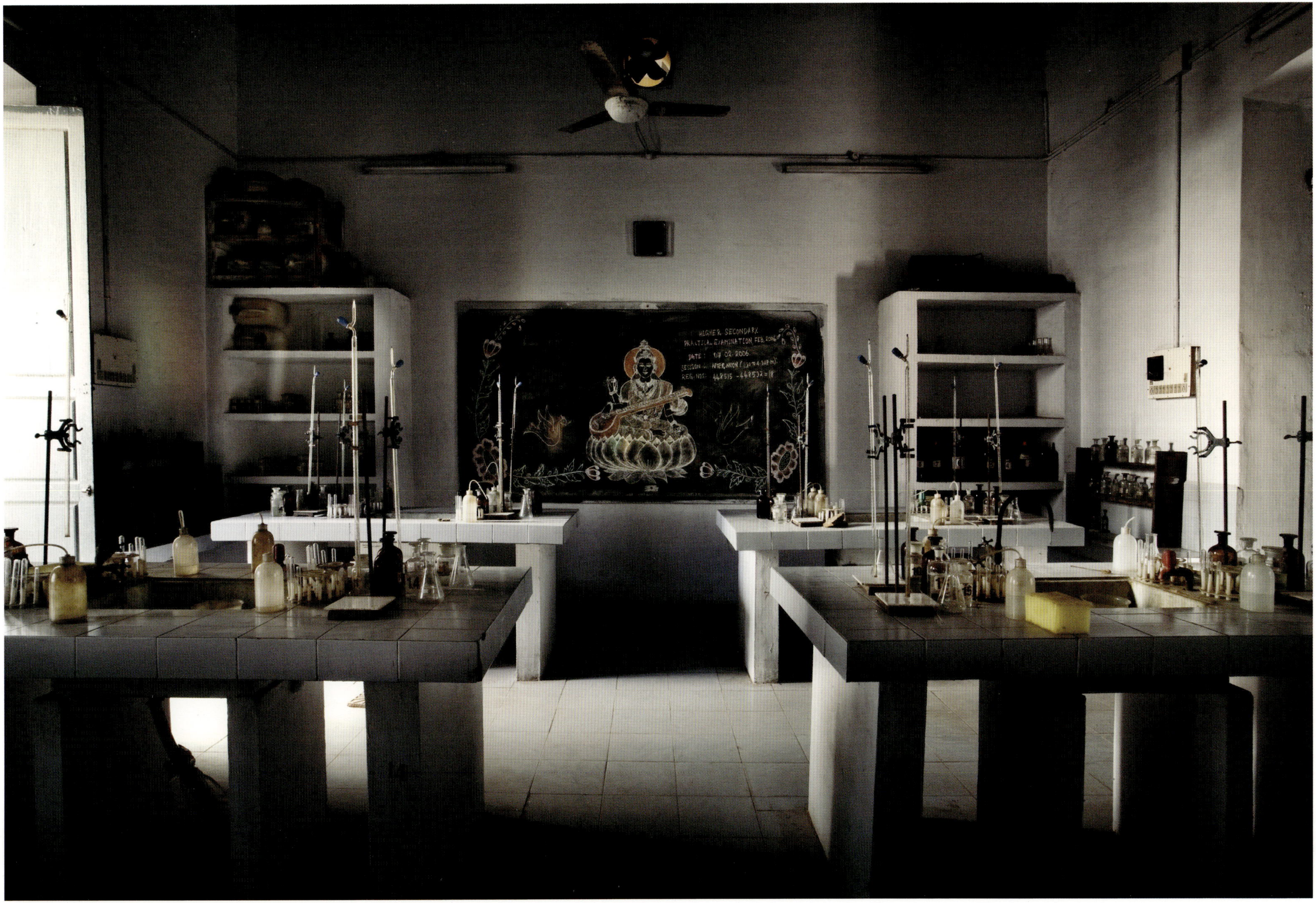
HIGHER SECONDARY
PRACTICAL EXAMINATION FEB 2006
DATE : 17 02 2006

A natural cosmopolitanism

by Akash Kapur

My father still remembers when Pondicherry had dirt roads. He remembers a quiet town with only a handful of cars, where traffic flowed thinly and slowly, at the pace of bicycles and hand-pulled rickshaws. This was the 1950s. Pondicherry was a sleepy, immutable place, a distant corner of India that was still under French colonial rule. It was very far from the great drama of nation-building and industrial development playing out in the rest of the country.

Even back then, though, Pondicherry had a particular cosmopolitan flavor. The town was populated by an unusually large number of foreigners, the Americans, French, English, and Japanese who had moved to this isolated part of South India to associate themselves with the Sri Aurobindo Ashram. Women walked the streets in shorts; liquor was plentiful, and cheap.

When I was growing up in the seventies and eighties, Pondicherry was still a pretty sleepy place. My childhood memories are no doubt tinged by time, but I remember a town that moved to the rhythm of lazy afternoon siestas and evenings on the beach. There wasn't much to do at night, a few restaurants and seedy bars, maybe the occasional James Bond or other such outdated movie at Ratna Talkies, the only English cinema.

Still, whenever I returned from visits to other places in India, from Delhi or Mumbai or Rajasthan, where my relatives lived, I couldn't help being struck by the same cosmopolitanism that my father remembered from his childhood. In a strange way, it was the rest of the country, and not my secluded home, that seemed somehow provincial, closed to the world.

With its socialist economy, a policy of self-reliance, and a suspicion of the West that bordered on xenophobia, the India of my childhood felt shut off, removed. There was a certain dourness to the country, a determined unwillingness to entertain foreign goods, people, and ideas. The provinciality was encapsulated in a piece of government propaganda I remember, a slogan urging us to 'Be Indian, Buy Indian'.

Pondicherry was so different. It was resolutely, yet naturally, unaffectedly multicultural. Its streets and shops crowded not only with the local Tamil population, but with Bengalis and Oriyas from the Ashram, with a residual crowd of French expatriates, with Europeans and Americans from Auroville, and with Vietnamese refugees, drawn by the French connection.

One of the abiding memories of my childhood is of eating chayo and chicken noodle soup in the town's many Vietnamese restaurants. In dusty clearings, and in streets with names like Romain Rolland and St. Martin, a francophone population, many subsisting on French military pensions, played boules and drank Pastis or Ricard.

As a boy, I took it all for granted. I did not realize what a special town I was living in. But in retrospect, I can say that Pondicherry was one of the most sophisticated places in India, a uniquely open-minded, tolerant, and liberal part of the country, one that was far from the world, yet never closed to it.

Today, Pondicherry is still small and in many ways, isolated, a town of less than a million inhabitants, without an airport or until recently, even a broad-gauge railway connection. It remains outside the general current of the national imagination, for most Indians little more than a weekend destination. Yet, as evidenced by the pictures in this book, it remains one of the most cosmopolitan places in India, a town whose multiculturalism rivals that of far bigger cities like New Delhi or Mumbai or Bangalore. Indeed, in many ways, Pondicherry is more multicultural than those cities: its variegated population has deeper roots, their attitudes and ways of thinking are more deeply embedded in the fabric of everyday life.

After twenty, maybe thirty or forty years in the country, Pondicherry's expatriate inhabitants are no longer French, German or Swedish. When I walk the streets of the Sri Aurobindo Ashram, when I drive around the dirt roads of Auroville, the foreigners I see don't seem foreign. They, and the worlds they have created, have a particular local, if creole, flavor; they feel distinctively Pondicherian.

Some people worry now that that distinctiveness is being lost. Over the last decade or so, Pondicherry has been changing. The town is waking up, trading the aspirations of yoga and spirituality for the trappings of twenty-first century capitalism. Its streets display a new, more glitzy version of cosmopolitanism, one embodied in steel and glass buildings, in fusion cuisine, and in a certain ethnic chic that draws a hipper, more bohemian crowd from around India and the world.

The bars aren't as seedy, the roads no longer as unclogged or peaceful. The run-down colonial villas have been spruced up, turned into boutique hotels and designer restaurants. All the commerce and prosperity are, inevitably, changing the town's character. The photos in this book capture the transition eloquently: they show the new, shiny Pondicherry, alongside an older, less flashy, and in many ways, a simpler town. Long-time residents remember that town with increasing nostalgia. A lot of people worry that Pondicherry is being commodified, turned into just another tourist center: an overrun, over-built, and ultimately unlivable Bali or Goa. I share some of those concerns. I, too, have days when I long for the empty streets of my childhood, the quiet, deserted afternoons, the calm, slow evenings at the beach.

But I am not too worried. I know that flexible societies are adaptable societies, that open-minded people are resilient people. Over the years, this town has proven remarkably adept at incorporating rather than succumbing to outside influences. Now, confronted with yet another manifestation of the world, I have faith that Pondicherry will survive, different, not as we remember it, but no less charming or idiosyncratic for its latest incarnation.

Akash Kapur is a longtime resident of the Pondicherry area. He has written for *The Economist*, *Granta*, *The New Yorker*, *The New York Times*, and pens the 'Letter from India' for *The International Herald Tribune*. His first book, a work of narrative non-fiction on social transition in modern India, will be published by Penguin-Riverhead (USA) in 2011.

Un cosmopolitisme naturel

par Akash Kapur

Mon père se souvient encore de Pondichéry, avec ses rues poussiéreuses, sans revêtement. Il se souvient d'une petite ville provinciale et tranquille où circulaient de rares voitures, une ville où l'on se déplaçait au rythme lent des vélos et des rickshaws. C'était les années 50. Pondichéry somnolait, comme figée dans son passé. Dernier refuge d'une Inde coloniale française, elle vivait à l'écart des grands remous qui agitaient l'Inde nouvelle en pleine industrialisation.

Pourtant, il régnait à Pondichéry une atmosphère cosmopolite particulière. Un nombre inhabituel d'étrangers résidaient dans la ville; on rencontrait aussi bien des Américains que des Français, des Anglais ou des Japonais, venus dans cet endroit reculé de l'Inde du Sud pour vivre à l'Ashram de Sri Aurobindo. Extraordinaire pour l'époque, les femmes se promenaient en short dans la rue. L'alcool était bon marché et facile à se procurer.

C'était le Pondichéry des années 70 et 80, le Pondichéry de ma jeunesse. Bien que mes souvenirs d'enfance soient sans aucun doute teintés par le temps, je me souviens d'une ville vivant au rythme tranquille des siestes et des soirées passées à déambuler sur la promenade du front de mer. Le soir il n'y avait pas grand-chose à faire: quelques restaurants, des bars douteux et peut-être aller voir au 'Ratna', le seul cinéma anglais de la ville, le dernier James Bond ou quelque vieux film.

Pourtant, lorsque je revenais d'un séjour dans une des grandes villes indiennes, comme Delhi ou Bombay, ou du Rajasthan où ma famille habitait, j'étais frappé par ce cosmopolitisme dont mon père se souvenait et qui existait déjà lorsqu'il était enfant. Et pourtant, fait surprenant, c'était le reste du pays, et non ce havre de paix, qui me paraissait provincial et coupé du monde.

Avec son économie socialiste, sa politique d'auto-suffisance et sa méfiance à l'égard de l'Occident, qui frisait parfois la xénophobie, l'Inde de mon enfance me semblait isolée, repliée sur elle-même. Il régnait dans le pays une certaine austérité et comme un rejet de tout ce qui était étranger: les marchandises, les idées, les gens. Le provincialisme se résumait en un slogan dont je me souviens encore, nous exhortant 'à être Indien et à acheter indien'.

Pondichéry était alors tellement différente. Pondichéry était résolument – et naturellement – multiculturelle. Dans les rues et les boutiques se pressait une foule colorée: Tamouls d'origine locale, Bengalis et Oriyas de l'Ashram, expatriés français, Américains et Européens d'Auroville, réfugiés vietnamiens attirés par la filière française.

Parmi mes précieux souvenirs d'enfance, je retiens le goût des chaïos et de la soupe de poulet aux vermicelles que l'on pouvait déguster dans un des nombreux restaurants vietnamiens de la ville. Dans les squares poussiéreux et les rues baptisées Romain Rolland ou St. Martin, une population francophone, dont beaucoup étaient des retraités de l'armée française, jouait à la pétanque et buvait du pastis.

Enfant, tout cela me paraissait naturel. Je ne me rendais pas compte dans quelle ville singulière j'habitais. Je dirais que Pondichéry était une des villes les plus raffinées de l'Inde. Un endroit unique où les gens étaient tolérants, avaient l'esprit ouvert et professaient des idées libérales, un endroit qui se trouvait à la fois au cœur du monde et en dehors du monde.

Aujourd'hui, Pondichéry demeure une petite ville et sous bien des aspects, elle est encore isolée: une ville d'un million d'habitants, sans aéroport et récemment encore sans ligne ferroviaire importante. Elle demeure à l'écart des tendances vives de l'imaginaire d'une nation en pleine mutation, et pour la plupart des Indiens elle n'est guère plus qu'un endroit où aller passer un week-end. Pourtant, elle reste un des lieux les plus cosmopolites de l'Inde, une ville dont le multiculturalisme rivalise avec celui des grandes métropoles comme New Delhi, Bombay ou Bangalore. Il est même vrai qu'à maints égards, Pondichéry est plus pluriculturelle que ces villes. Sa population bigarrée a des racines plus profondes, ses attitudes et ses manières de penser se mêlent étroitement dans le tissu de la vie quotidienne.

Après vingt, peut-être trente ou quarante ans passés dans le pays, les expatriés de Pondichéry ne sont plus tout à fait français ou allemands ou suédois. Lorsque je me promène dans les rues autour de l'Ashram de Sri Aurobindo ou que je parcours les chemins d'Auroville, les étrangers que je rencontre ne ressemblent plus vraiment à des étrangers. Eux-mêmes, et les mondes qu'ils ont créés, ont une saveur locale, sinon créole; ils ressemblent beaucoup à des Pondichériens.

Certains craignent que ces particularités ne se perdent. Au cours de la dernière décennie, Pondichéry a changé. La ville s'est réveillée, elle a échangé la quête du yoga et de la spiritualité pour l'attirail du capitalisme moderne. Dans ses rues s'affiche une version tape-à-l'oeil du cosmopolitisme – incarnée par une architecture moderne de verre et d'acier, une cuisine fusion, et un certain chic ethnique qui attire une foule branchée et bohémienne de l'Inde et du monde entier.

Les bars ne sont plus aussi miteux, les rues ne sont plus désertes et paisibles. Les belles maisons coloniales ont été rénovées et transformées en boutiques, en hôtels et en restaurants chics. Le commerce et la prospérité ont inévitablement modifié le caractère de la ville. Les photographies dans ce livre sont le vivant témoignage de cette transition, de ce passage du Pondichéry d'antan, simple et discret, au nouveau, plus brillant, plus 'moderne'. Aussi les anciens habitants de la ville se souviennent-ils avec nostalgie du bon vieux temps, et beaucoup redoutent que Pondichéry ne se vulgarise et ne devienne un centre touristique de plus, une ville surpeuplée, trop urbanisée, et finalement invivable comme le sont aujourd'hui Bali ou Goa. Je partage certaines de ces inquiétudes. Il m'arrive aussi de regretter les rues désertes de mon enfance, les après-midi calmes et tranquilles et les douces soirées passées à déambuler sur le bord de mer.

Je ne suis tout de même pas trop inquiet. Je sais que certaines sociétés ont une étonnante capacité d'adaptation et que les gens à l'esprit ouvert sont aussi les plus forts. Ils plient mais ne rompent pas. Au fil des années, cette ville a prouvé qu'au lieu de succomber aux influences venues du dehors, aussi attrayantes soient-elles, elle était capable de les intégrer et de les assimiler. Alors que nous sommes confrontés à un monde en plein bouleversement, j'ai la foi que Pondichéry saura trouver sa voie et qu'elle survivra: différente, certes, de ce dont nous nous souvenons, mais ni moins charmante ni moins originale que ses incarnations passées.

Akash Kapur est un habitant de longue date de la région de Pondichéry. Il a écrit des articles pour *l'Economist*, *Granta*, *The New Yorker*, *The New York Times*, entre autres, et anime la rubrique 'Letter from India' de *l'International Herald Tribune*. Son premier livre, publié par Penguin-Riverhead (USA), qui paraîtra en 2011, est un récit sur la transition sociale dans l'Inde moderne.

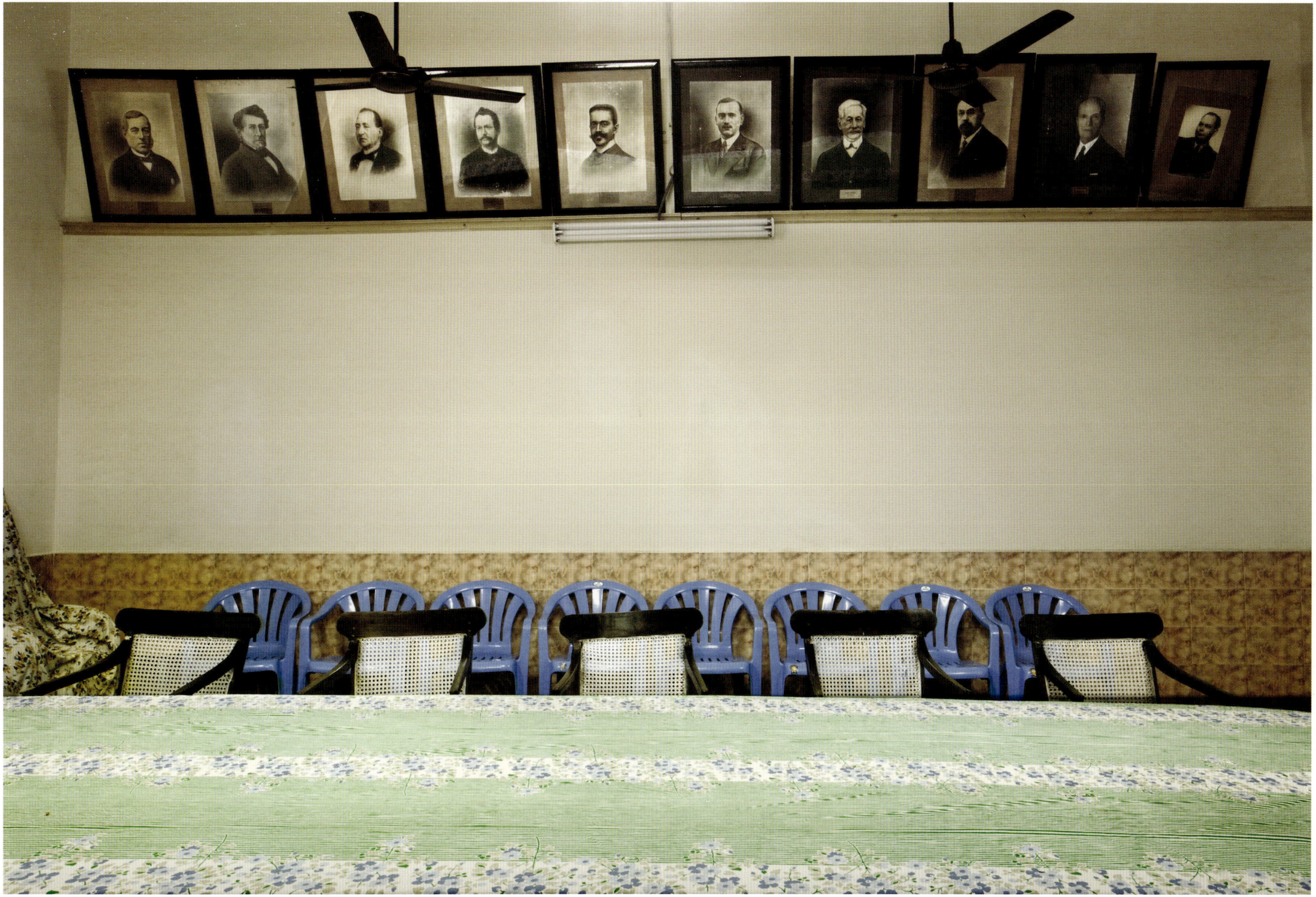

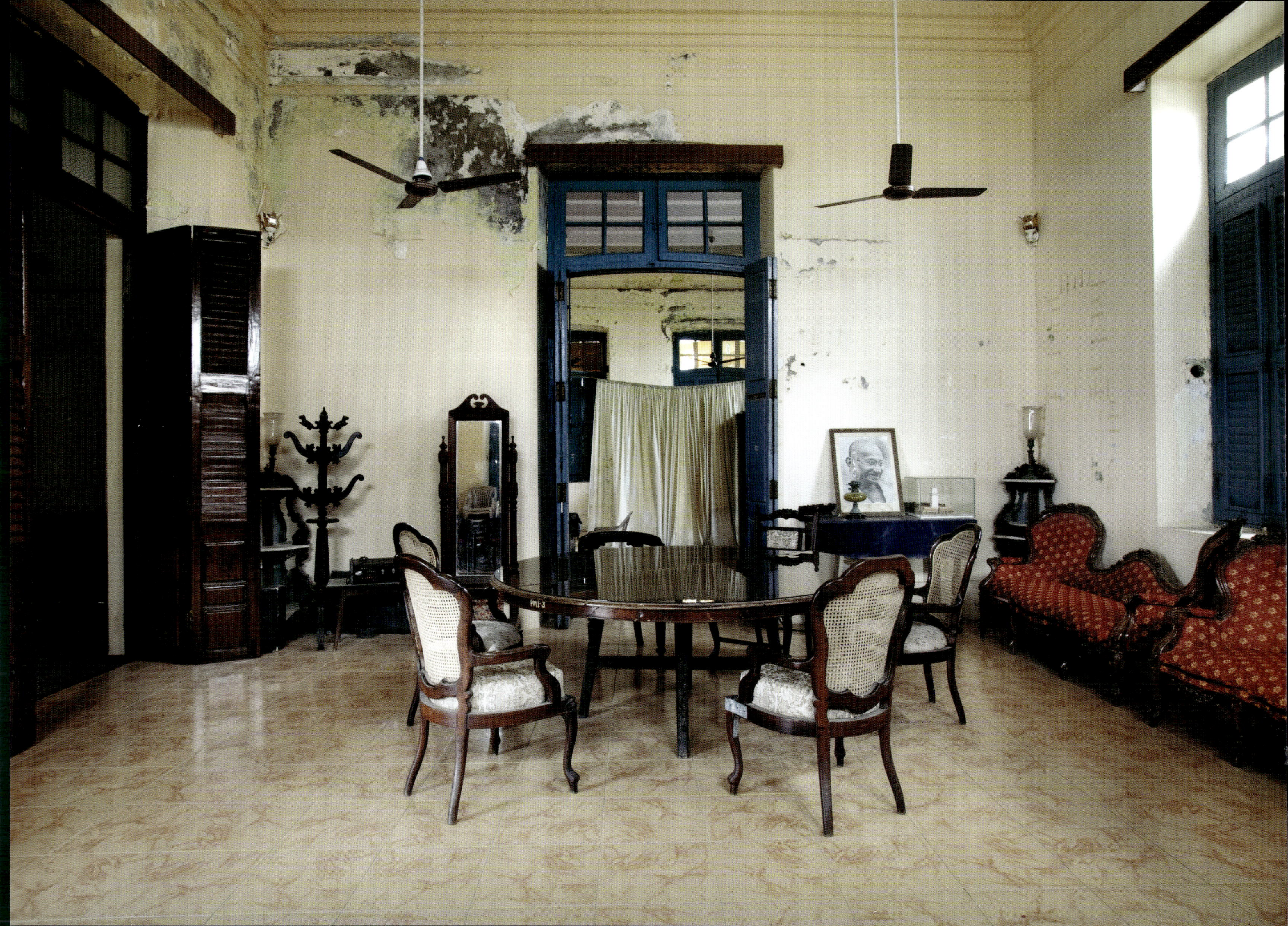

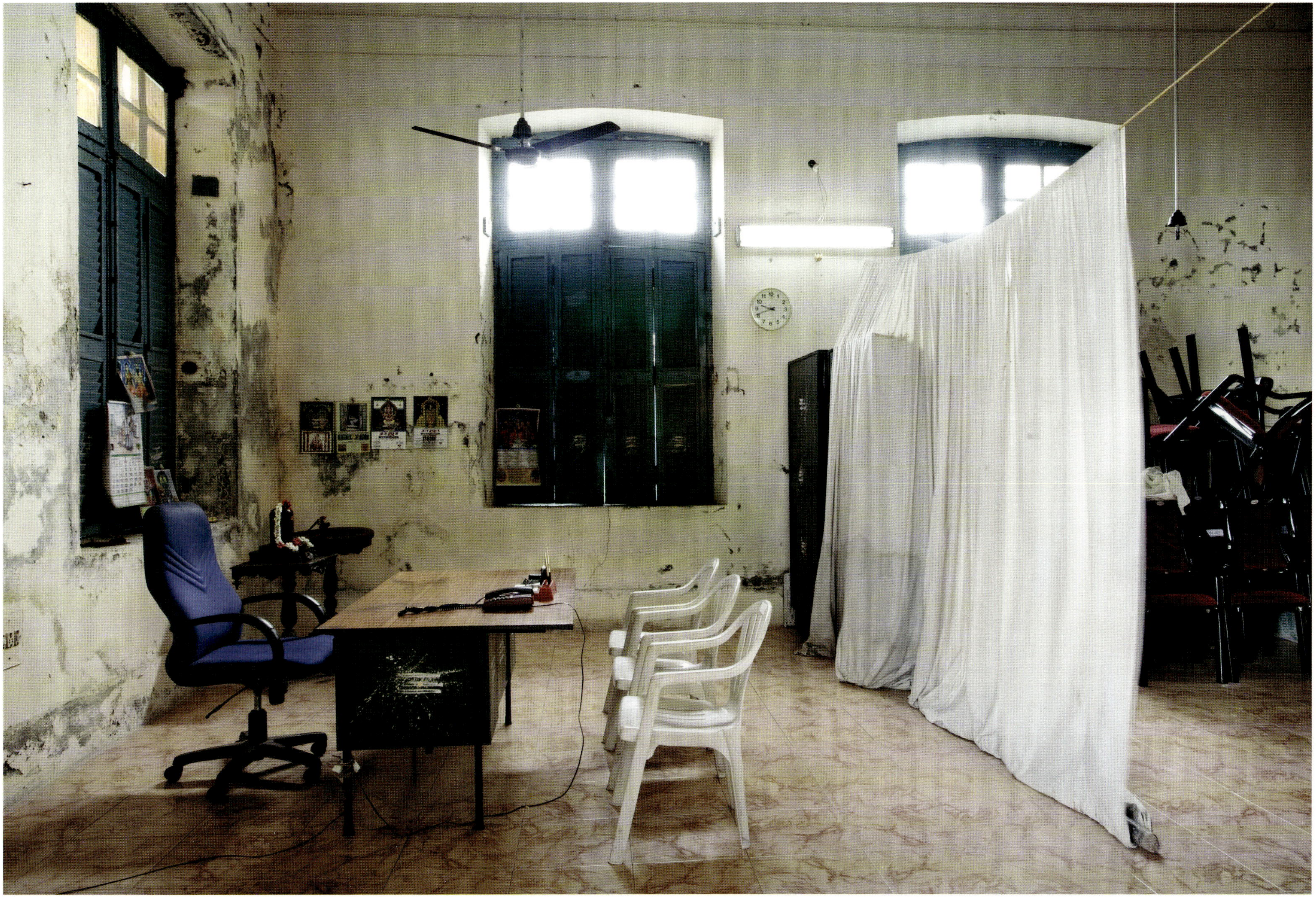

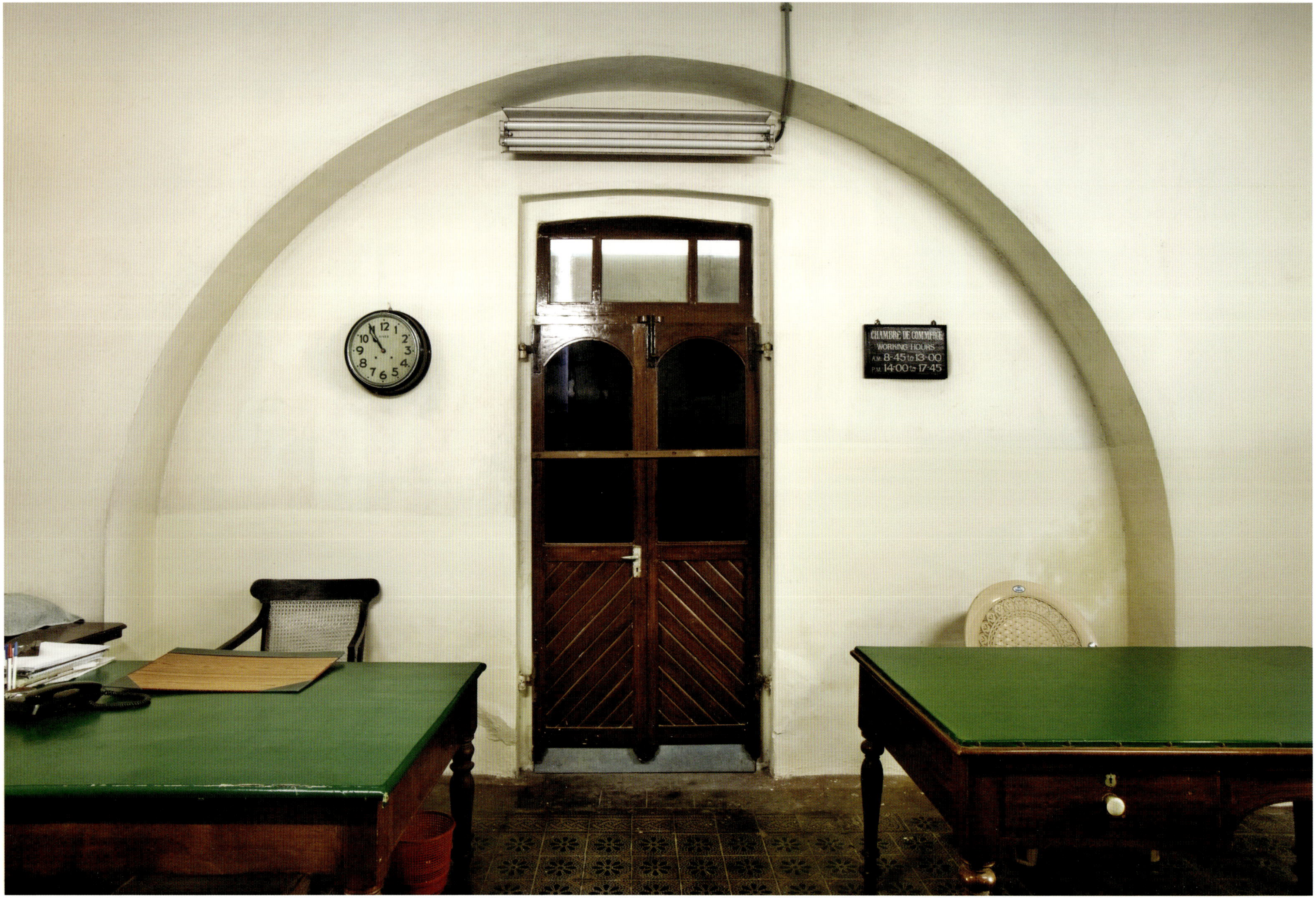
CHAMBRE DE COMMERCE
WORKING HOURS
A.M. 8-45 to 13-00
P.M. 14-00 to 17-45

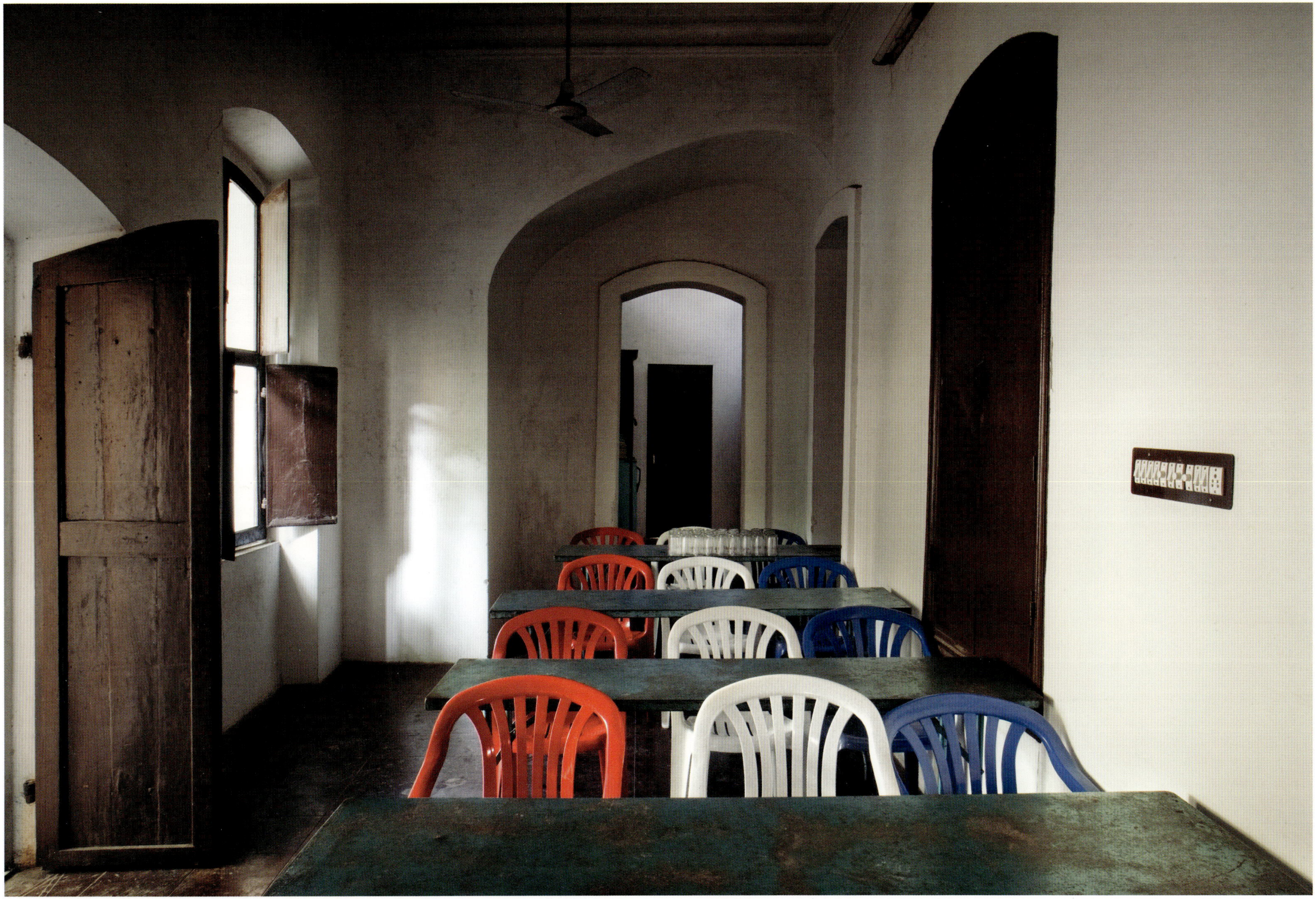

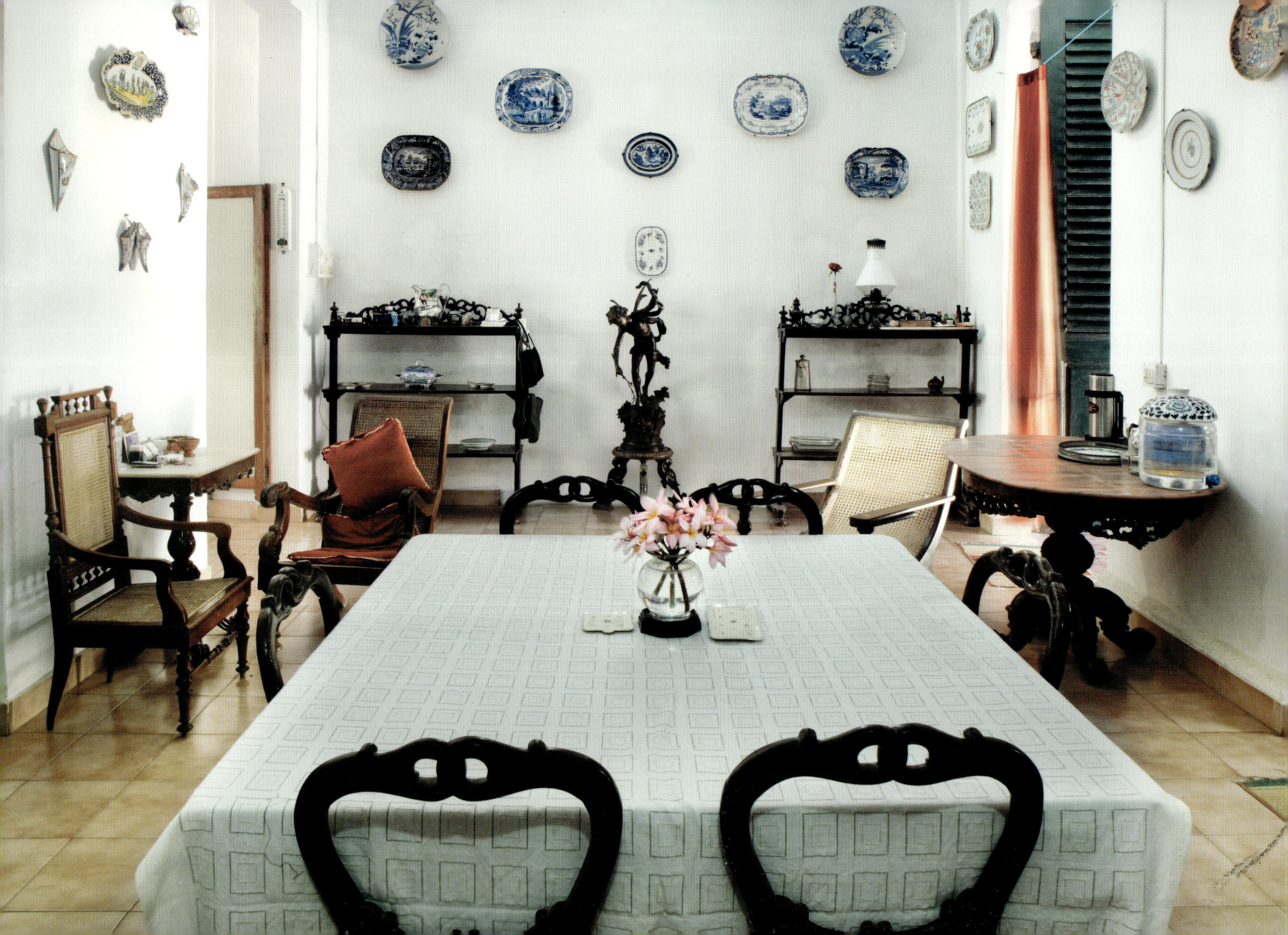

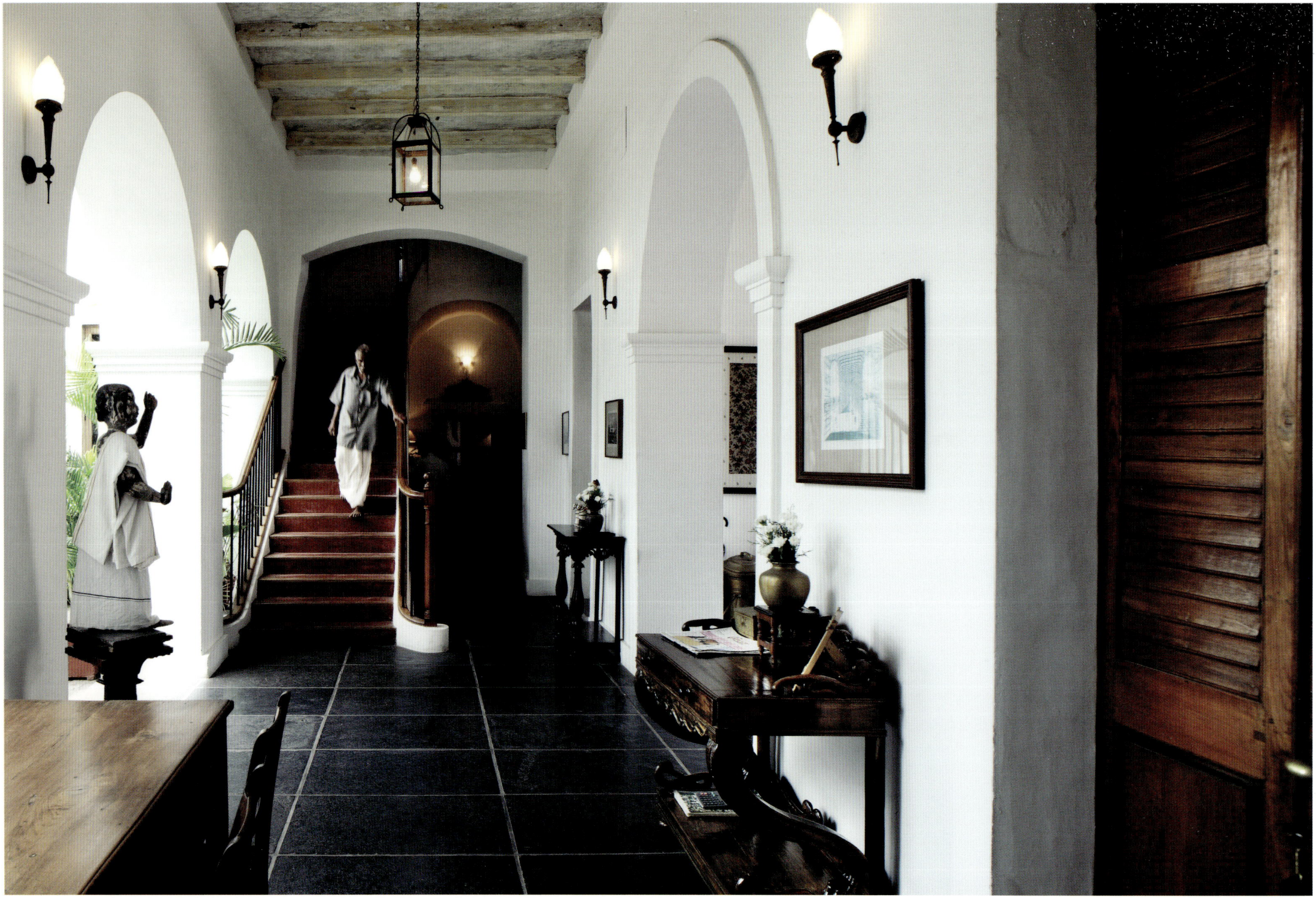

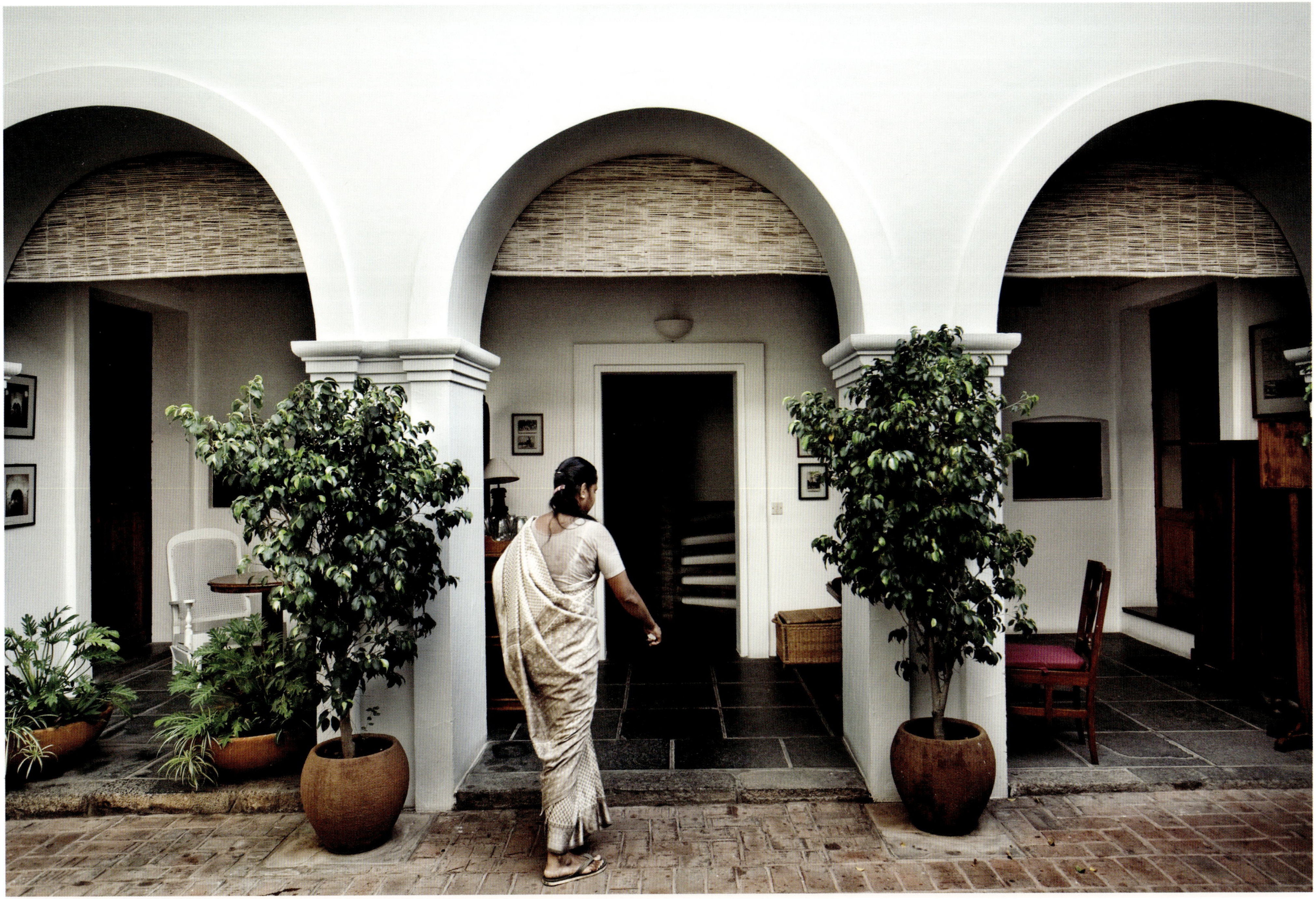

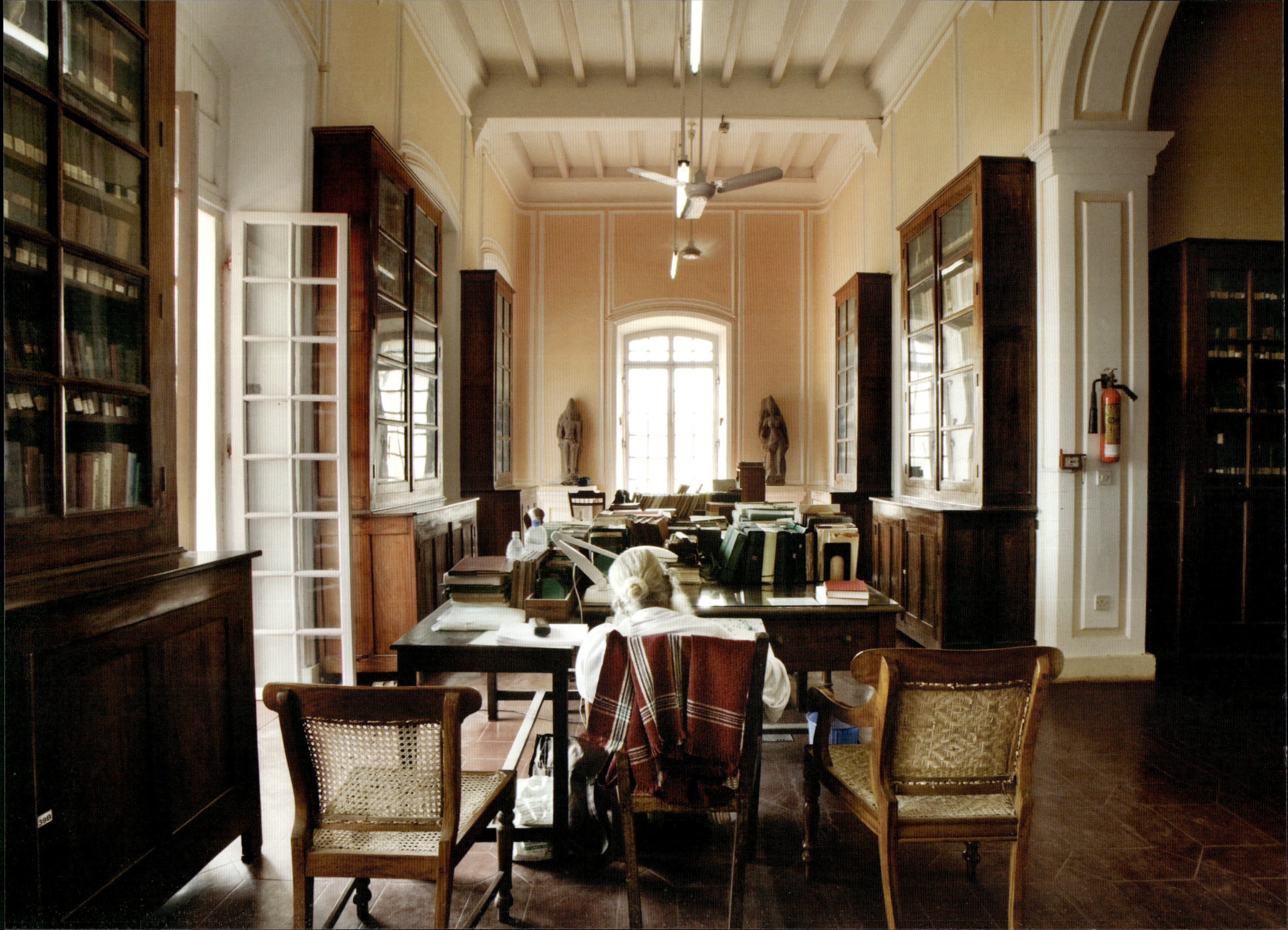

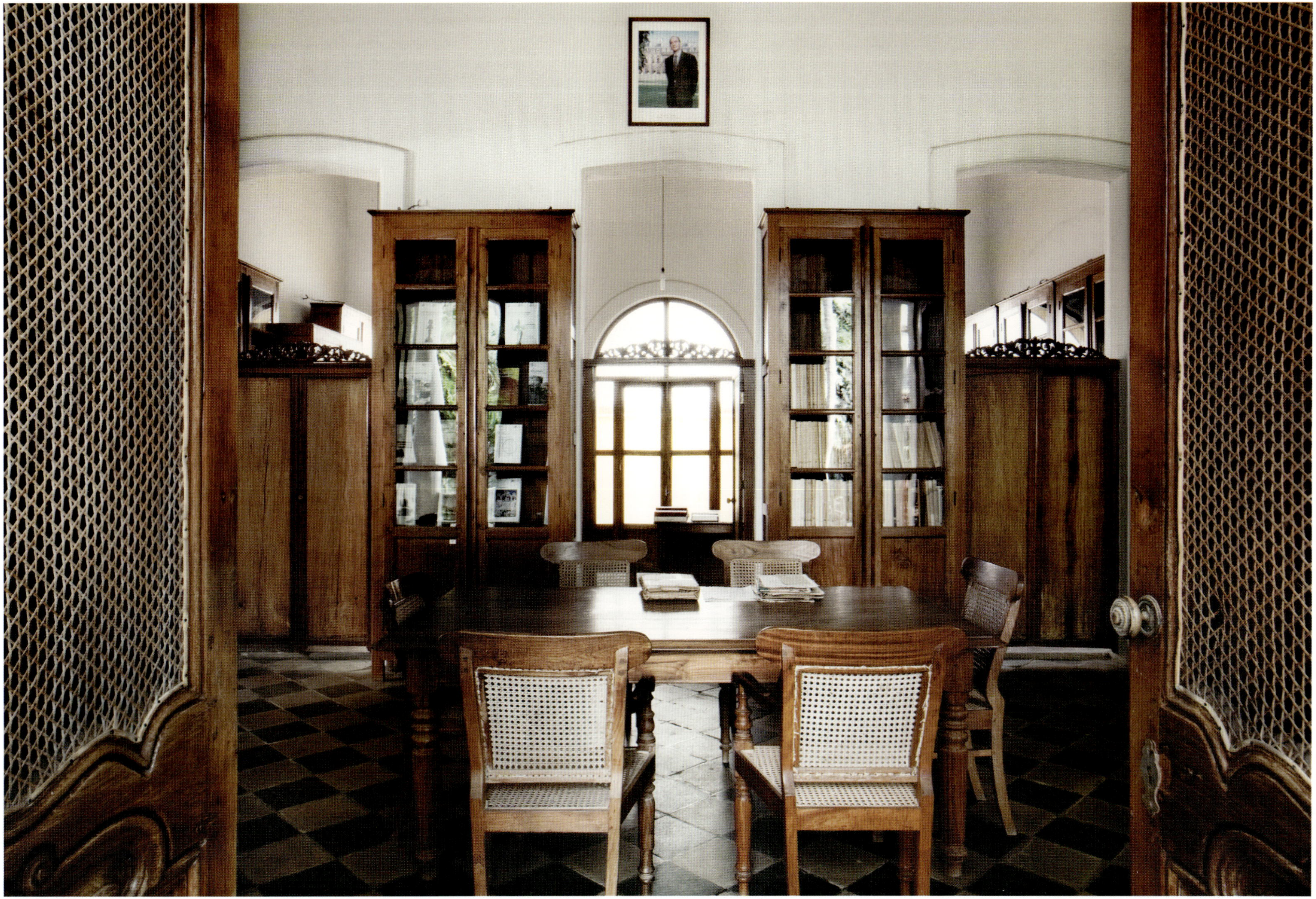

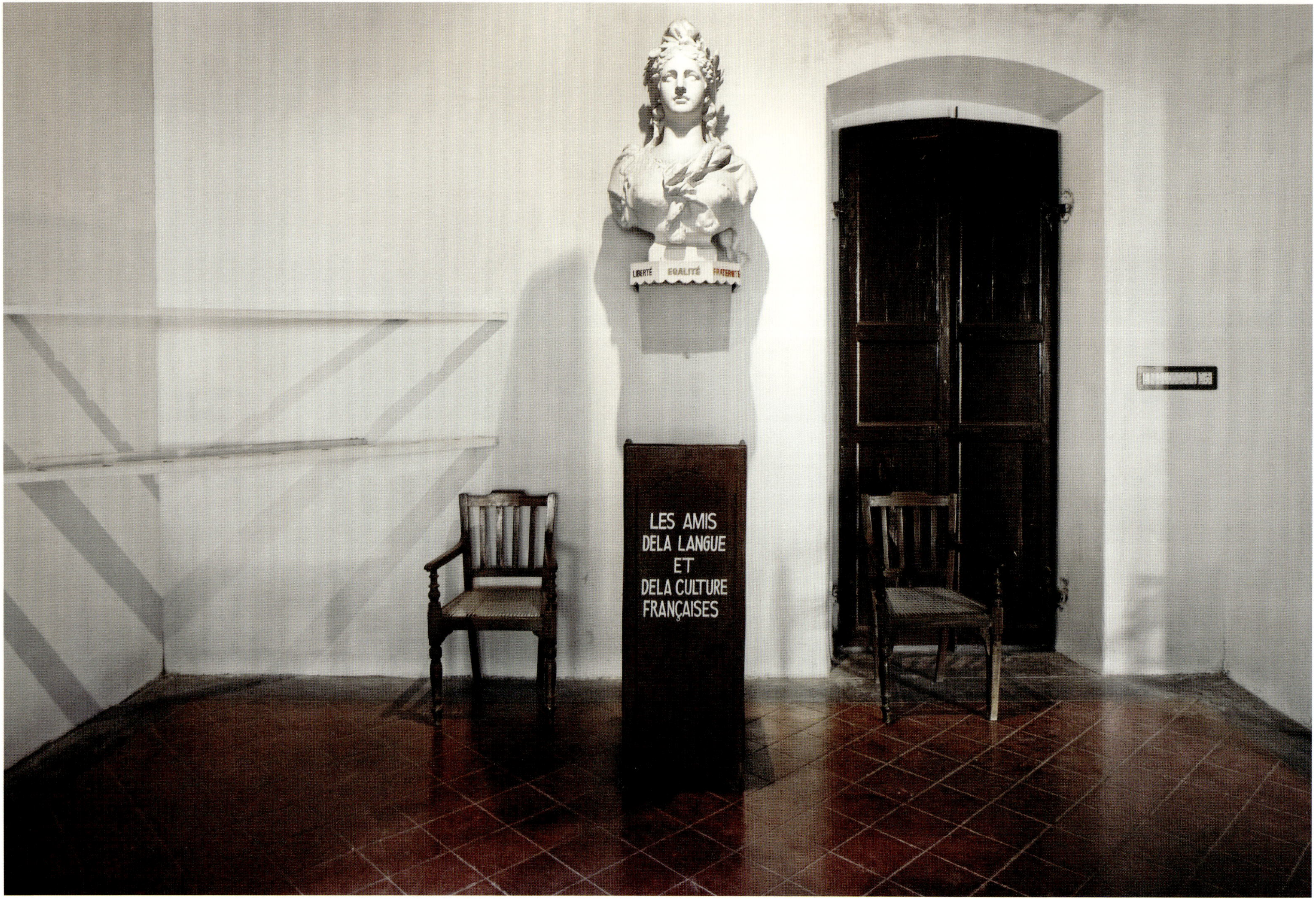
LIBERTÉ EGALITÉ FRATERNITÉ
LES AMIS
DELA LANGUE
ET
DELA CULTURE
FRANÇAISES

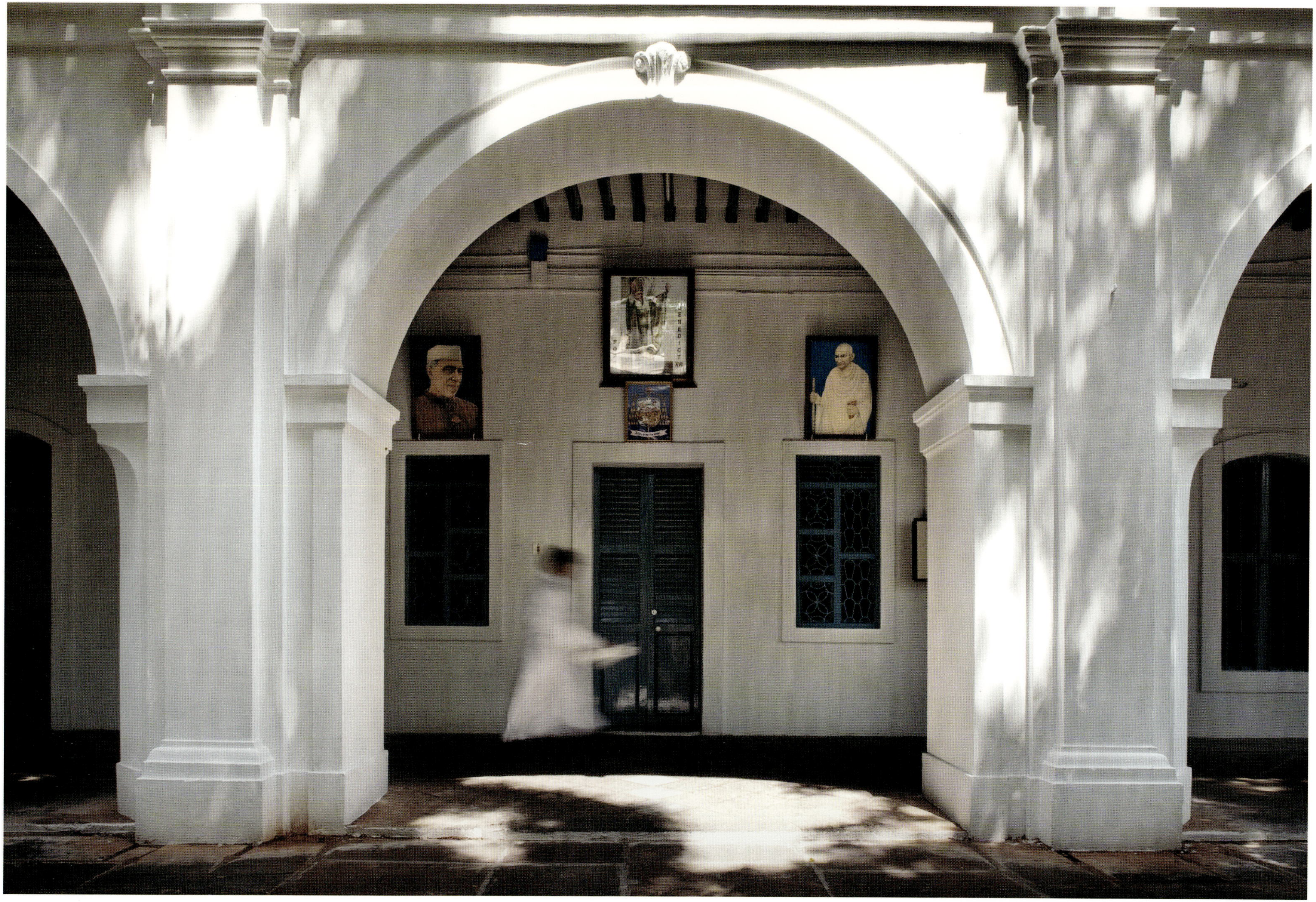

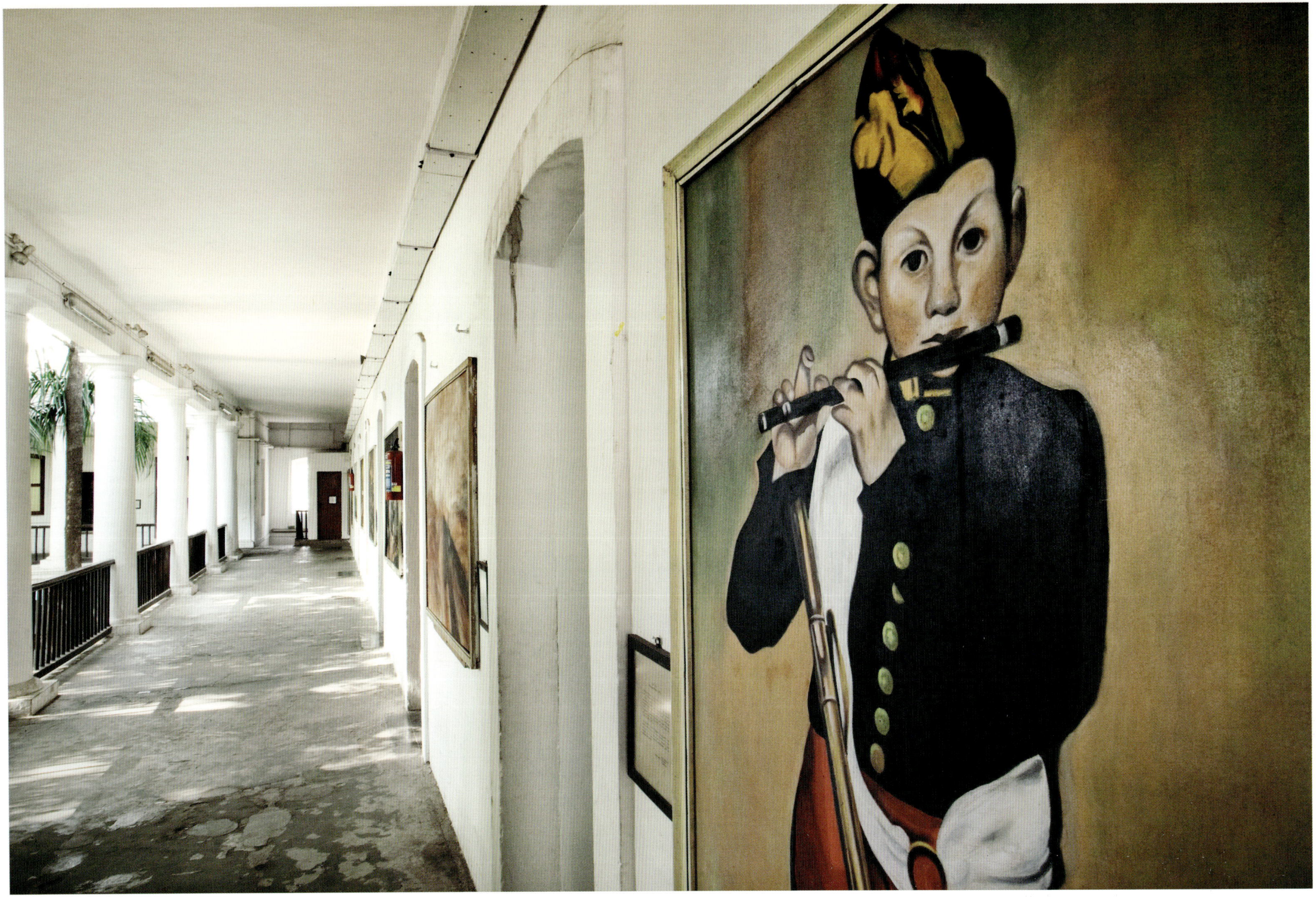

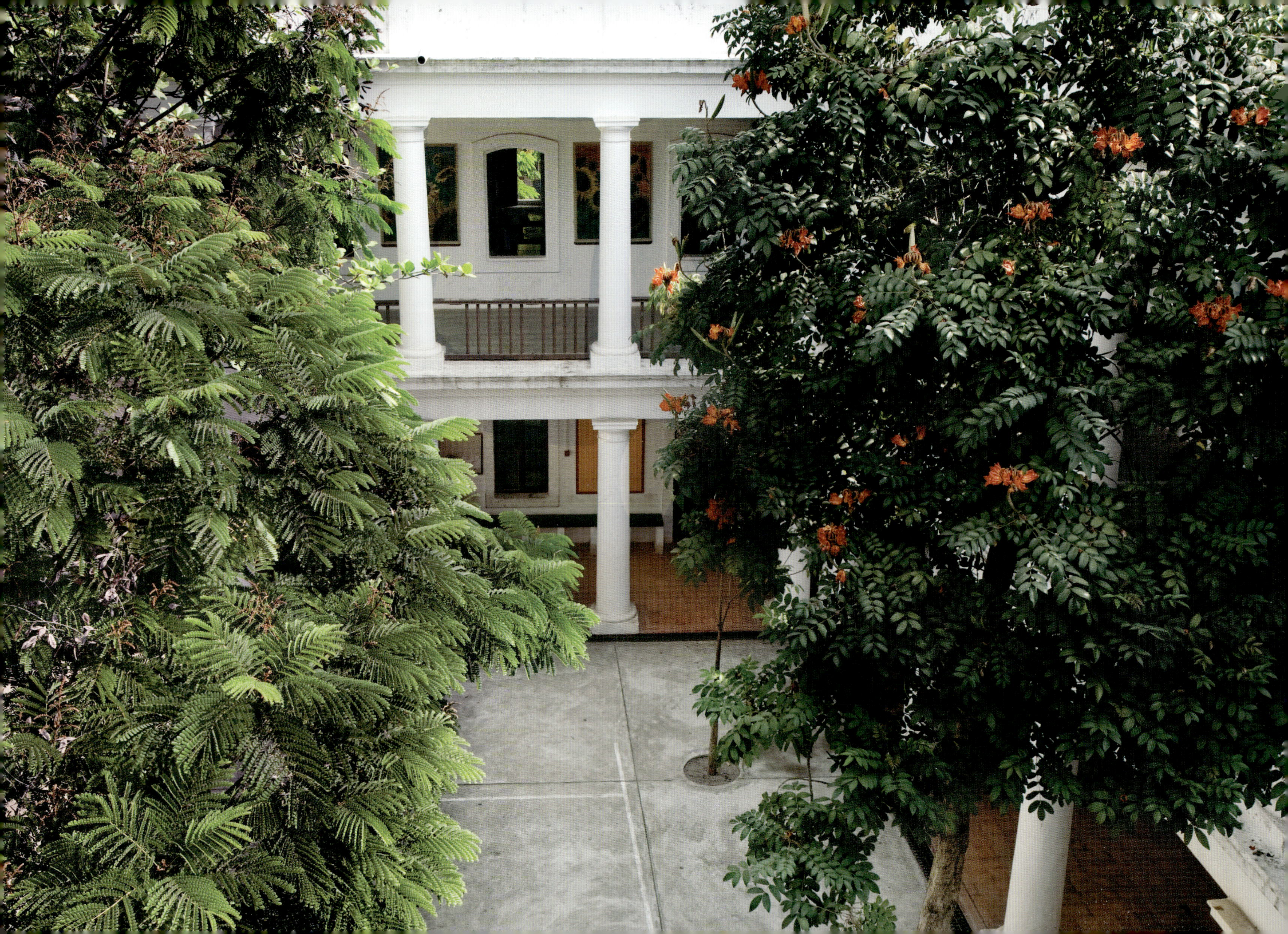

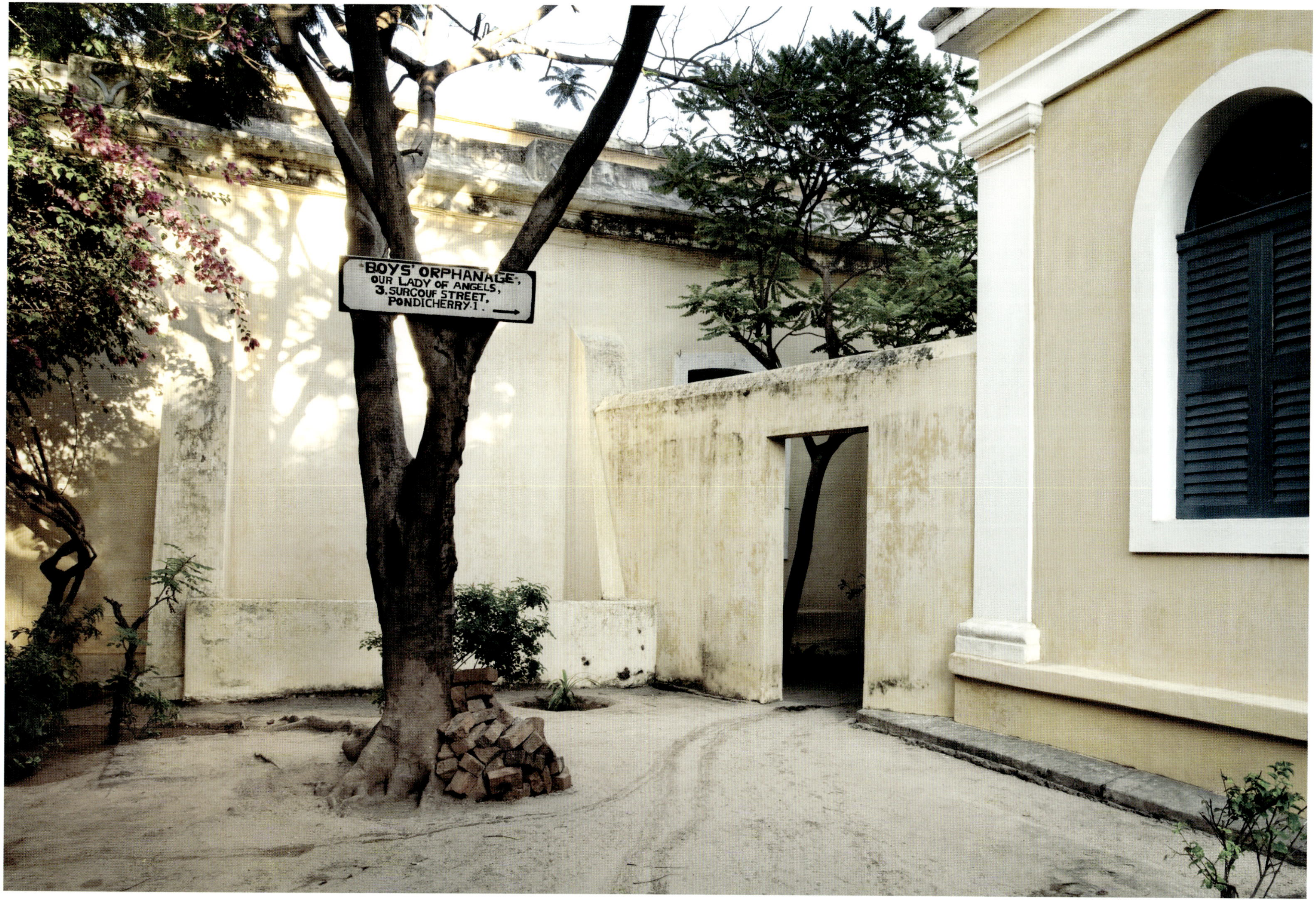
BOYS' ORPHANAGE,
OUR LADY OF ANGELS,
3, SURCOUF STREET,
PONDICHERRY-1.

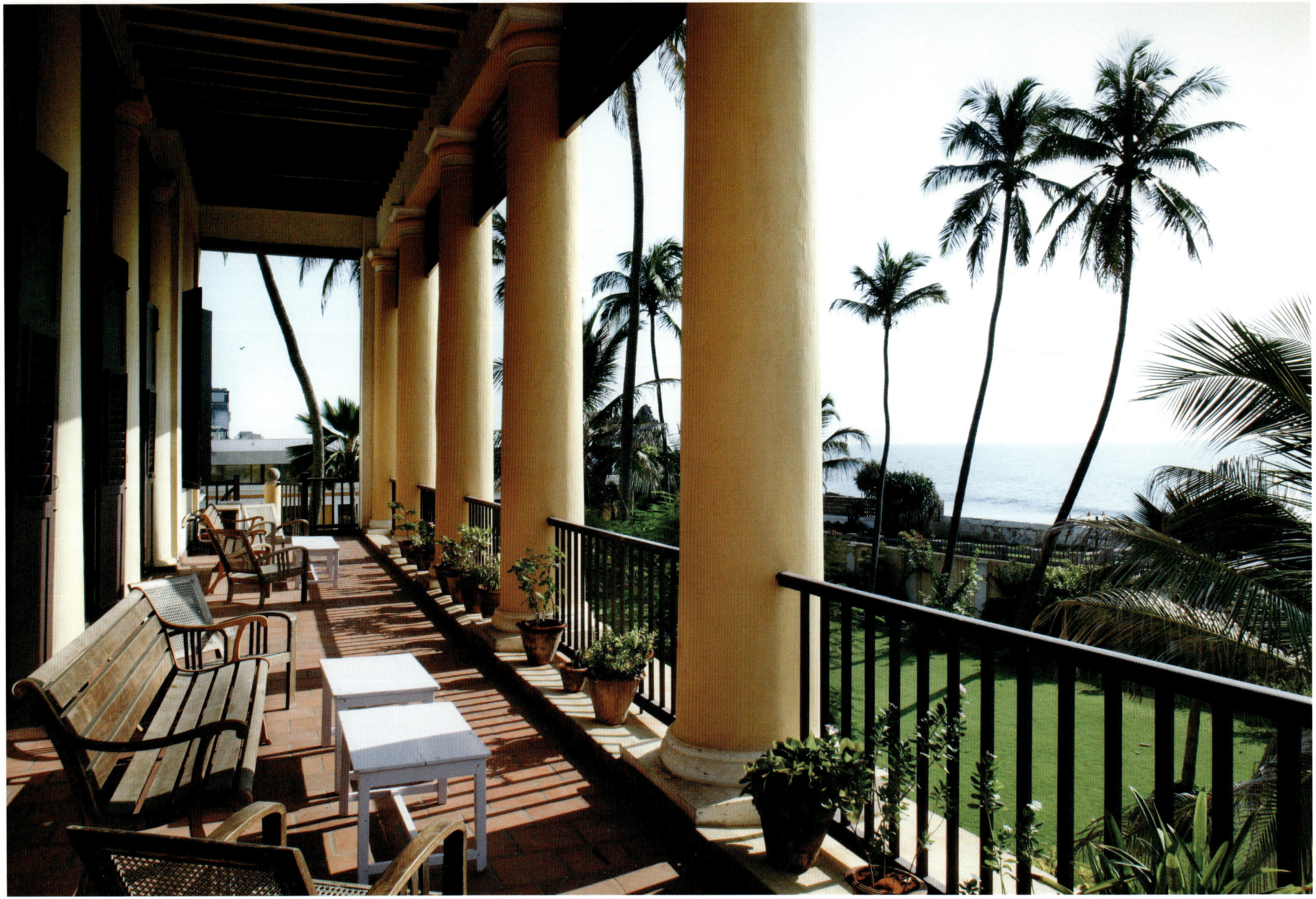

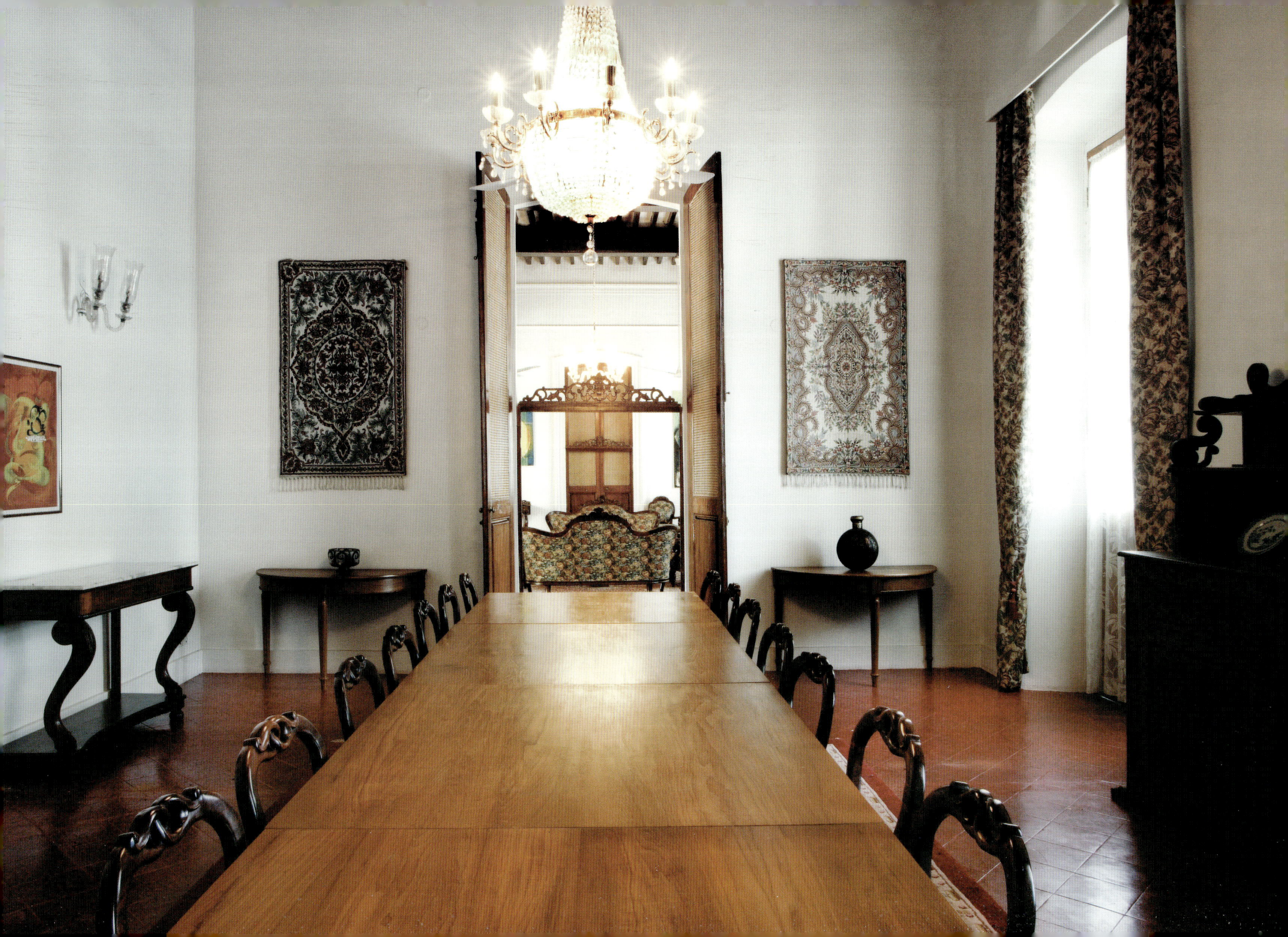

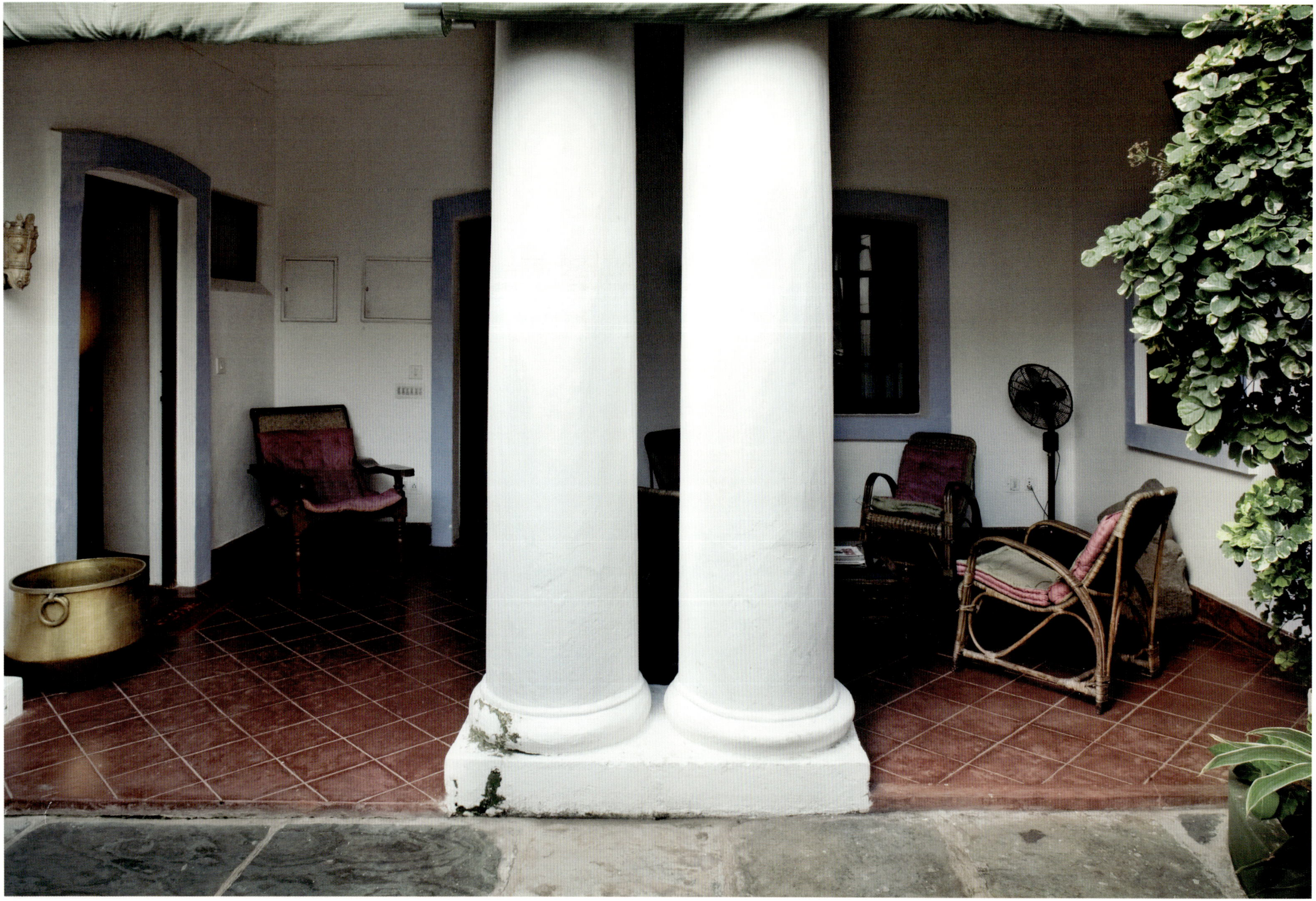

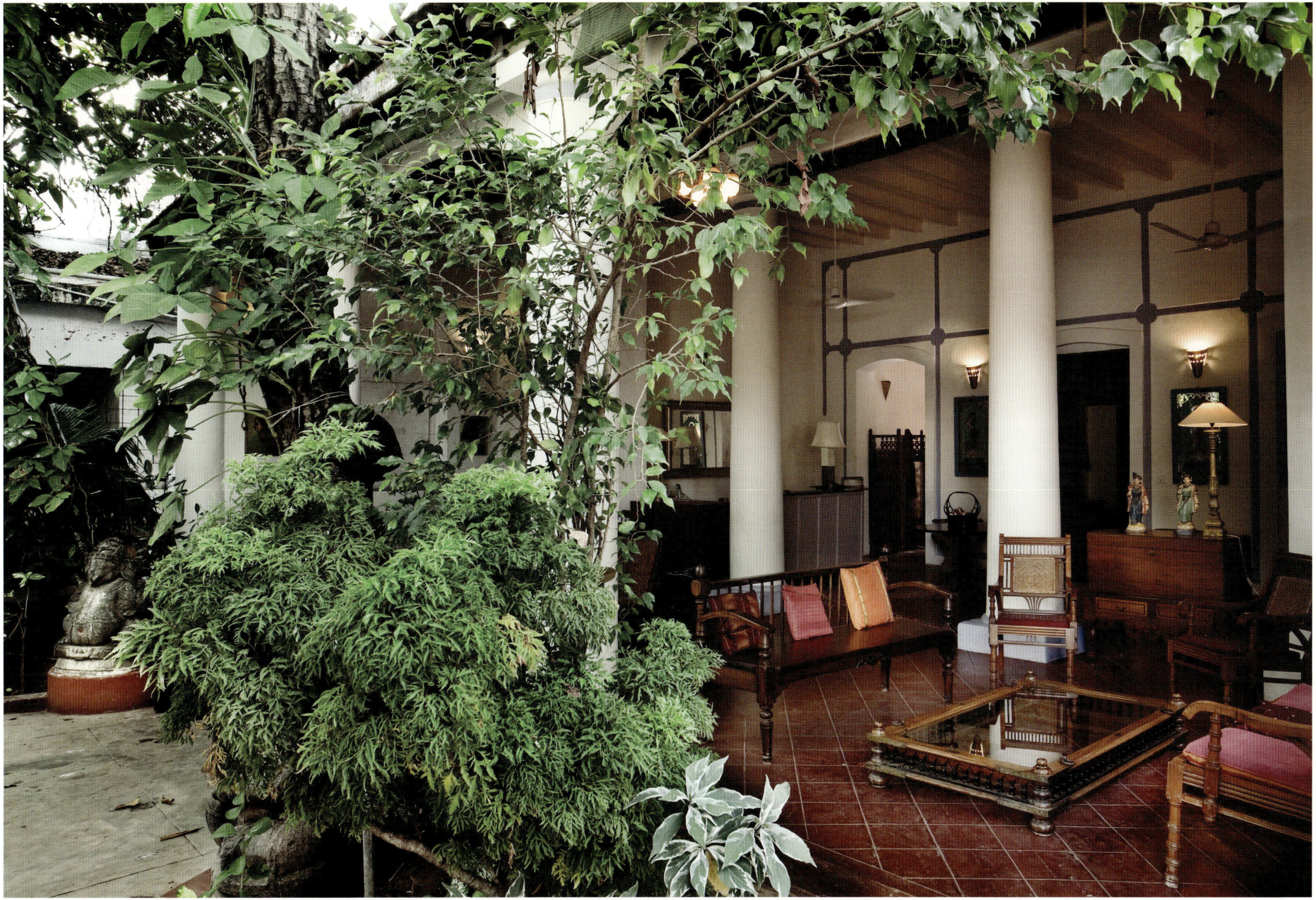

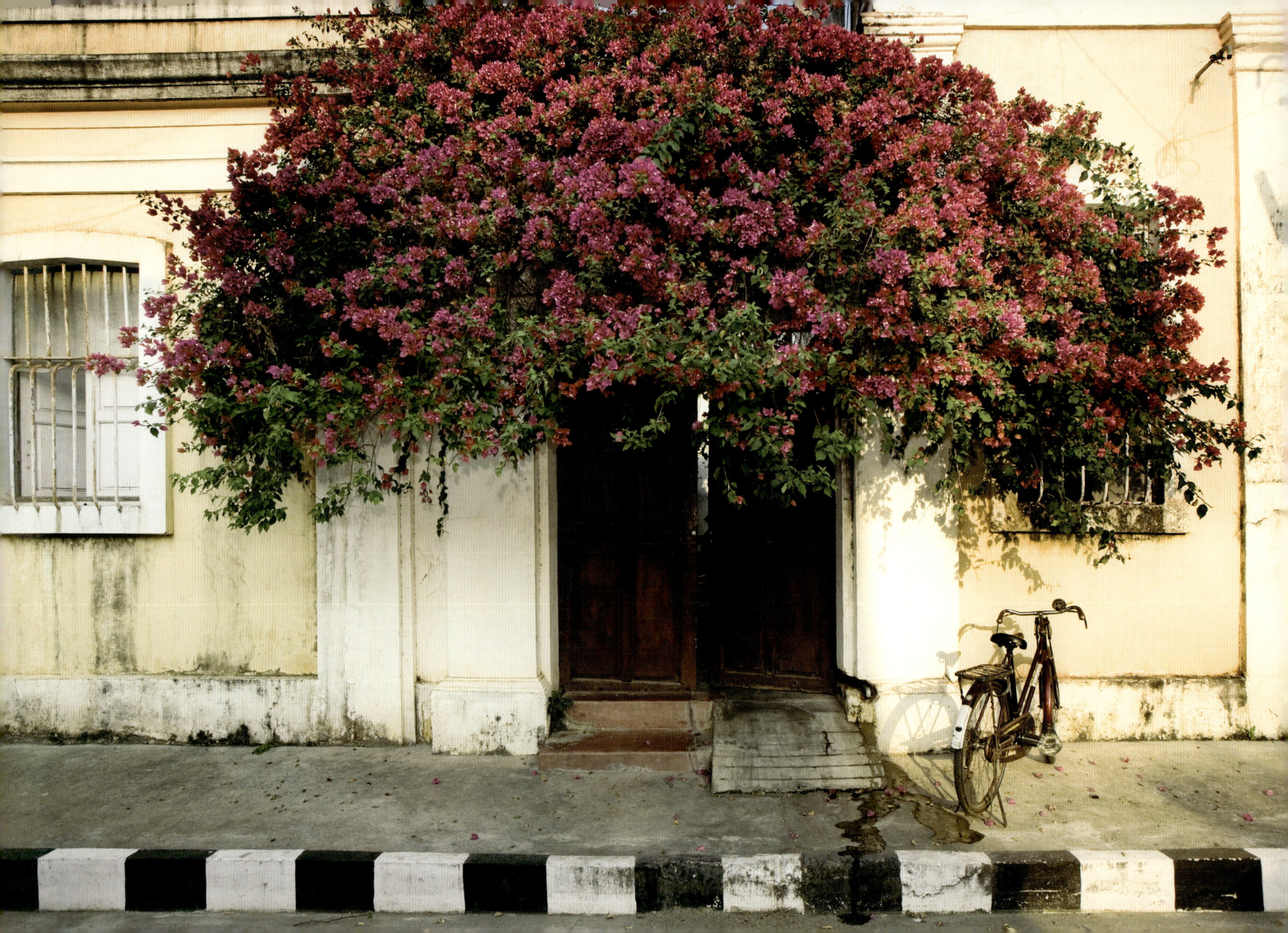

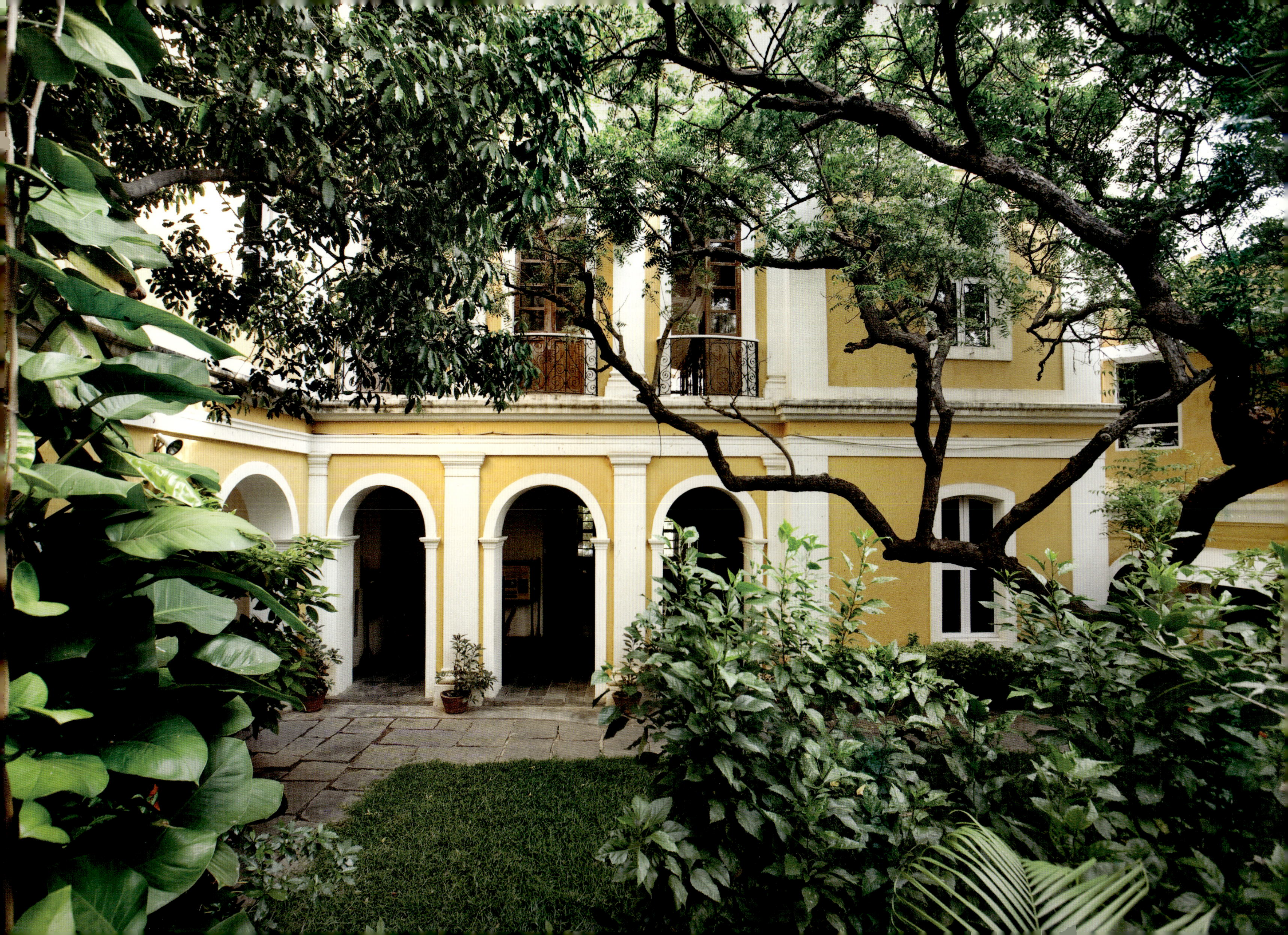

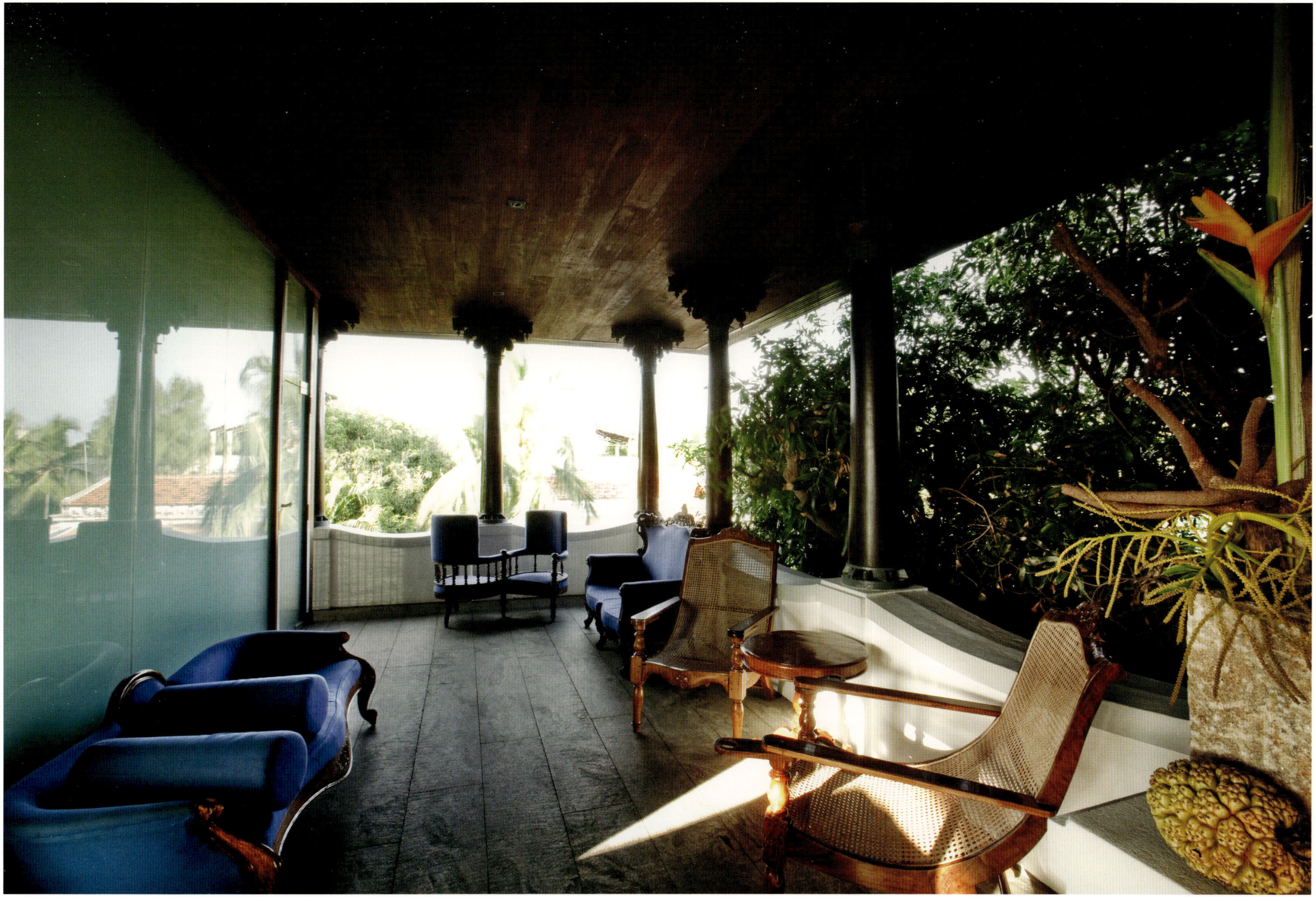

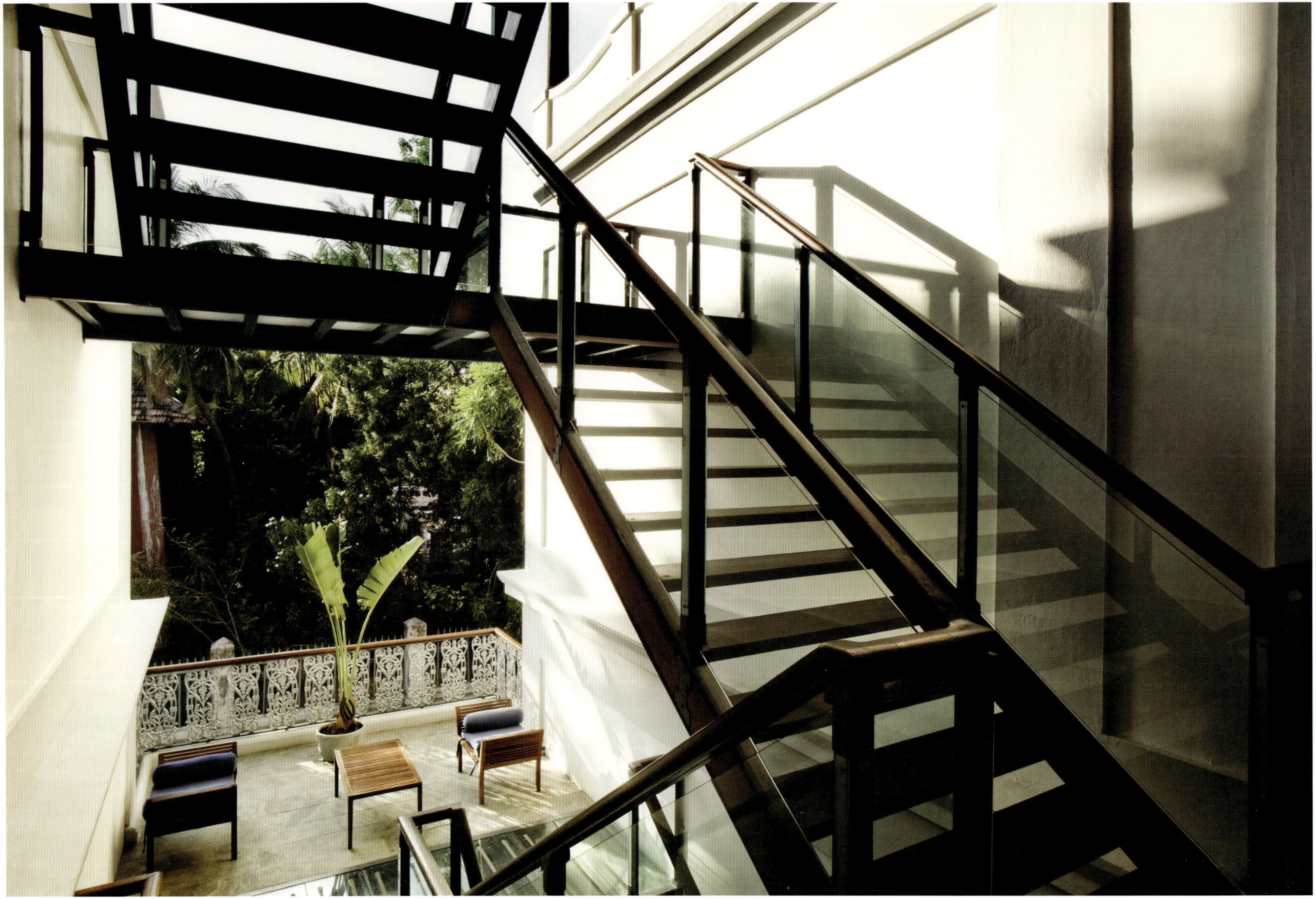

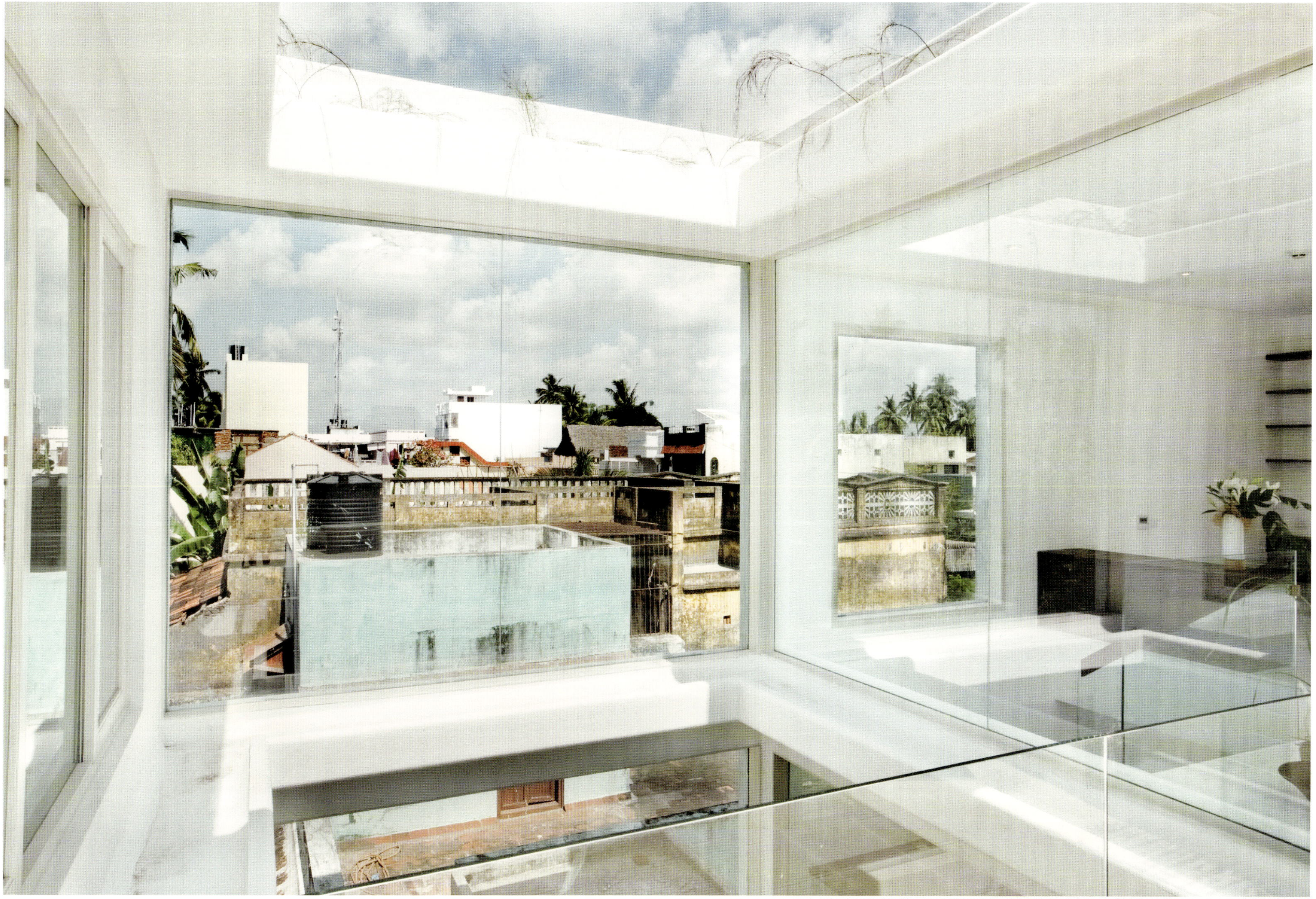

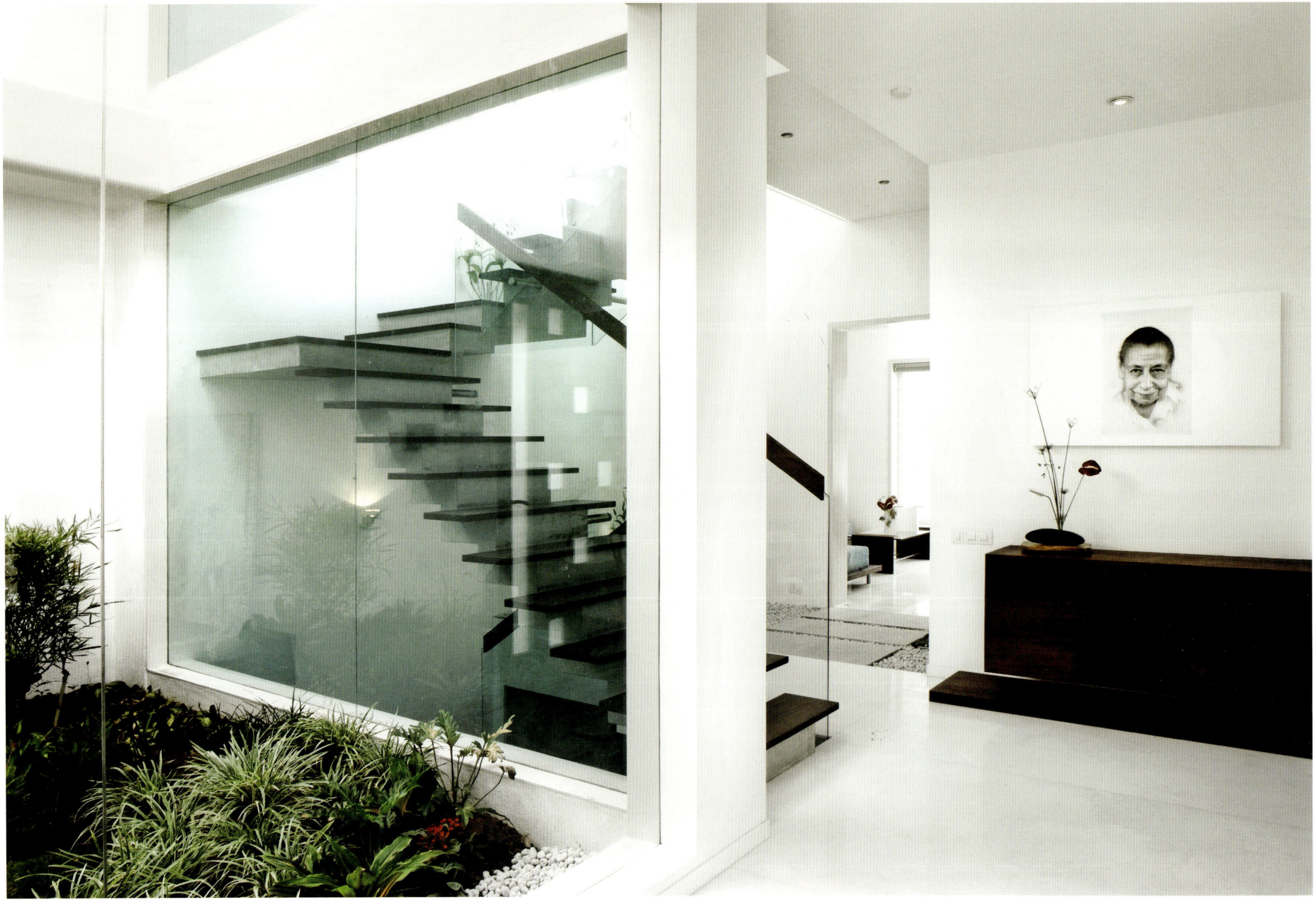

Pondicherry, 1993

by Amin Jaffer

In those days, I was very meticulous about keeping a record of my daily expenses. I was travelling to South India on a grant to research furniture made in the subcontinent under European patronage, working in archives by day and, whenever possible, seeing private collections in the evening. At Madras, the retrenchment of monsoon worked against me; each morning I was soaking wet even before finding an auto-rickshaw to start my day. By the time Diwali arrived, I was desperate. Non-stop firecrackers seemed to explode everywhere. My nerves were raw, calmed only by the idea of a trip to Pondicherry; furniture made under French patronage was a vital component of my research, after all – and a fellow researcher made arrangements for me to stay at the headquarters of the Ecole Française d'Extrême-Orient.

Pondicherry caught me unawares; I seemed to pass into a dream the moment I arrived. Françoise L'Hernault accommodated me in a scholar's room on the upper levels of a stucco-fronted early 19th century mansion, accessible by walking through a large, double-height library, fitted with teak bookcases that perfumed the air. My bedroom overlooked a white-washed courtyard with flowering trees; everything seemed out of watercolour from the days of the Compagnie des Indes Orientales. Here, the heavy rainfall was welcome as I sat hours in the verandah, playing gin rummy with a fellow guest – a young photographer from Delhi who had just returned from pilgrimage at Tirupati. We were brought dish after dish of delicious food by the Institute's chef – I still have the receipts for the ingredients: tomatoes, garlic, onions, and fish. My few days were peppered with the acquaintanceship of charming characters, who happened to be interested in my area of research: descendants of old families whose houses were furnished with Indo-French furniture; the curator of the local museum, then housed in an atmospheric old mansion; and dealers in historic things. When it was dry, we cycled around town, exploring churches and markets, and the paper-factory and furniture-dealers in the daytime, and visiting the Ashram and walking along the beachfront every evening. At night, I poured through books, especially eighteenth century travelogues and diaries, the most fascinating being the extensive memoirs of the 18th century Tamil merchant, Ananda Ranga Pillai, the commercial agent for Governor Dupleix. For me, nothing in Pondicherry compared to my visit to the merchant's house, in its design and decoration – part Tamil and part French. I still remember the distinctive scent of the building as we entered, soaked in the rain, to find ionic columns and boiseries redolent of a Parisian 'hôtel particulier'. We opened the shuttered doors to discover historic armchairs and commodes, bureau-cabinets, Bourbon and Napoleonic prints, and large gilt mirrors, all untouched for generations. It was a type of revelation, a historic Indo-French interior unchanged over time, hidden from the modern world, and the cornerstone of a chapter in my thesis.

Elated by this find, I allowed myself to relax. My photographer friend had a motorbike and showed me the sights at full speed, demonstrating his prowess by skilfully swerving around on-coming cars and people. My days unfolded with one fresh experience after another, determined by the course of the rain. The historic town and Auroville competed for my attention as I fell into an idyllic existence for which I still yearn.

Dr. Amin Jaffer is International Director of Asian Art, at Christie's. For twelve years a curator at the Victoria and Albert Museum, he is the author of the path-breaking volumes, *Furniture from British India and Ceylon* (2001) and *Made for Maharajas: A design diary of Princely India* (2006) and is the co-editor of *Encounters: The meeting of Asia and Europe: 1500-1800*, (2004) which accompanied a blockbuster Victoria & Albert exhibition which he co-curated. He generated and was external curator for the exhibition *Maharaja: the Splendour of India's Royal Courts* and co-edited the accompanying volume (2009).

Pondichéry, 1993

par Amin Jaffer

A cette époque, je tenais un relevé méticuleux de mes dépenses quotidiennes. Je voyageais dans le Sud de l'Inde grâce à une subvention de la Communauté Européenne, pour faire une étude sur le mobilier fabriqué dans le sous-continent indien. Le jour, je consultais les archives et chaque fois que c'était possible, le soir, je visitais des collections privées. A Madras, la mousson travaillait contre moi. Chaque matin, avant même d'avoir trouvé un auto-rickshaw pour commencer ma journée, j'étais trempé jusqu'aux os. Aux fêtes de Diwali, j'étais désespéré. Les pétards explosaient de toutes parts sans discontinuer. J'avais les nerfs à fleur de peau. Seule l'idée de faire un voyage à Pondichéry me soulageait. Après tout, les meubles fabriqués à l'époque coloniale française étaient une composante essentielle de mon étude – et un confrère m'avait organisé un séjour à l'Ecole Française d'Extrême-Orient.

Pondichéry m'a pris au dépourvu. Dès mon arrivée, j'ai eu l'impression d'être dans un rêve. Françoise L'Hernault m'installa dans une chambre d'hôte, à l'étage d'une vaste maison coloniale datant du début du 19ème au portique en stuc. Pour accéder à ma chambre, il fallait traverser une vaste bibliothèque, haute de plafond et remplie d'étagères en teck qui parfumaient l'atmosphère. Ma chambre surplombait une cour intérieure plantée d'arbres en fleurs; on se serait cru dans une aquarelle de l'époque de la Compagnie des Indes Orientales. Ici, les grosses pluies étaient les bienvenues, et je passais des heures sur la véranda à jouer au rami avec un autre invité – un jeune photographe de Delhi qui revenait d'un pèlerinage à Tirupati. On nous servait des mets délicieux préparés par le chef de l'Institut – j'ai encore la recette des ingrédients: tomates, ail, oignons et poisson. Ces quelques jours ont été rythmés par la rencontre de personnes charmantes, qui portaient un intérêt à mon sujet d'étude: des descendants de vieilles familles, dont les maisons étaient entièrement meublées dans le style Indo-Français; le curateur du musée local, qui habitait une vieille maison coloniale, des antiquaires. Pendant la journée, quand le temps le permettait, nous pédalions à travers la ville, visitions les églises et les marchés, la fabrique de papier, les magasins d'antiquités. Le soir, nous allions à l'Ashram, marchions sur le front de mer. La nuit, je me plongeais dans les livres. J'avais une prédilection pour les récits de voyage du 18ème siècle et les journaux intimes. Le plus fascinant d'entre eux était, sans conteste, les mémoires du marchand tamoul Ananda Ranga Pillai, l'agent commercial du Gouverneur Dupleix. Ma visite à la maison du marchand, sa décoration à la fois traditionnelle tamoule et française, fut une expérience incomparable. Je me souviendrai toujours de l'odeur particulière de cette maison, alors que, trempés par la pluie, nous y pénétrâmes; de ses colonnes ioniques et de ses boiseries dignes d'un 'hôtel particulier' parisien. Nous ouvrîmes les portes des chambres closes pour y découvrir des fauteuils anciens, des commodes, des bureaux à cylindres et des lithographies dans le style bourbon et napoléonien, des miroirs à dorures. Tout était demeuré inchangé depuis des générations. Ce fut une révélation, une composition historique parfaite à l'abri du monde, la pierre angulaire d'un chapitre de ma thèse.

Transporté par cette découverte, je me relaxais. Mon ami photographe qui possédait une moto me faisait visiter la ville en roulant à toute allure. Il me montrait son habileté en se faufilant entre les voitures et les piétons. Mes journées se déroulaient passant d'une découverte à l'autre, au rythme des averses. La vieille ville et Auroville rivalisaient pour attirer mon attention et je vivais une existence idyllique que j'aimerais encore retrouver.

Dr. Amin Jaffer est responsable international de l'art asiatique chez Christie's. Il est l'auteur de livres novateurs comme *Furniture from British India and Ceylon* (2001) et *Made for Maharajas: A design diary of Princely India* (2006). Il est aussi coéditeur de *Encounters: the meeting of Asia and Europe 1500-1800* (2004) qui accompagna une exposition brillamment réussie chez Victoria & Albert Museum , et du bestseller *Maharaja: the Splendour of India's Royal Courts* (2009).

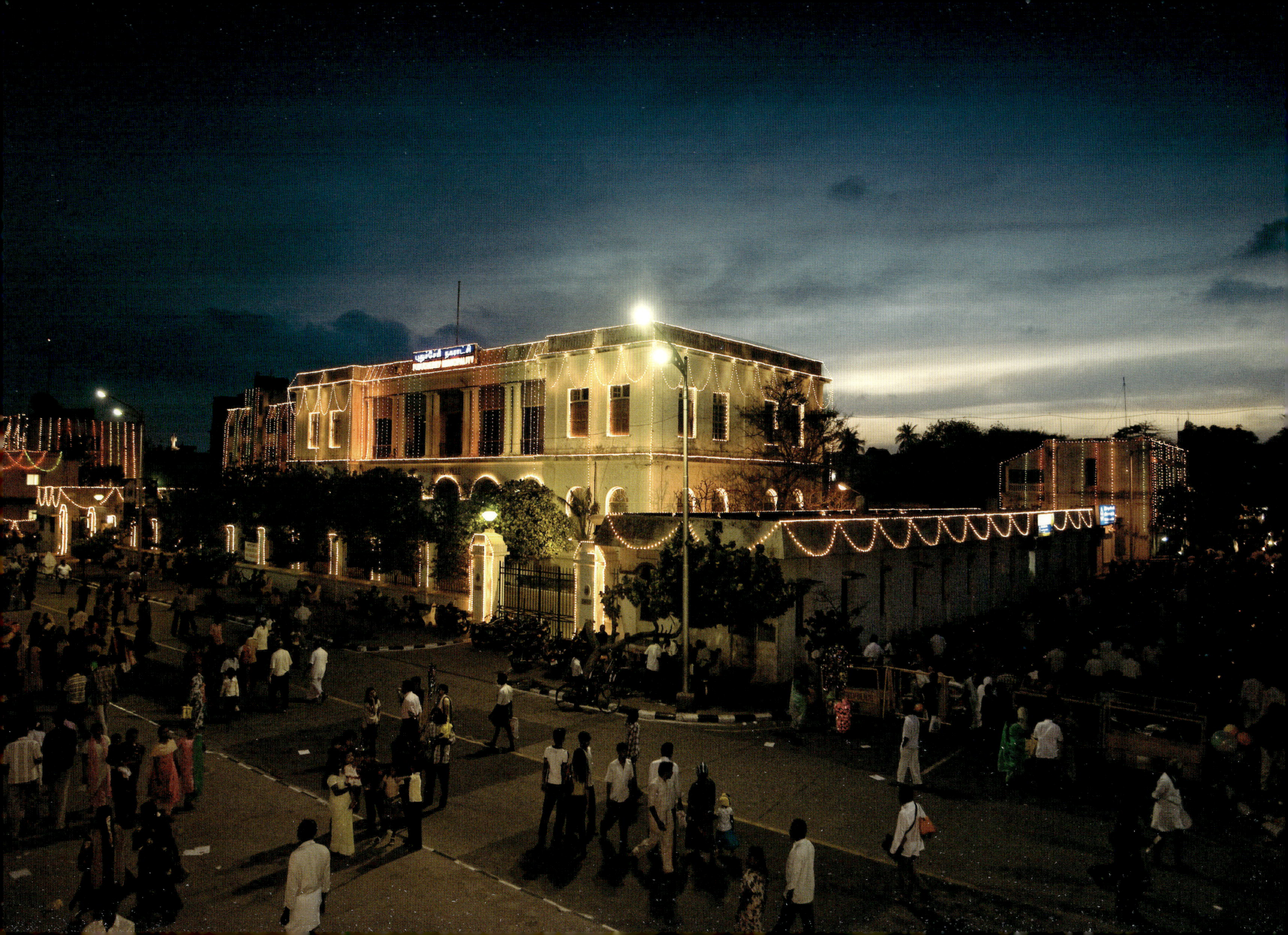

புதுச்சேரி நகராட்சி

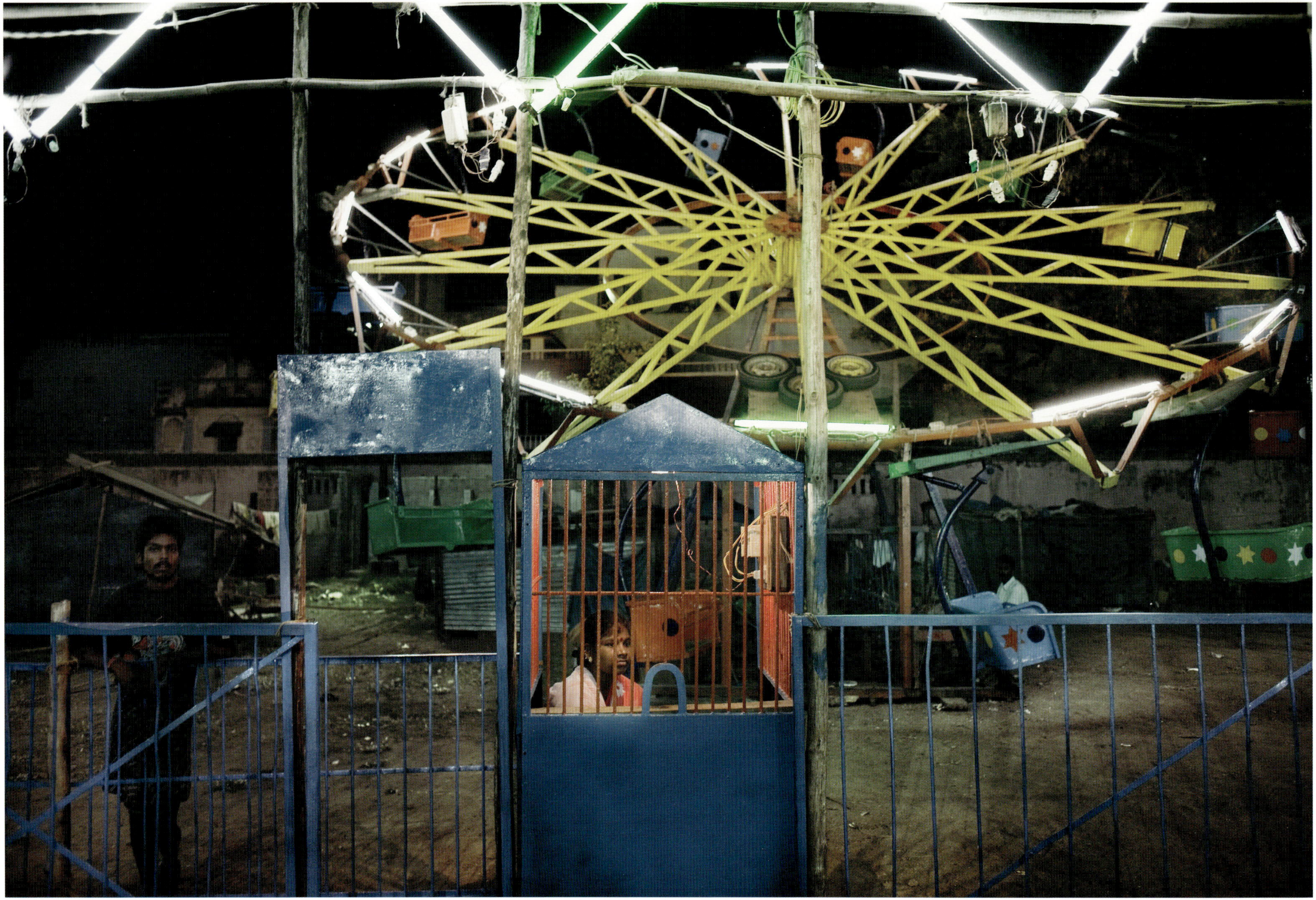

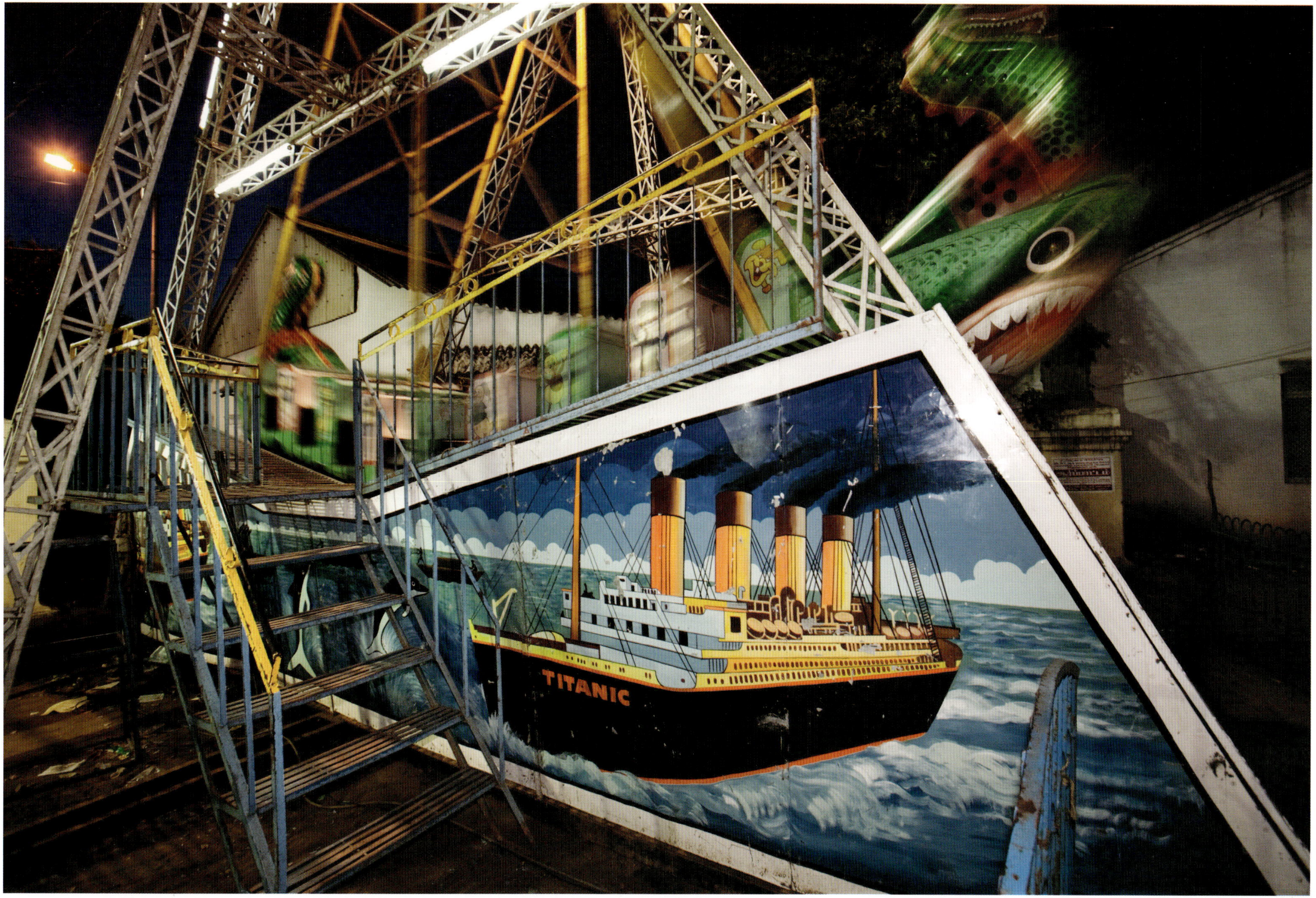
TITANIC

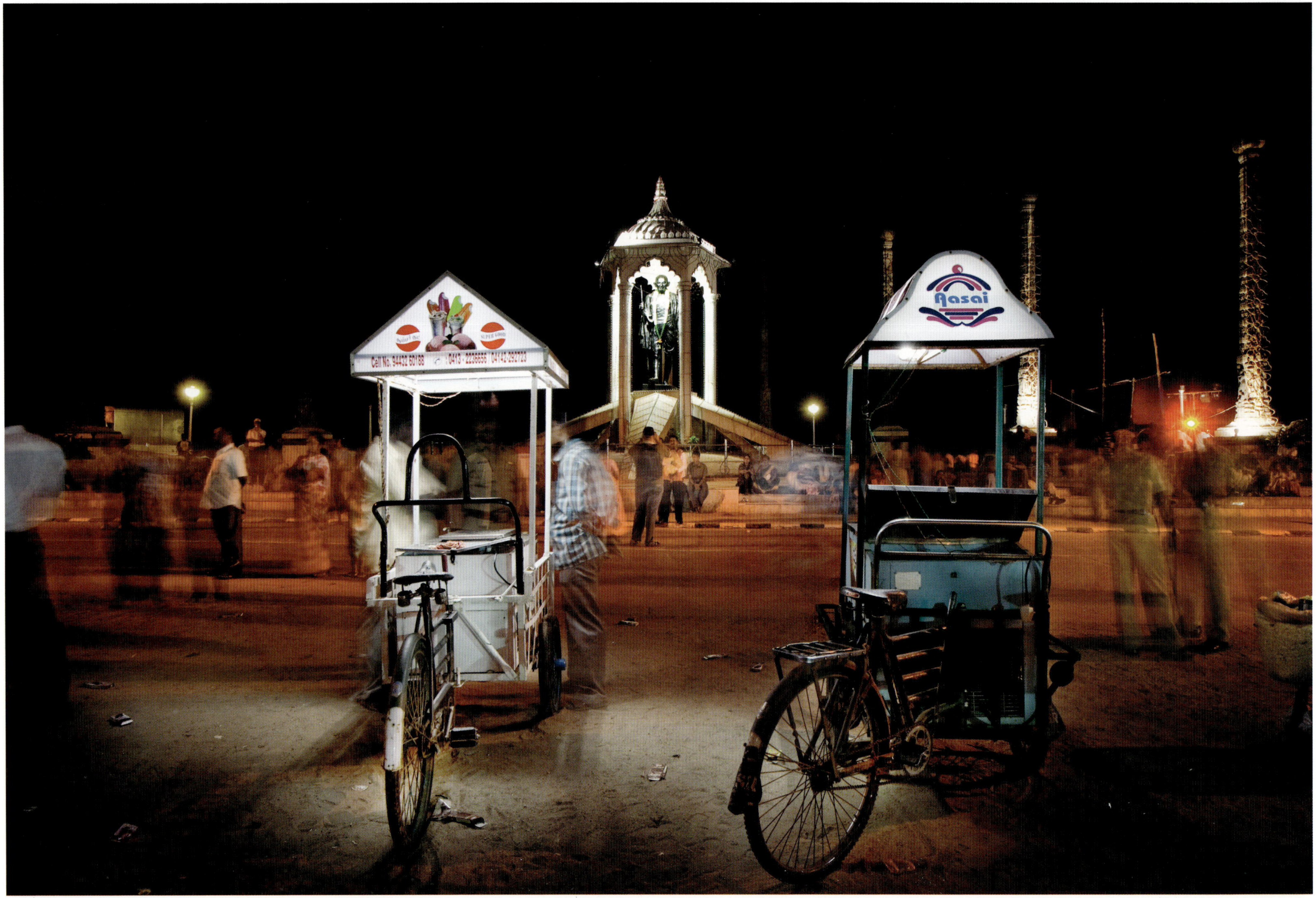
SUPER GOOD
Cell No. 94432 60188
0413 - 2236656 / 04142-292723
Aasai

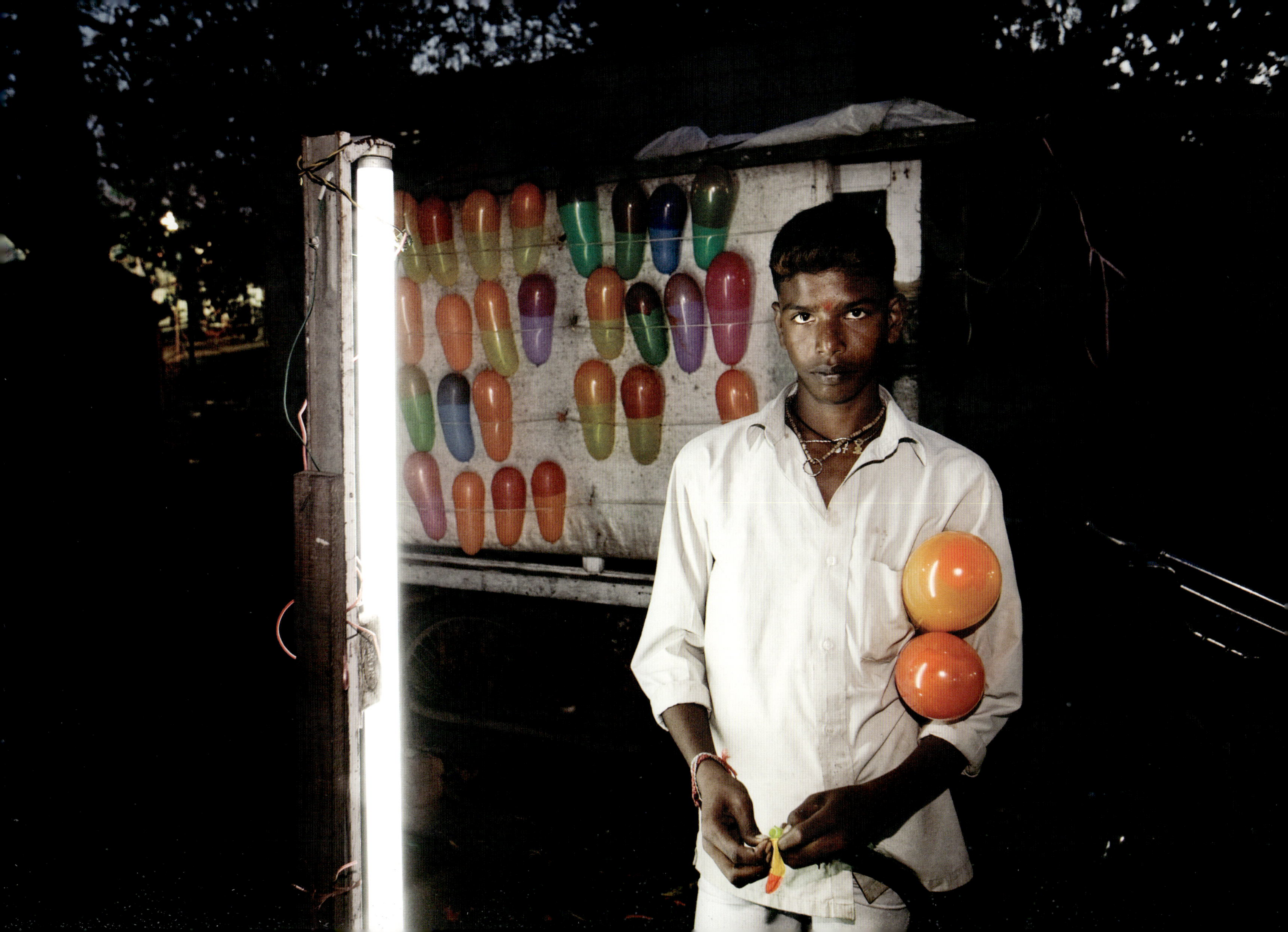

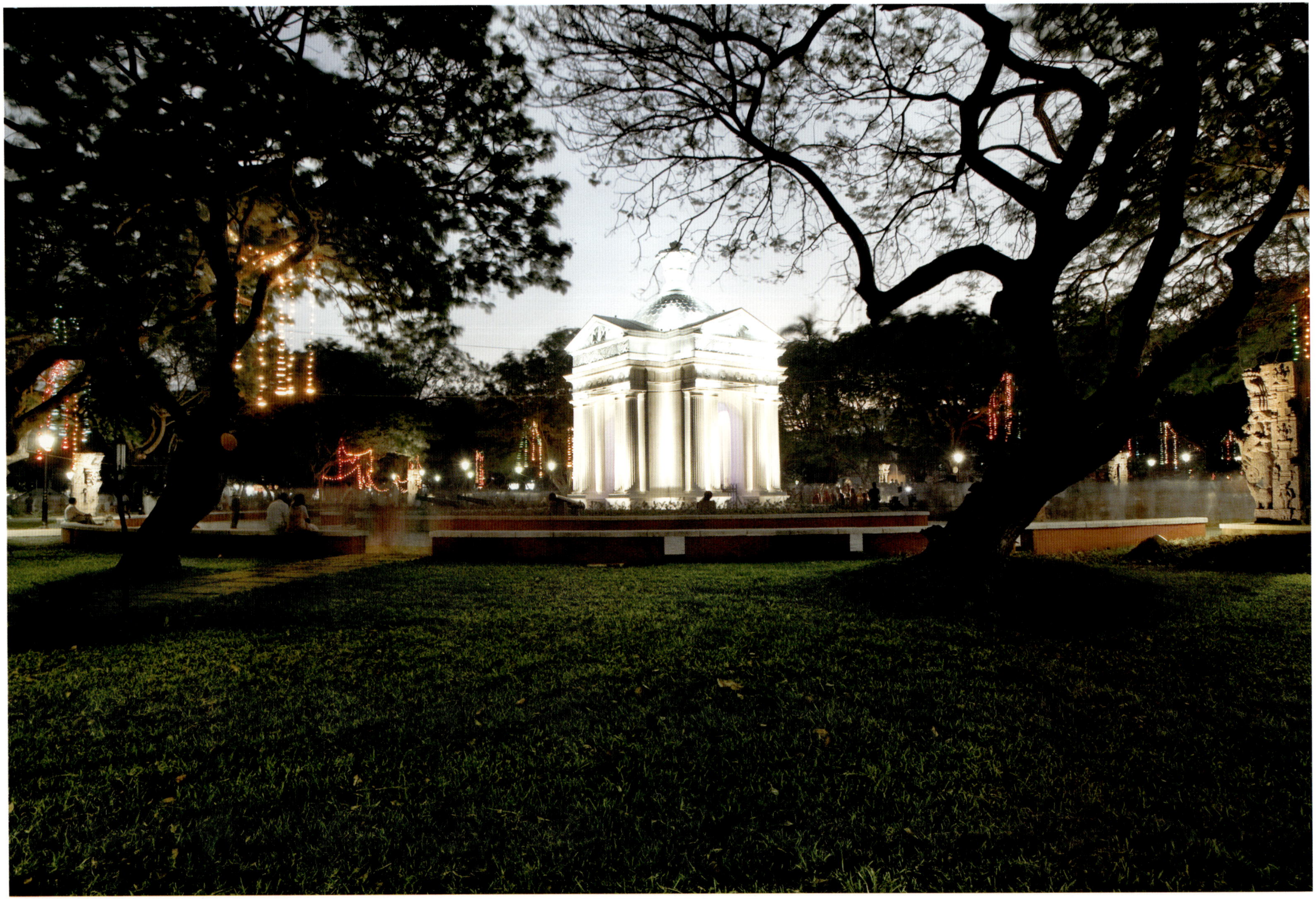

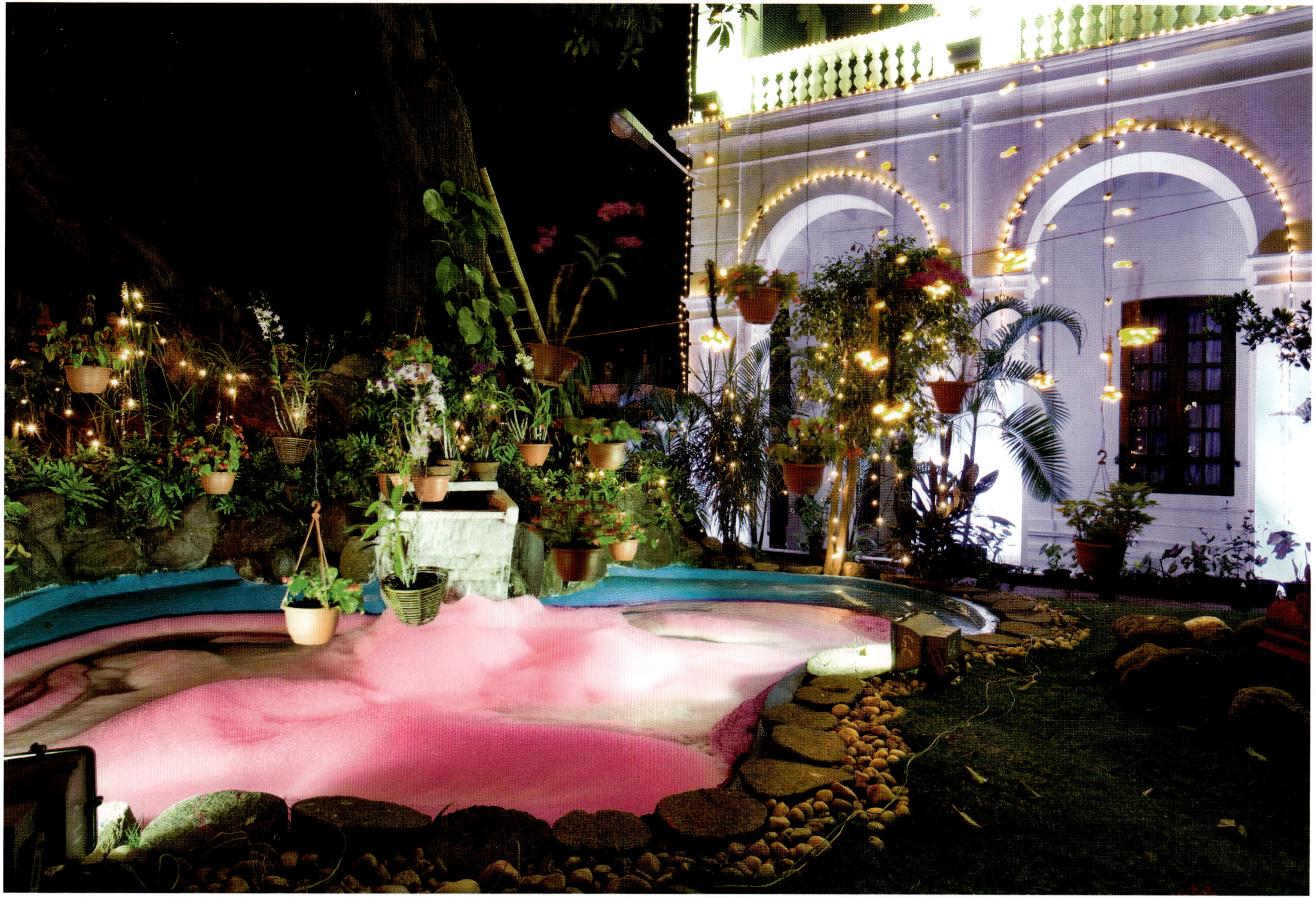

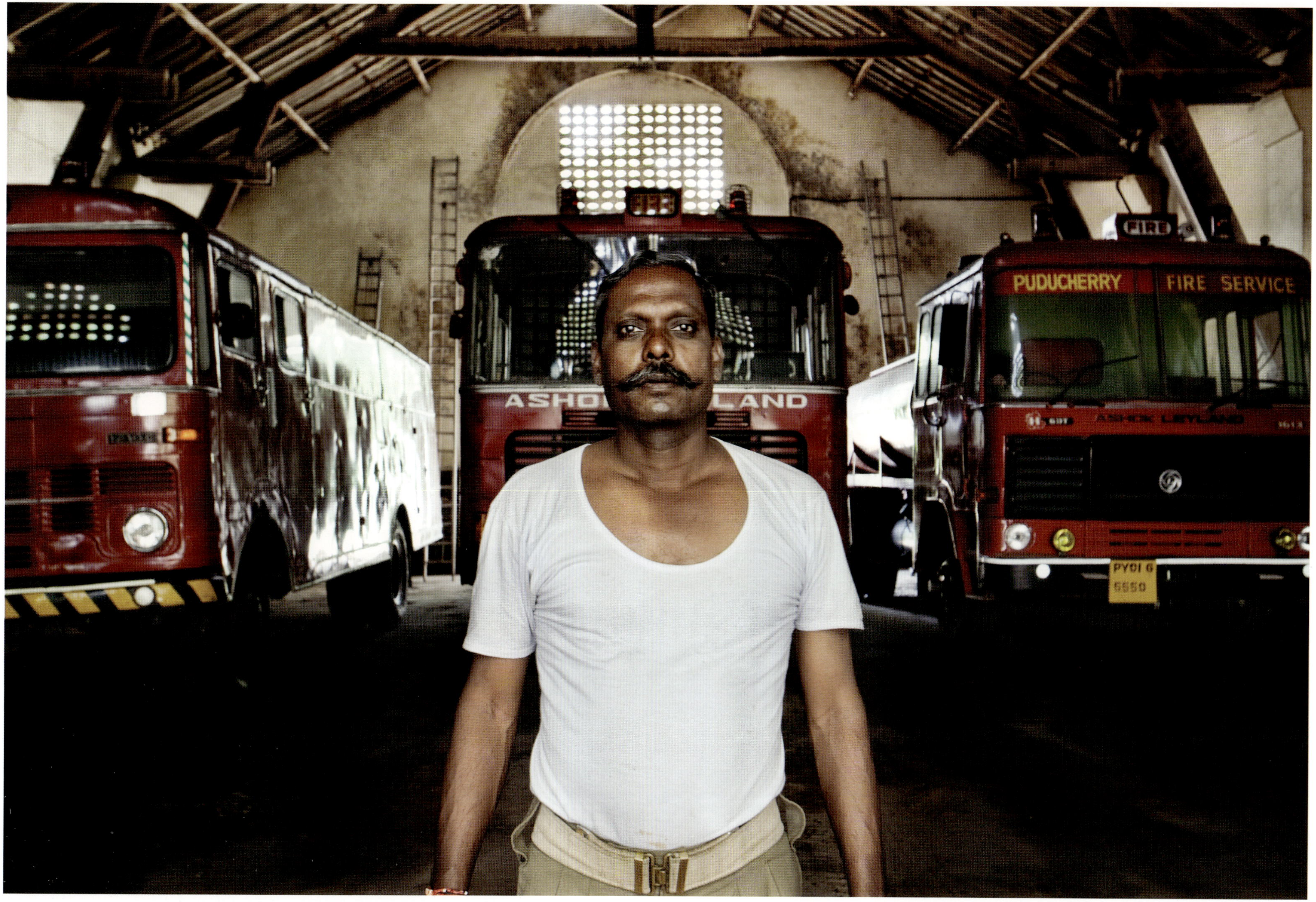
FIRE
ASHOK LEYLAND
FIRE
PUDUCHERRY
FIRE SERVICE
ASHOK LEYLAND
PY01 G
6550

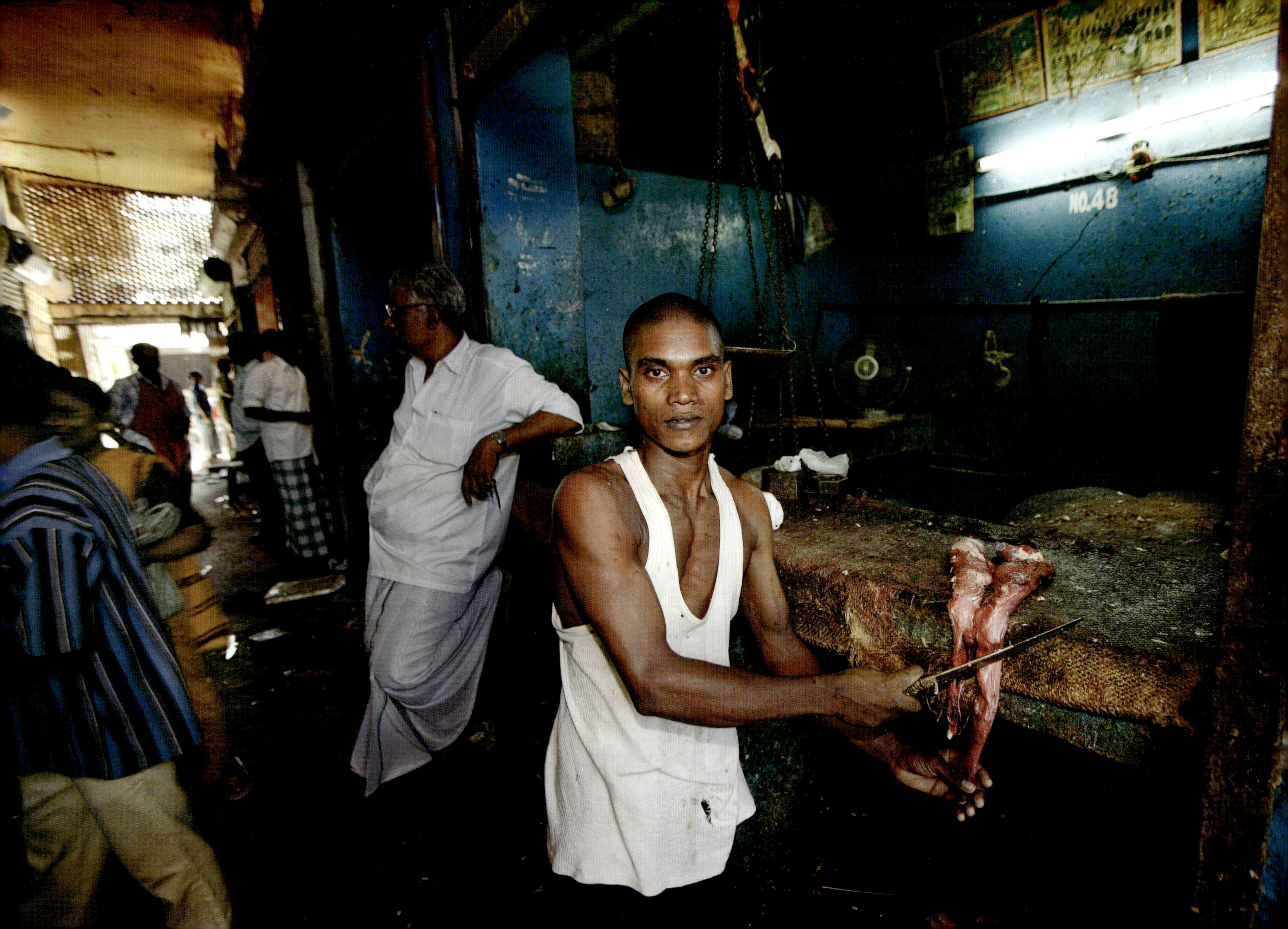
NO.48

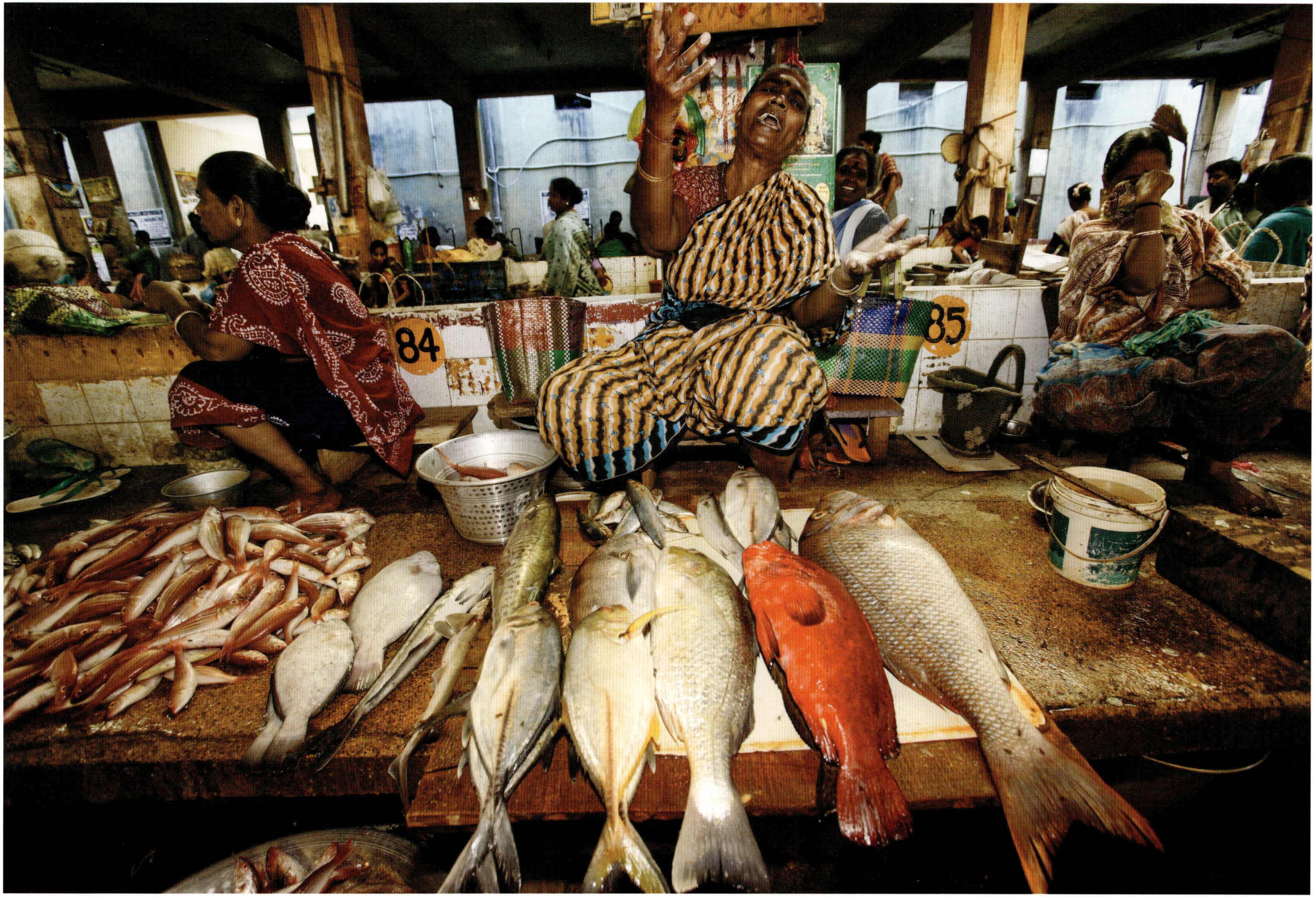
84
85

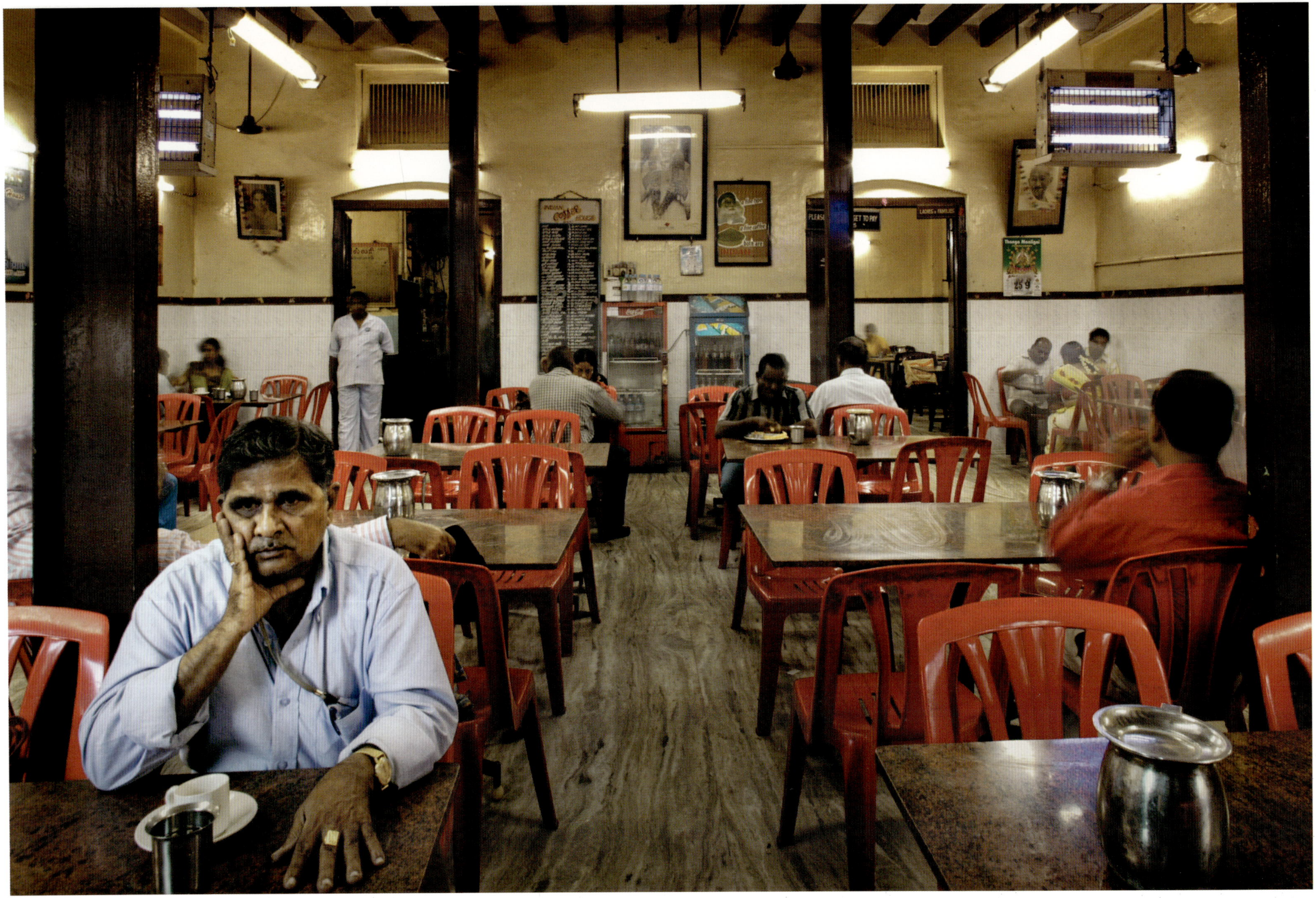
INDIAN Coffee HOUSE

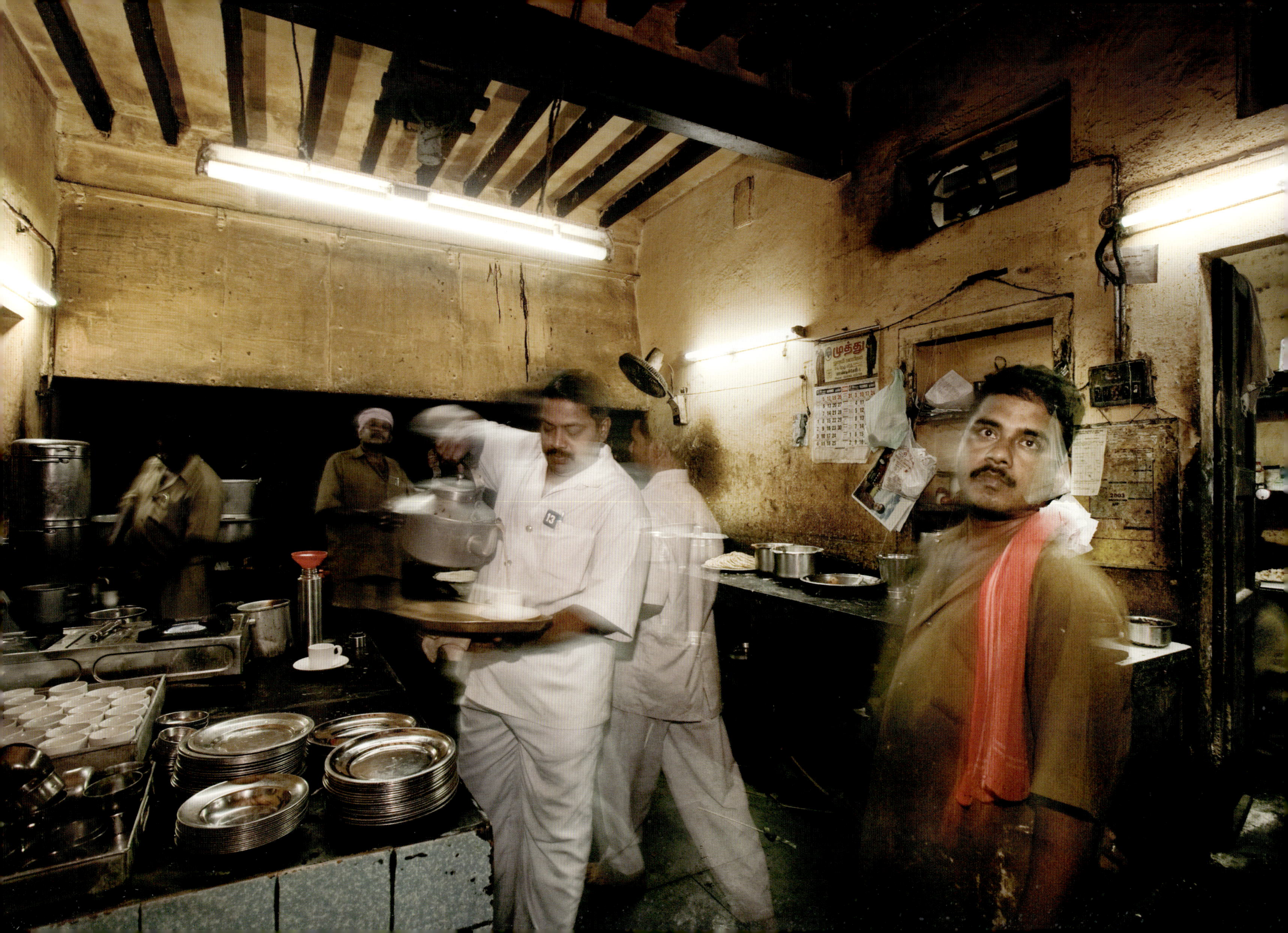
முத்து

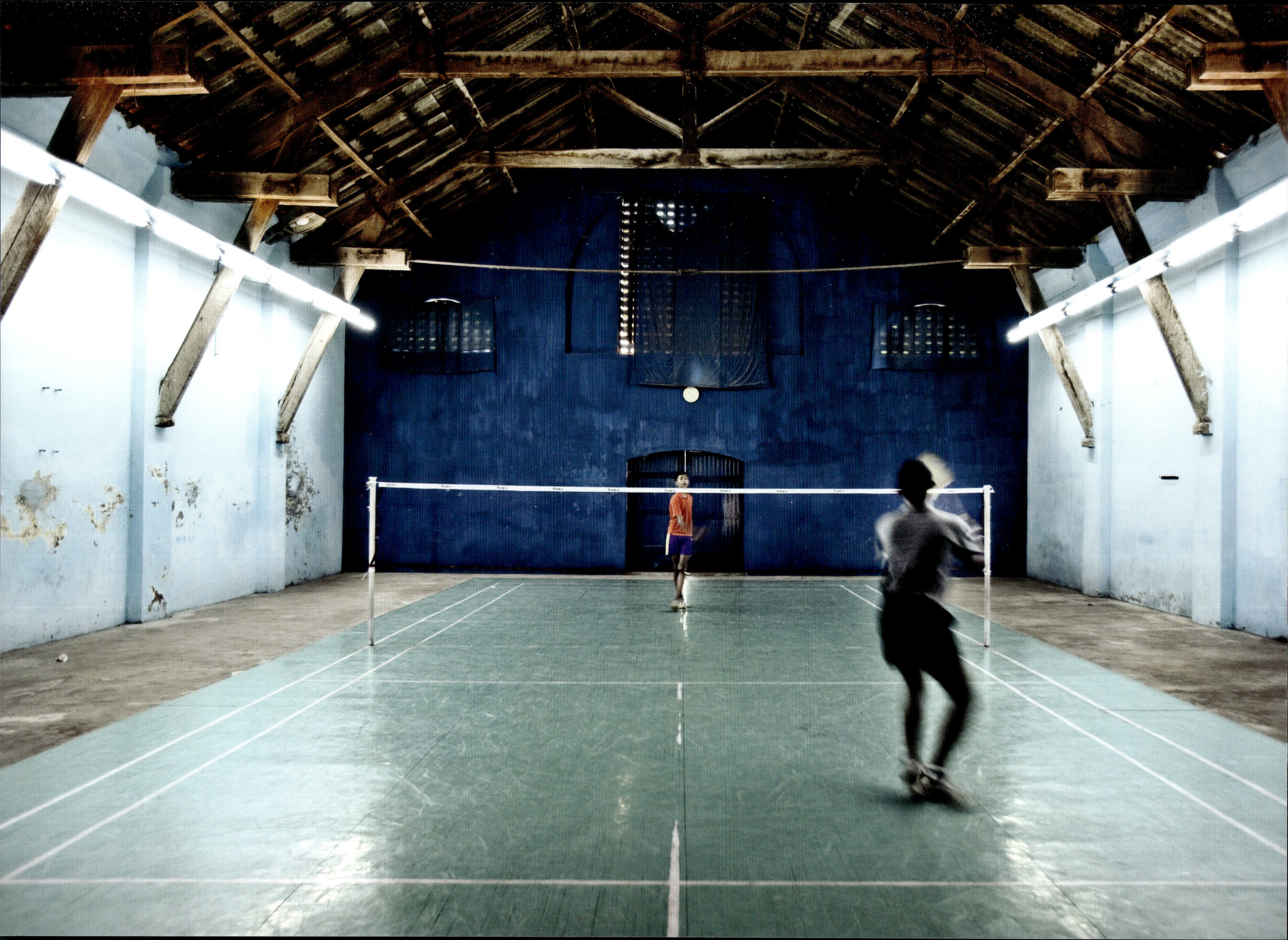

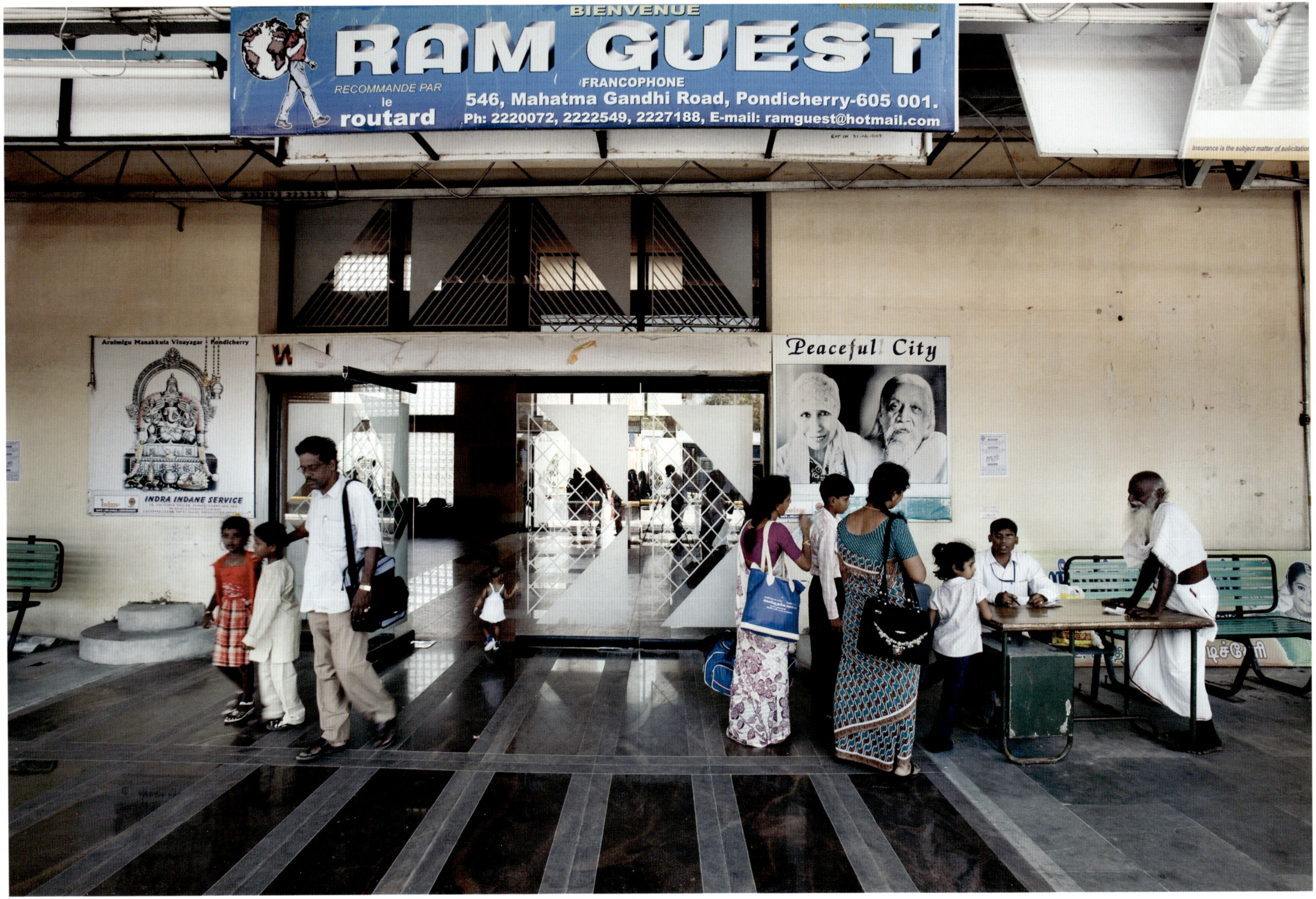
BIENVENUE
RAM GUEST
FRANCOPHONE
RECOMMANDÉ PAR
le
routard
546, Mahatma Gandhi Road, Pondicherry-605 001.
Ph: 2220072, 2222549, 2227188, E-mail: ramguest@hotmail.com
Peacefull City
INDRA INDANE SERVICE

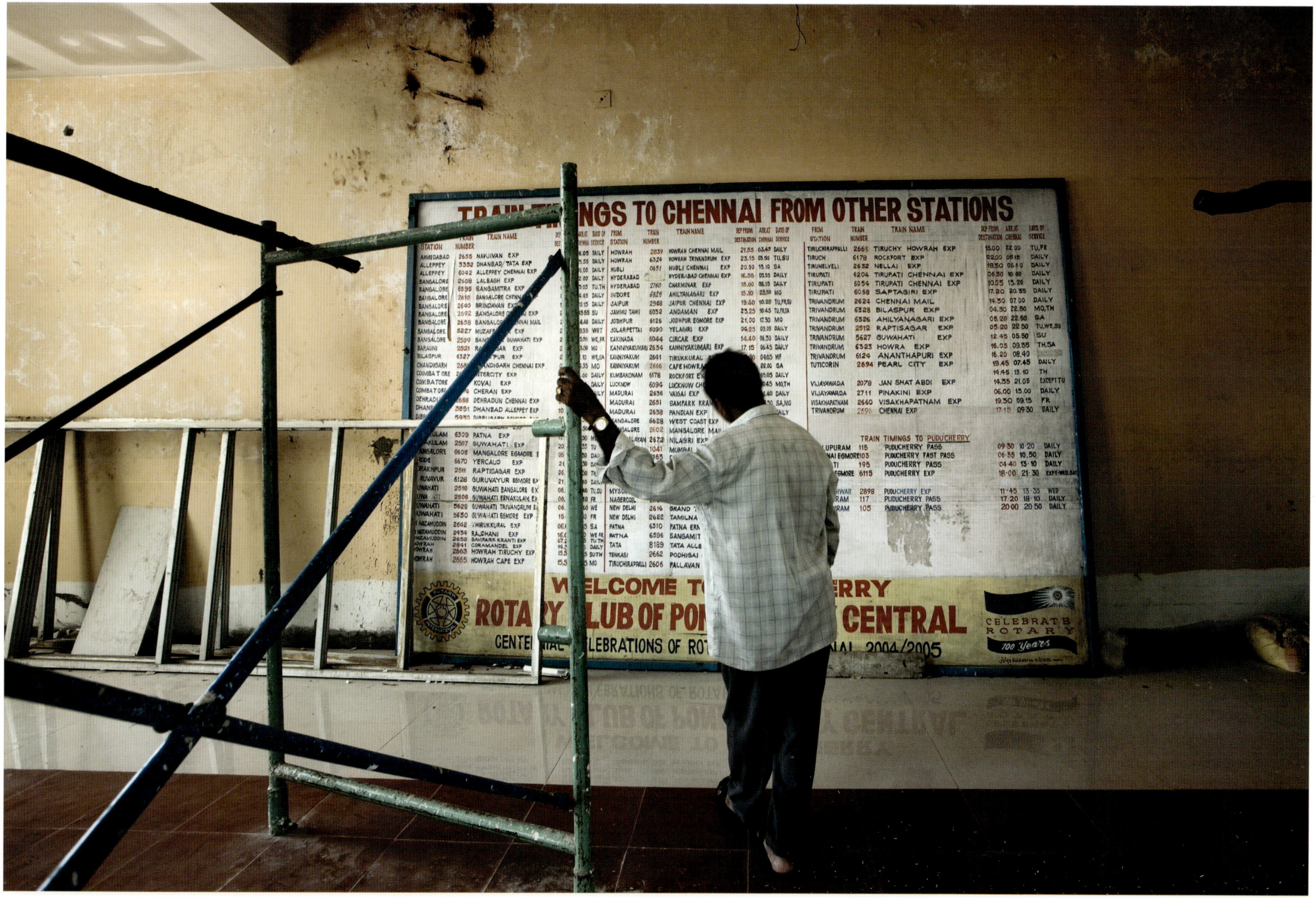
NGS TO CHENNAI FROM OTHER STATIONS
TRAIN TIMINGS TO PUDUCHERRY
WELCOME TO
ERRY
ROTA
LUB OF PON
CENTRAL
CENTE
ELEBRATIONS OF ROT
2004/2005
CELEBRATE ROTARY
100 Years

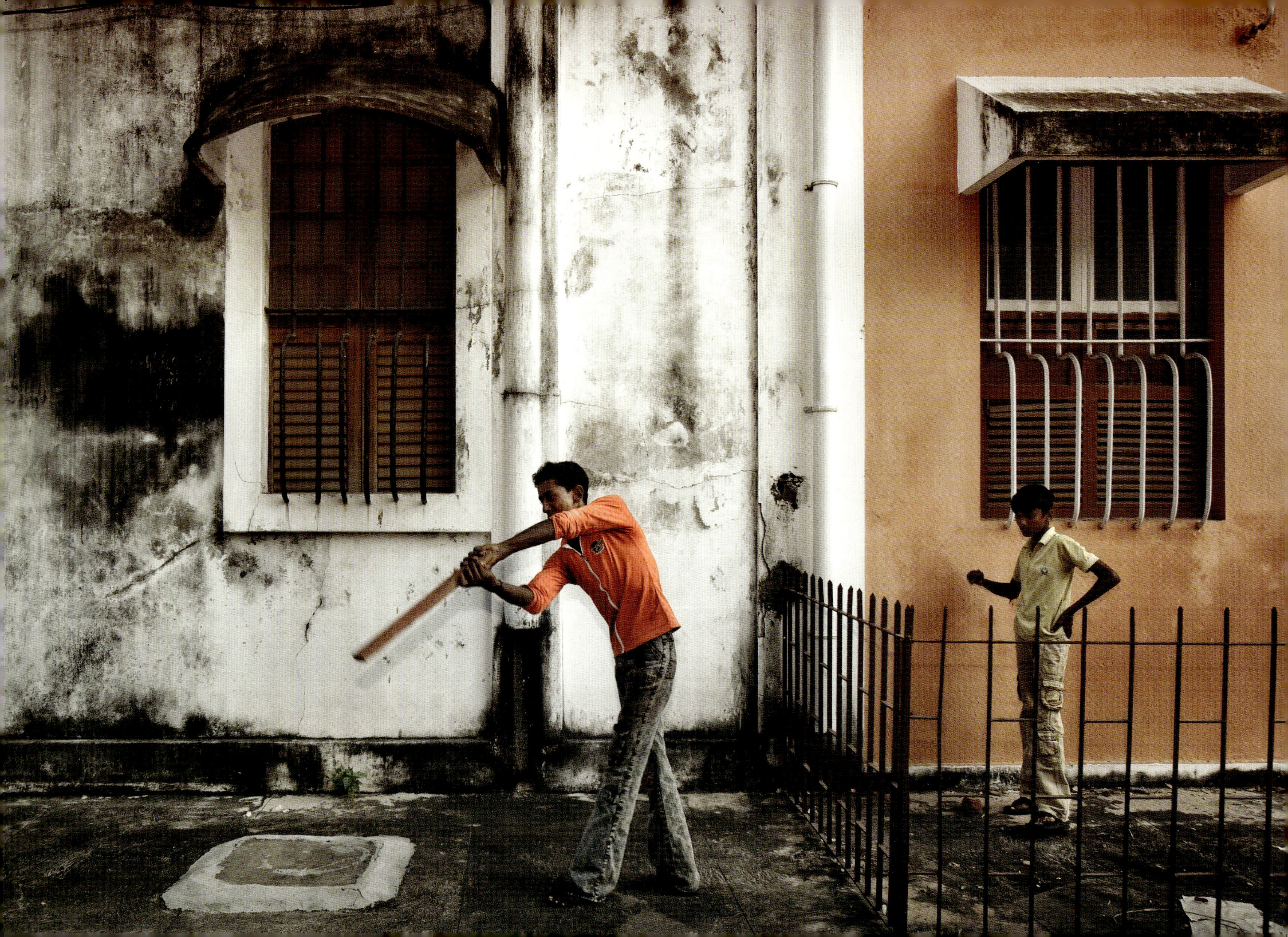

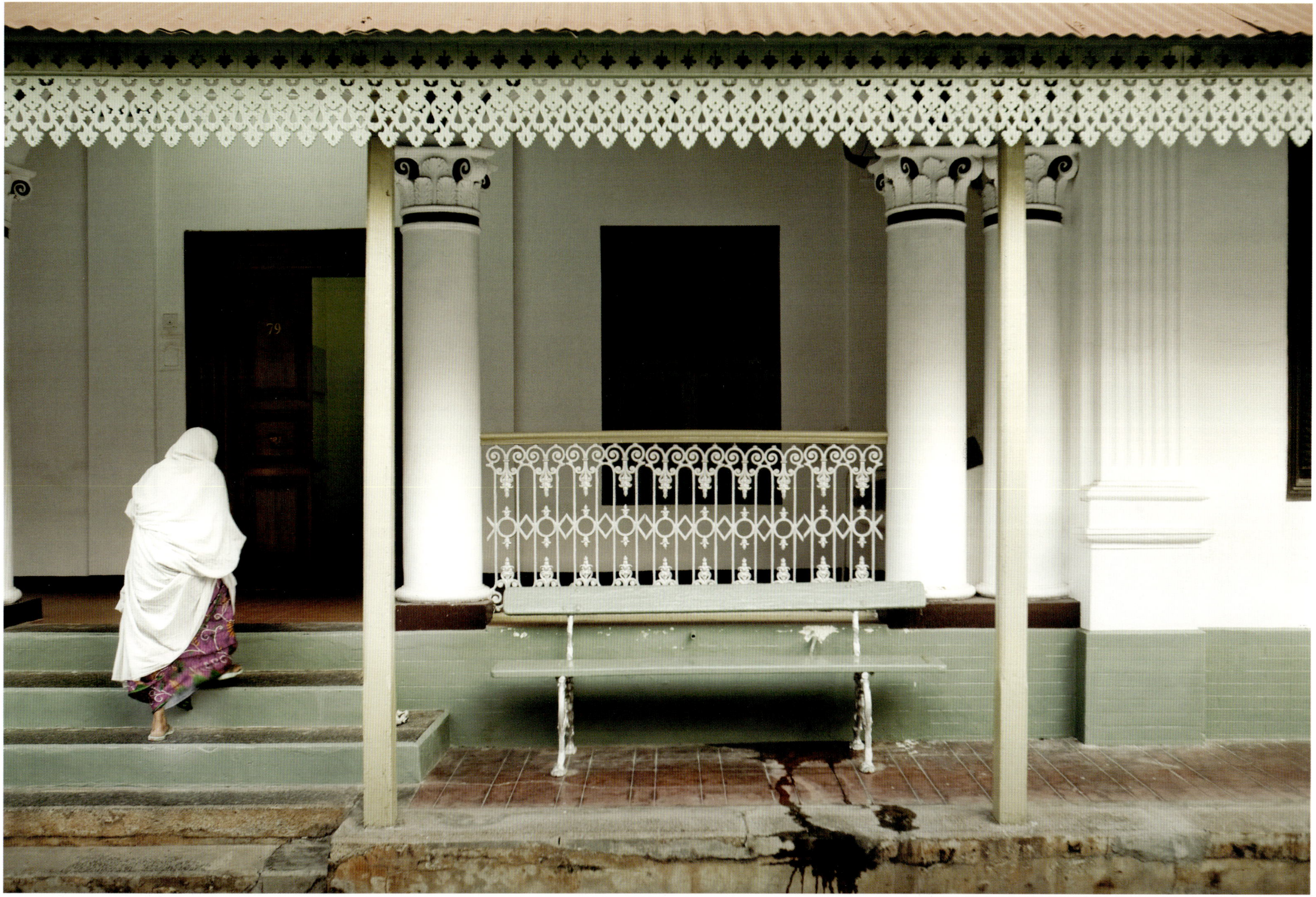
79

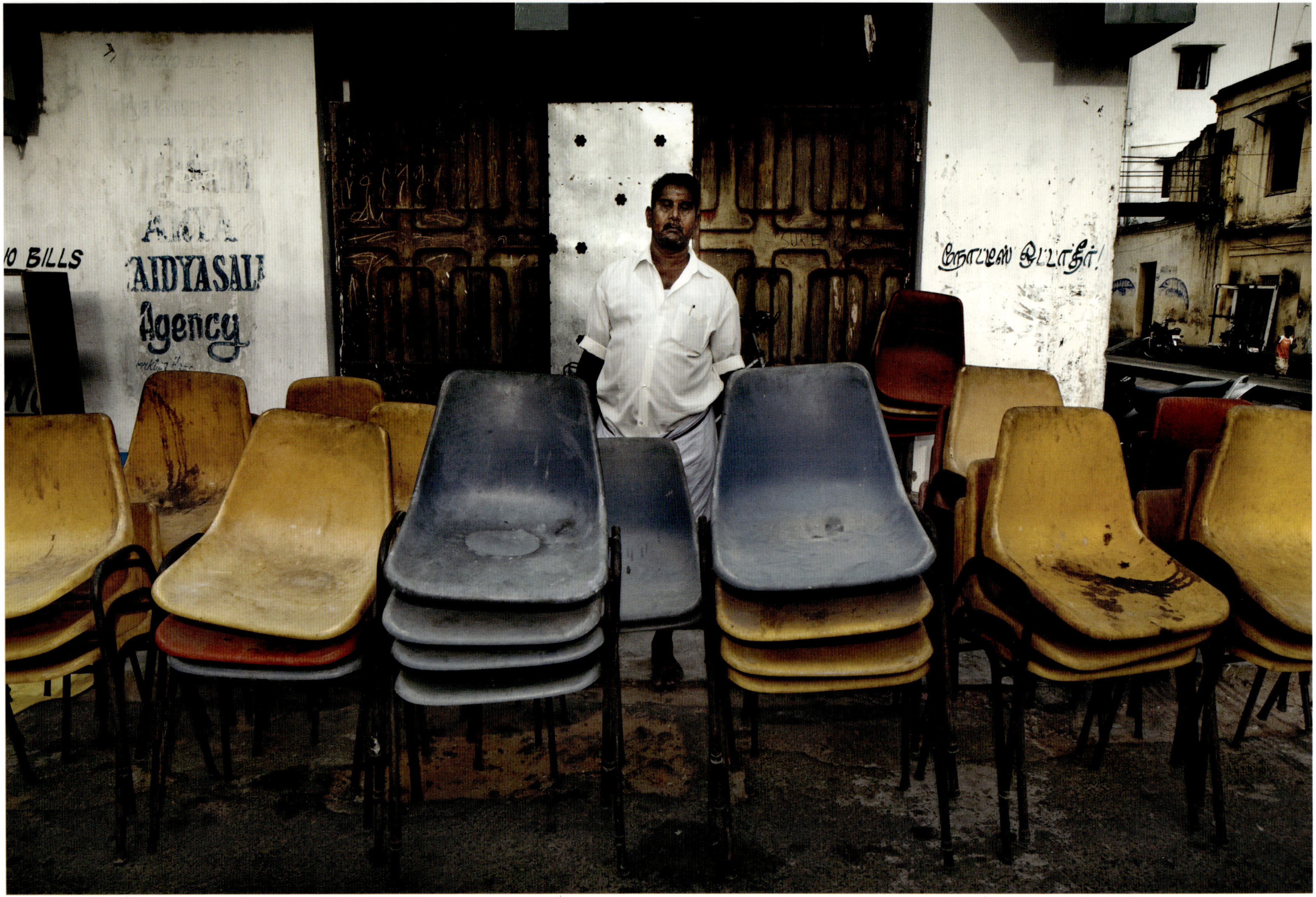
BILLS
AIDYASAL
Agency
நோட்டீஸ் ஒட்டாதீர்!

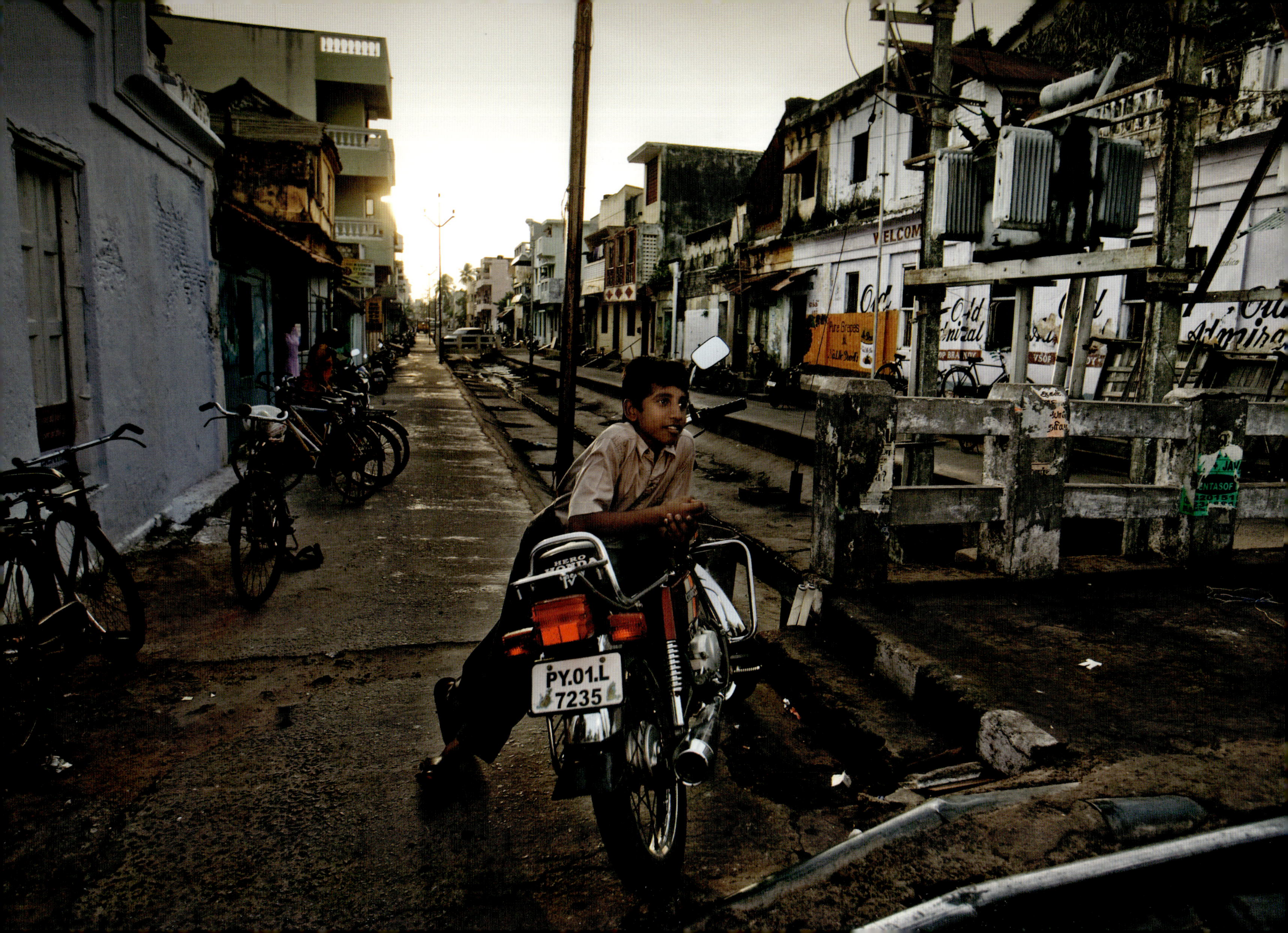
PY.01.L
7235
WELCOM
Pure Grapes

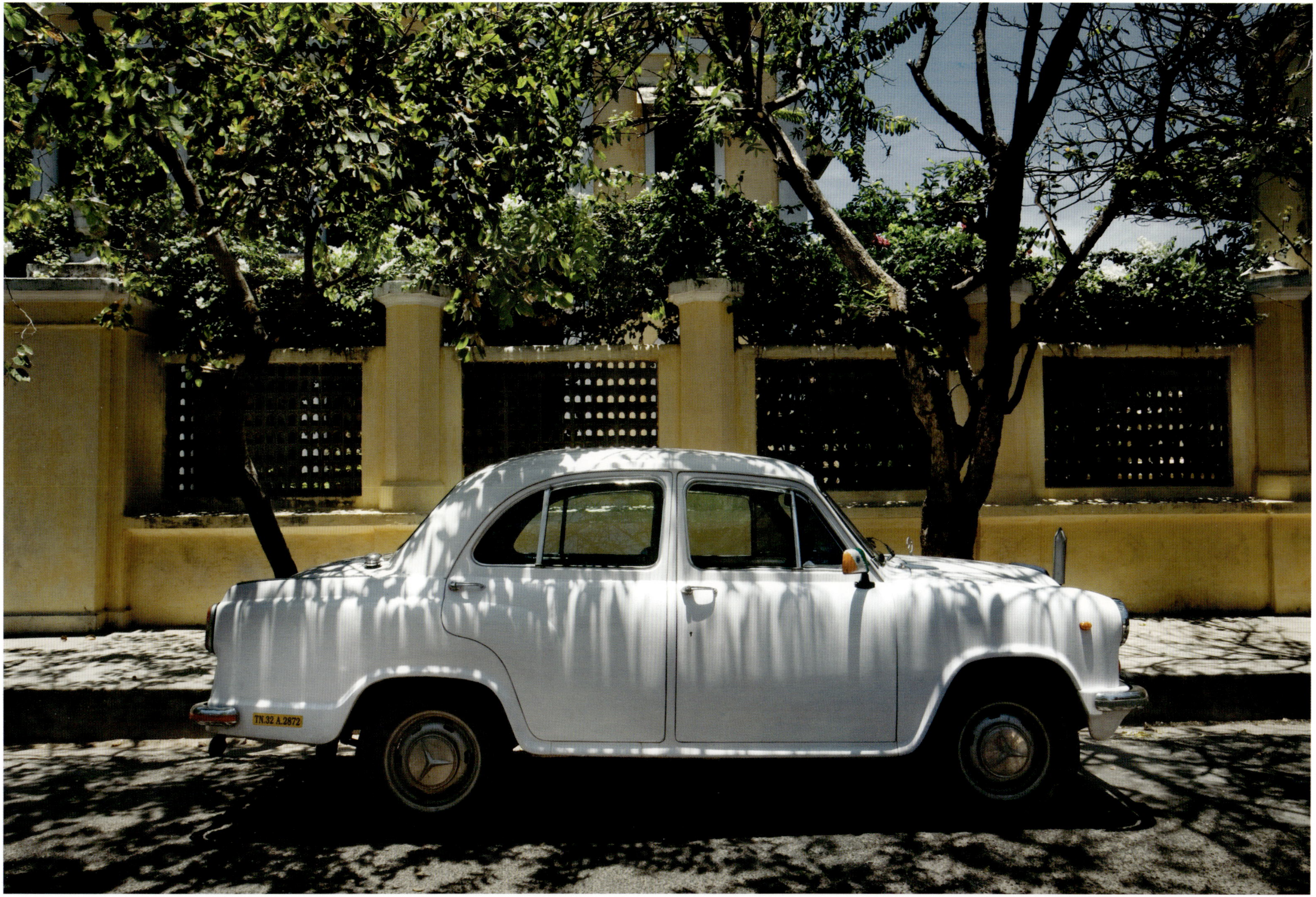
TN.32 A.2872

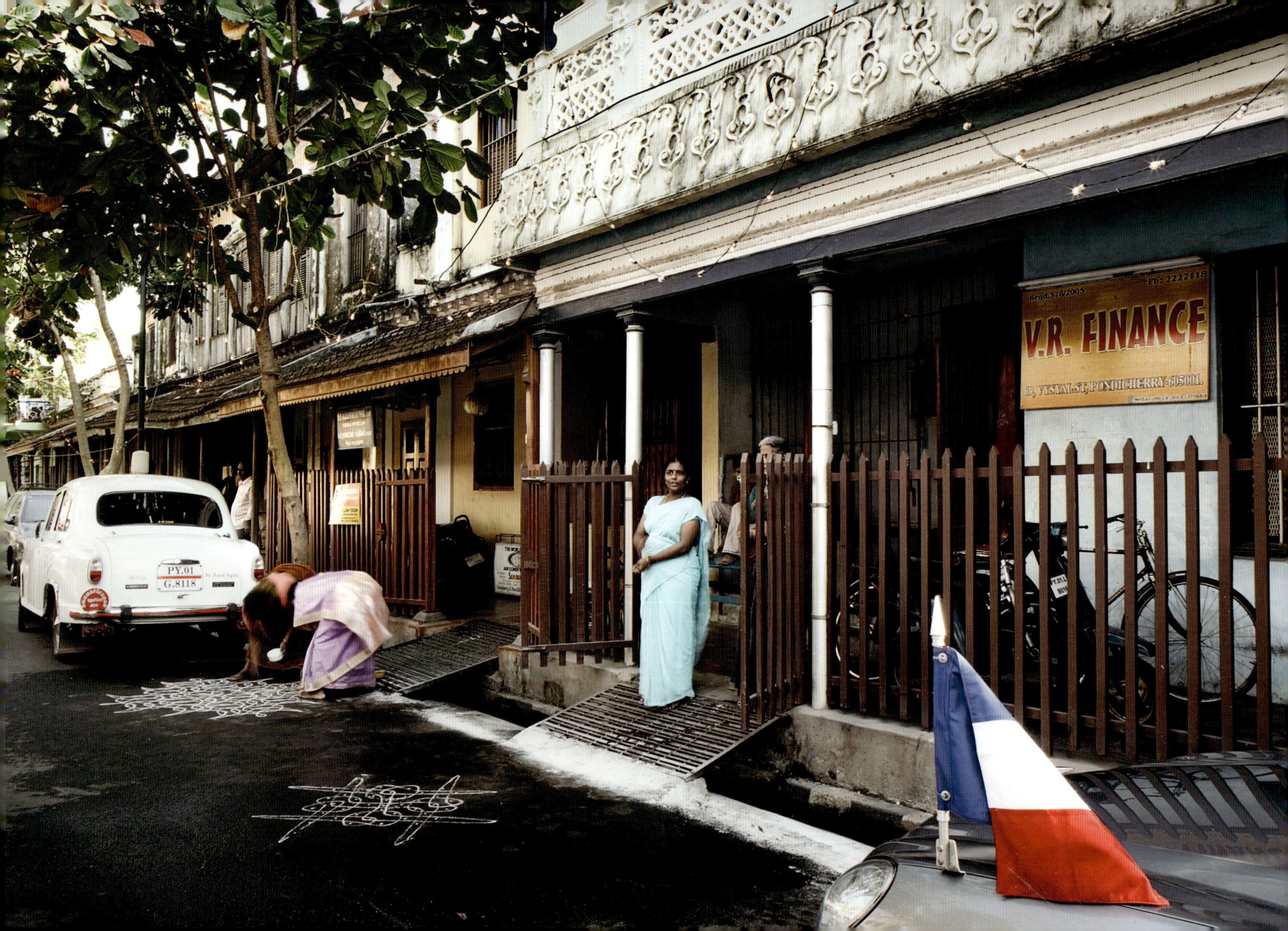
Regd.378/2005
Ph: 2227118
V.R. FINANCE
69, VYSYAL ST, PONDICHERRY-605001.
PY.01
G.8118

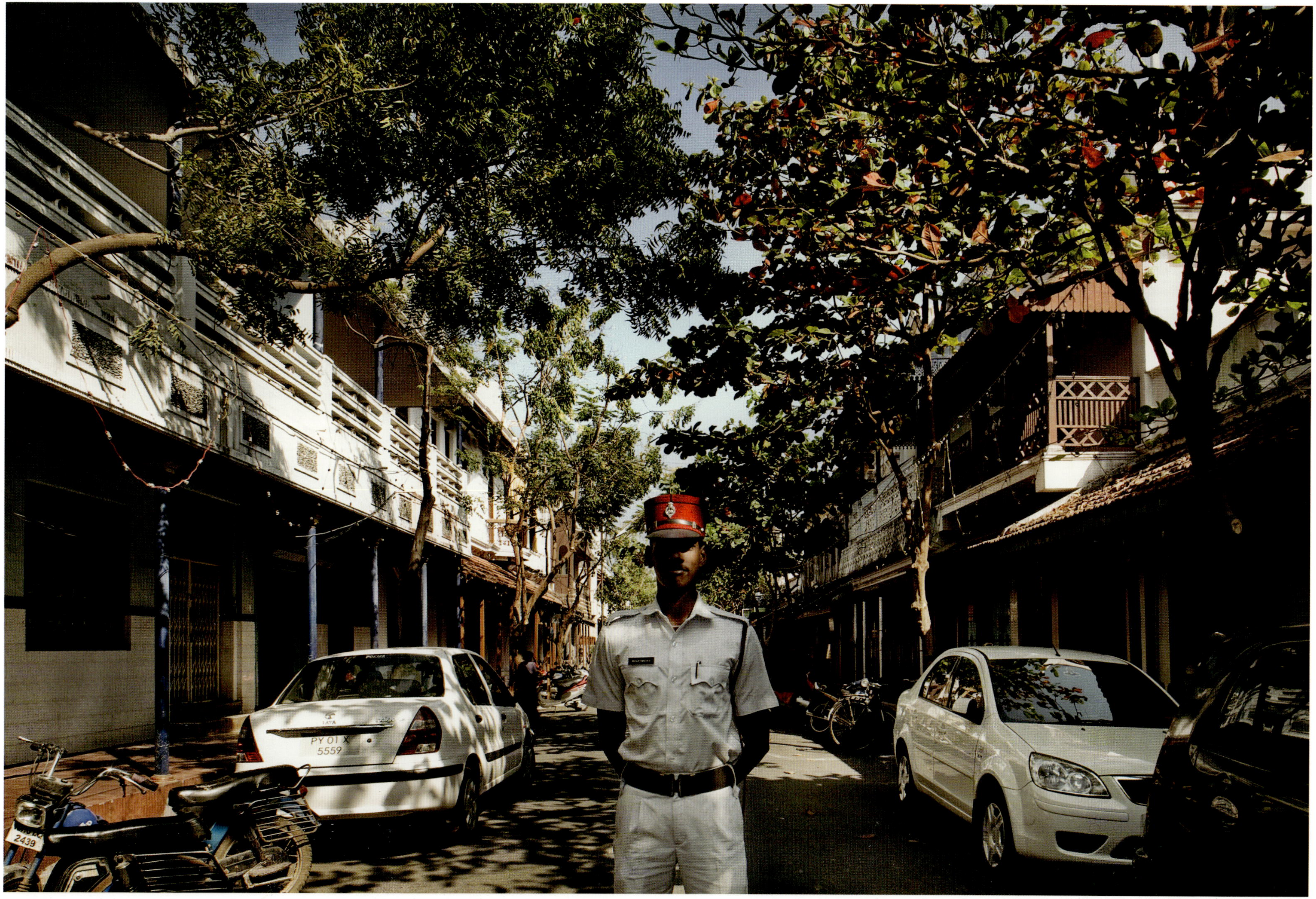
PY 01 X
5559
2439

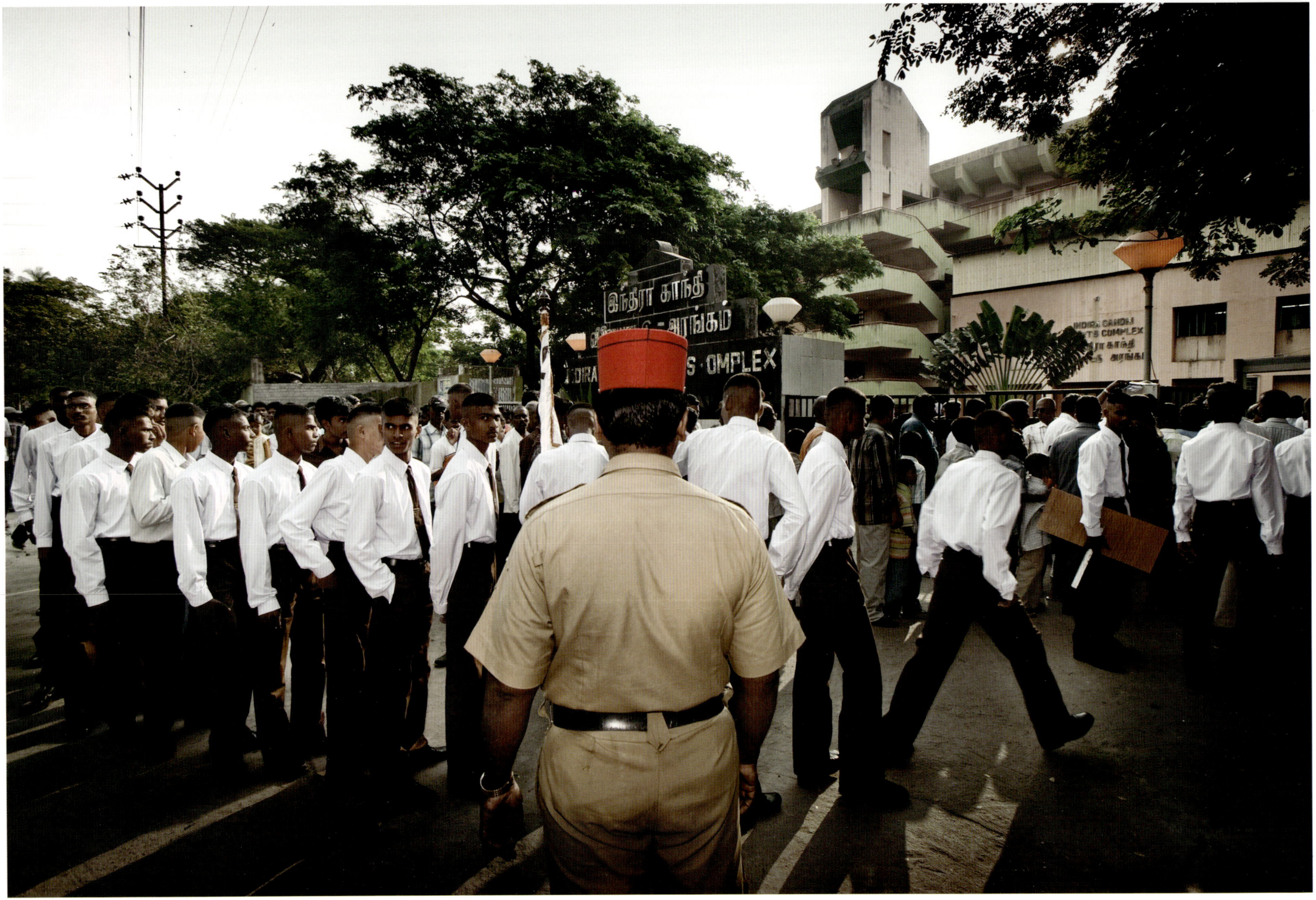
இந்திரா காந்தி
அரங்கம்
INDIRA GANDHI
COMPLEX

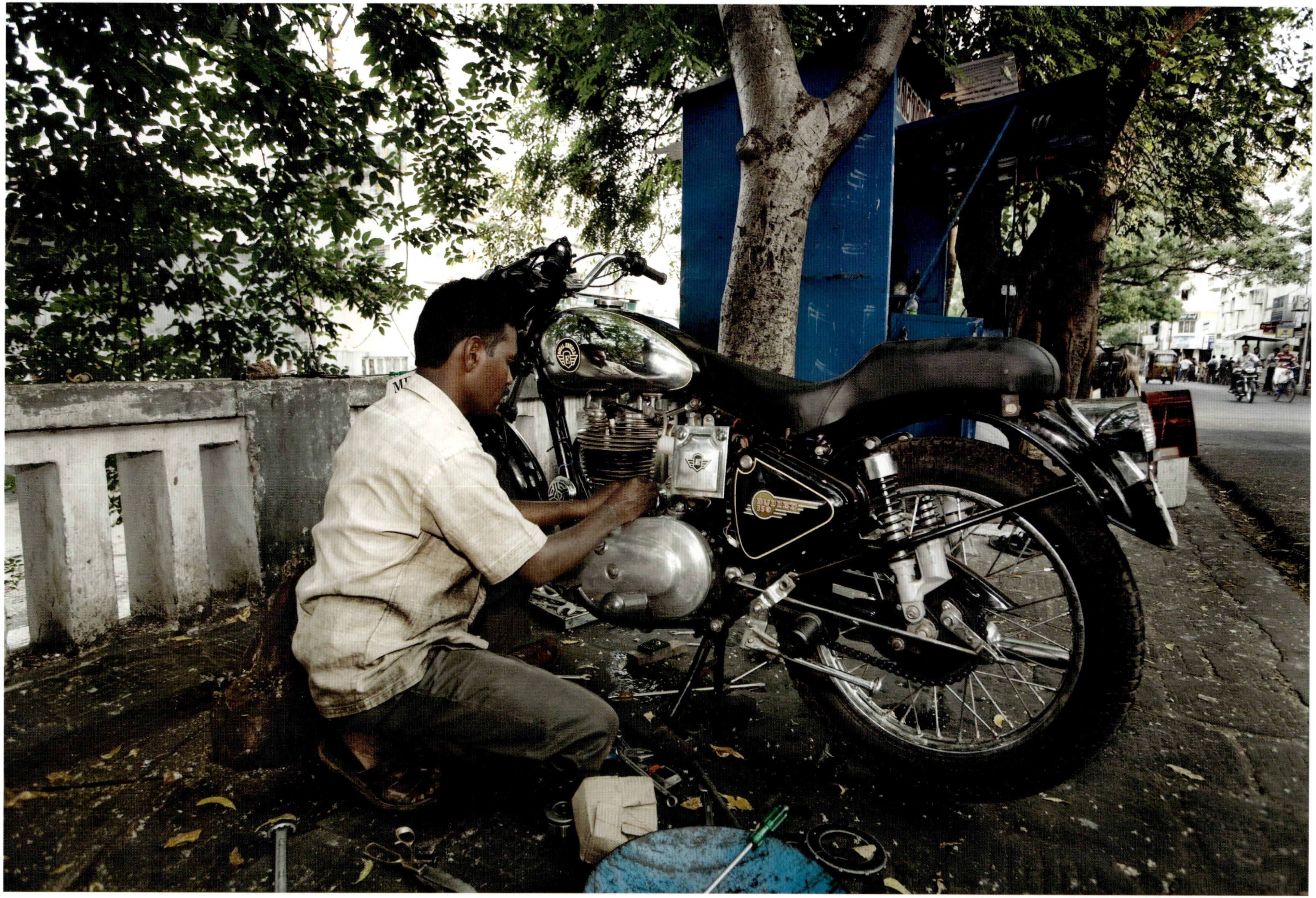

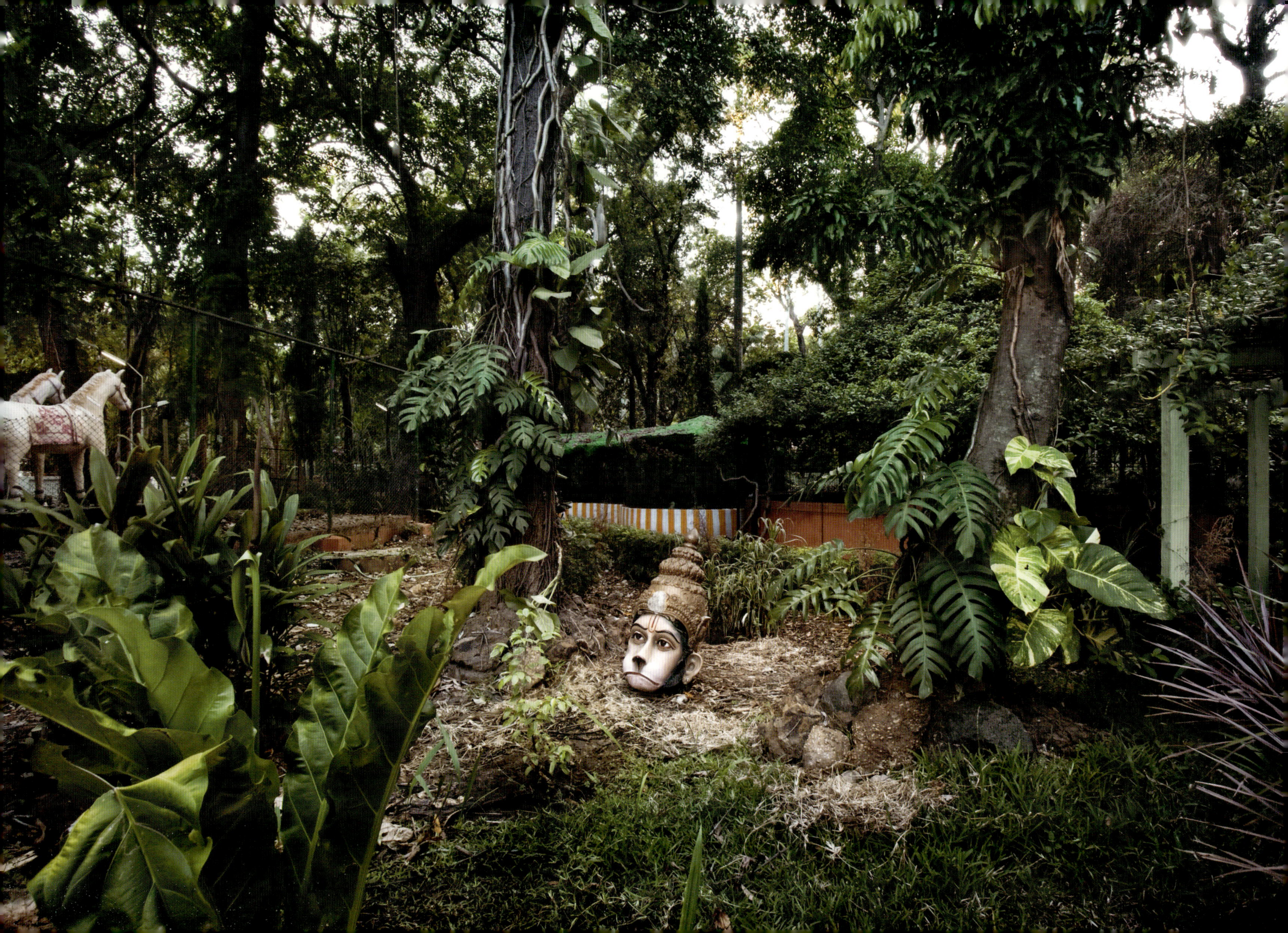

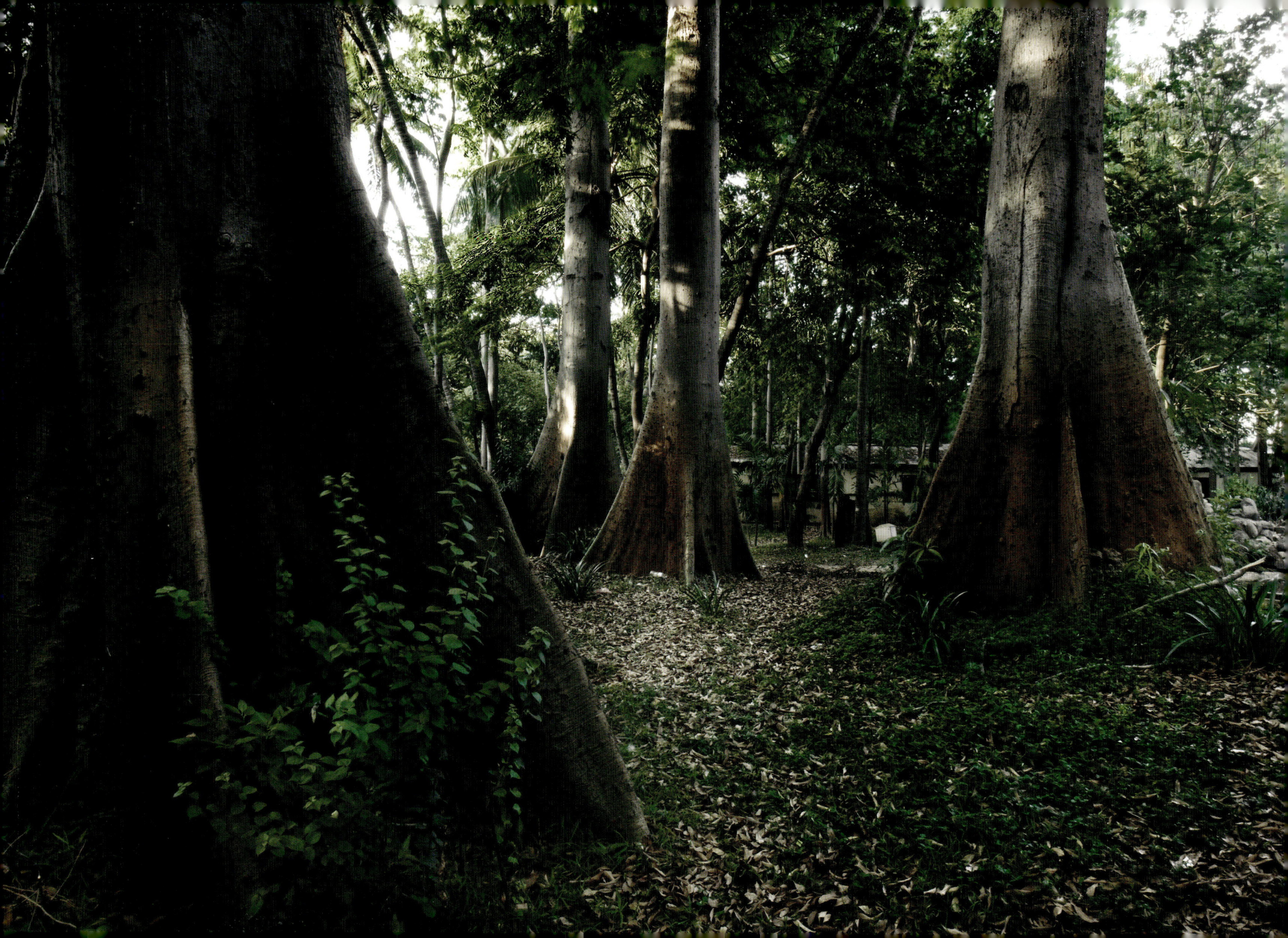

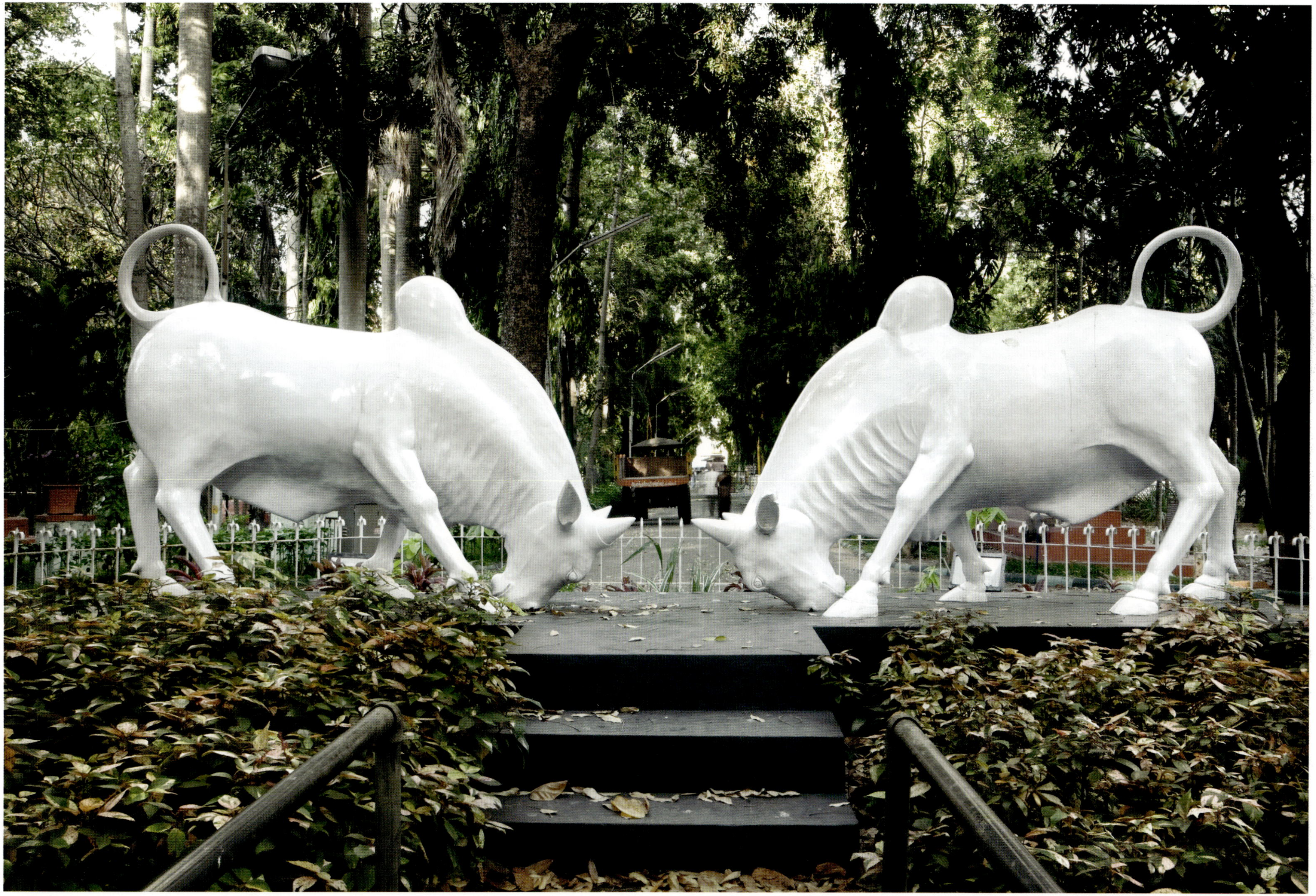

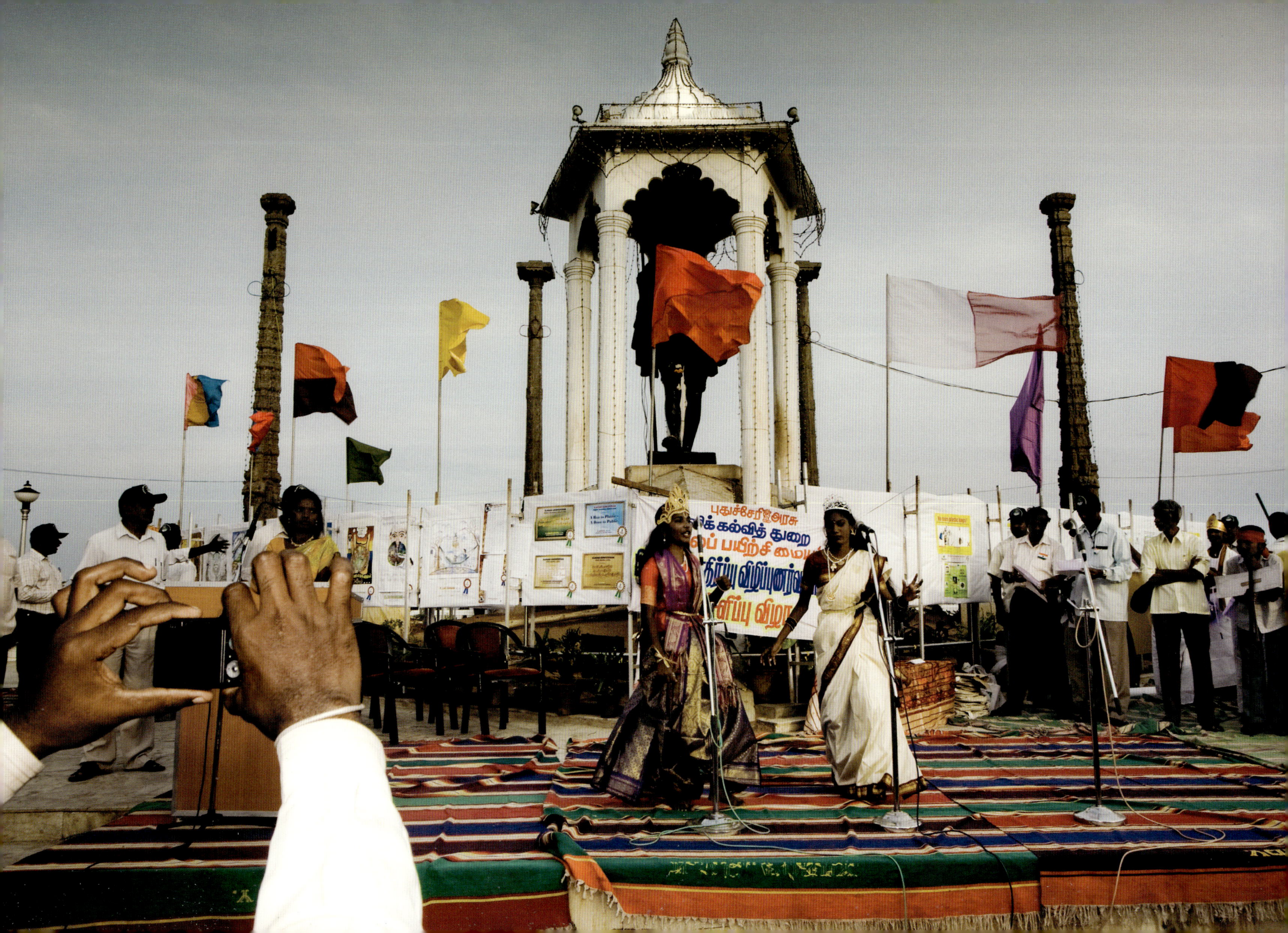
புதுச்சேரி அரசு
கல்வித் துறை

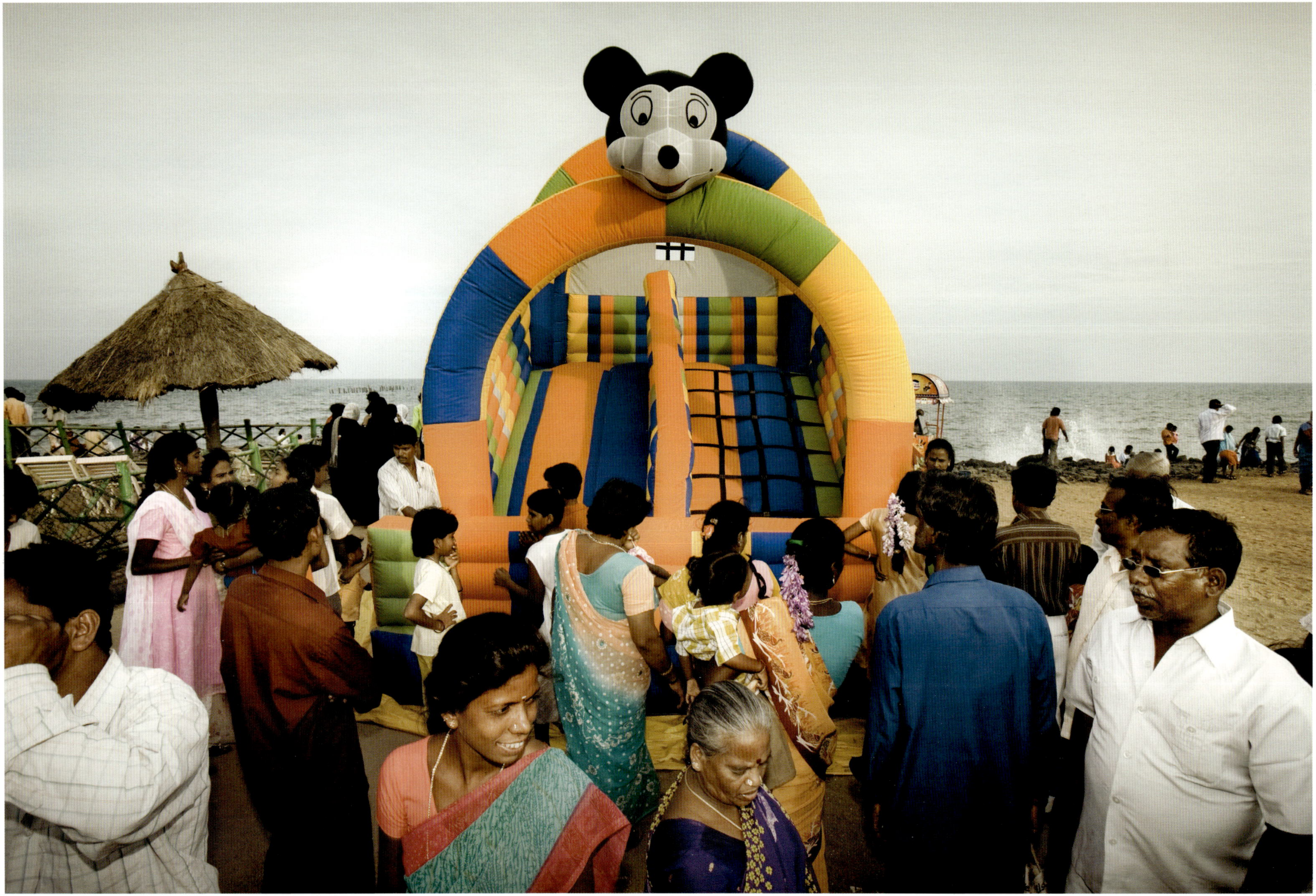

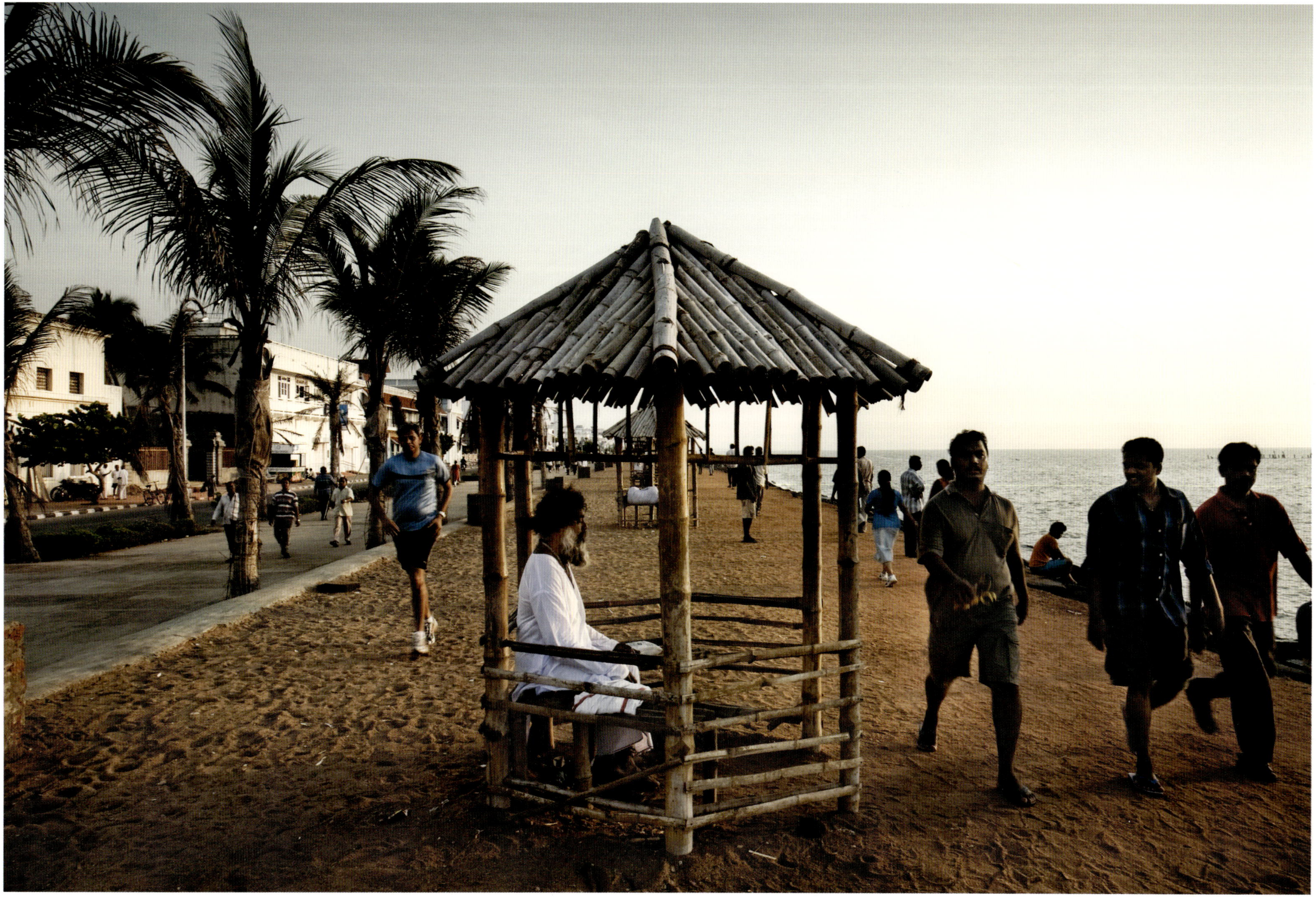

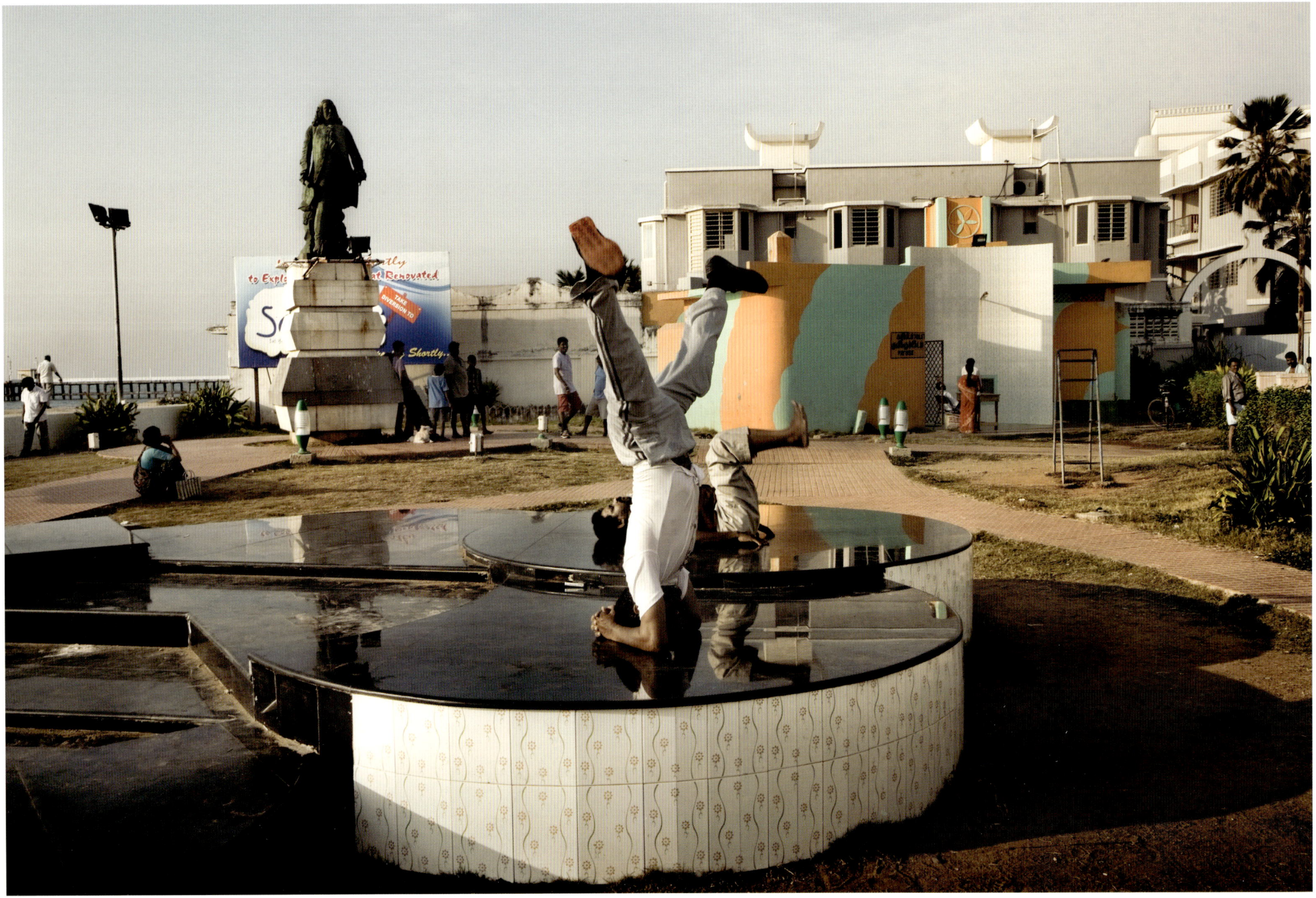
TAKE DIVERSION TO
Shortly..

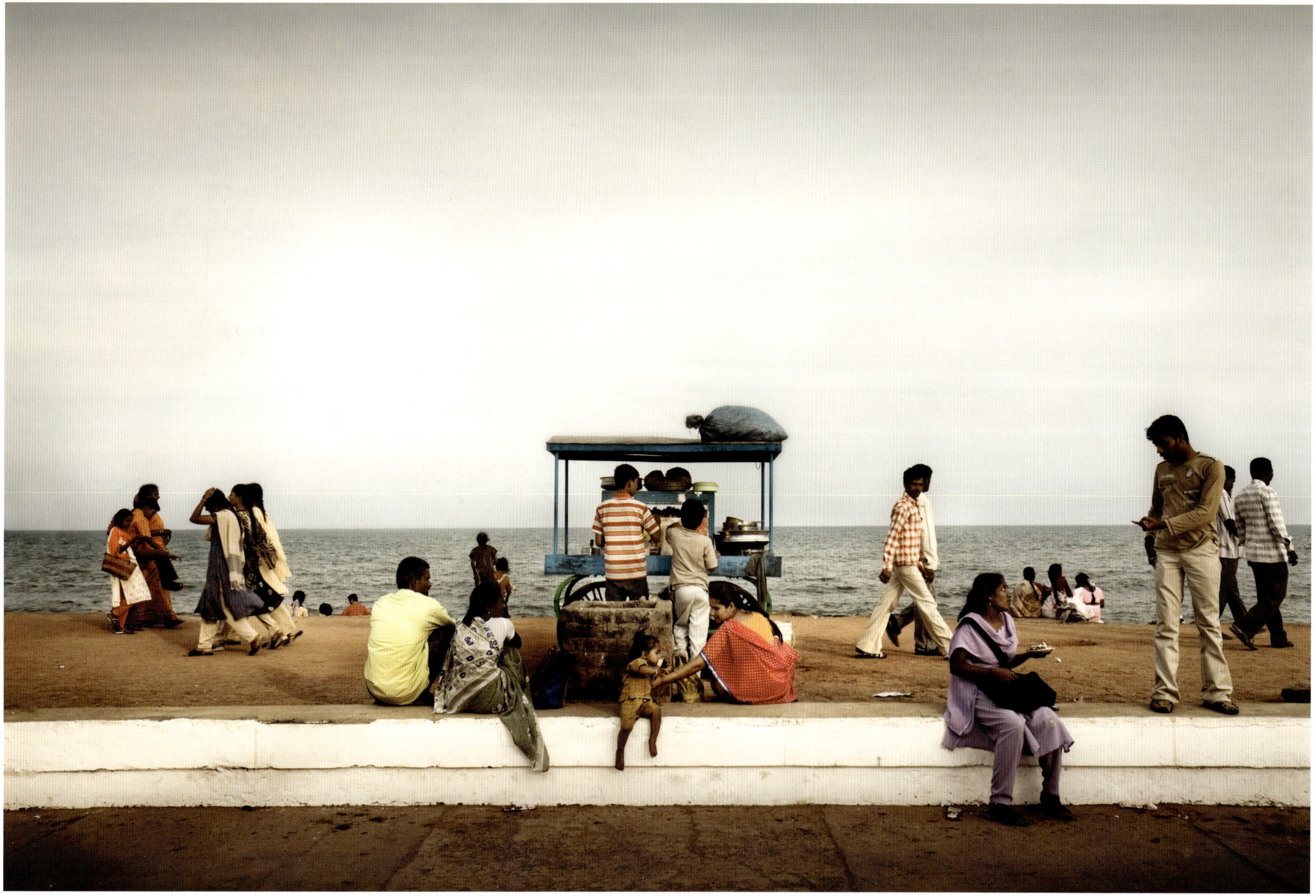

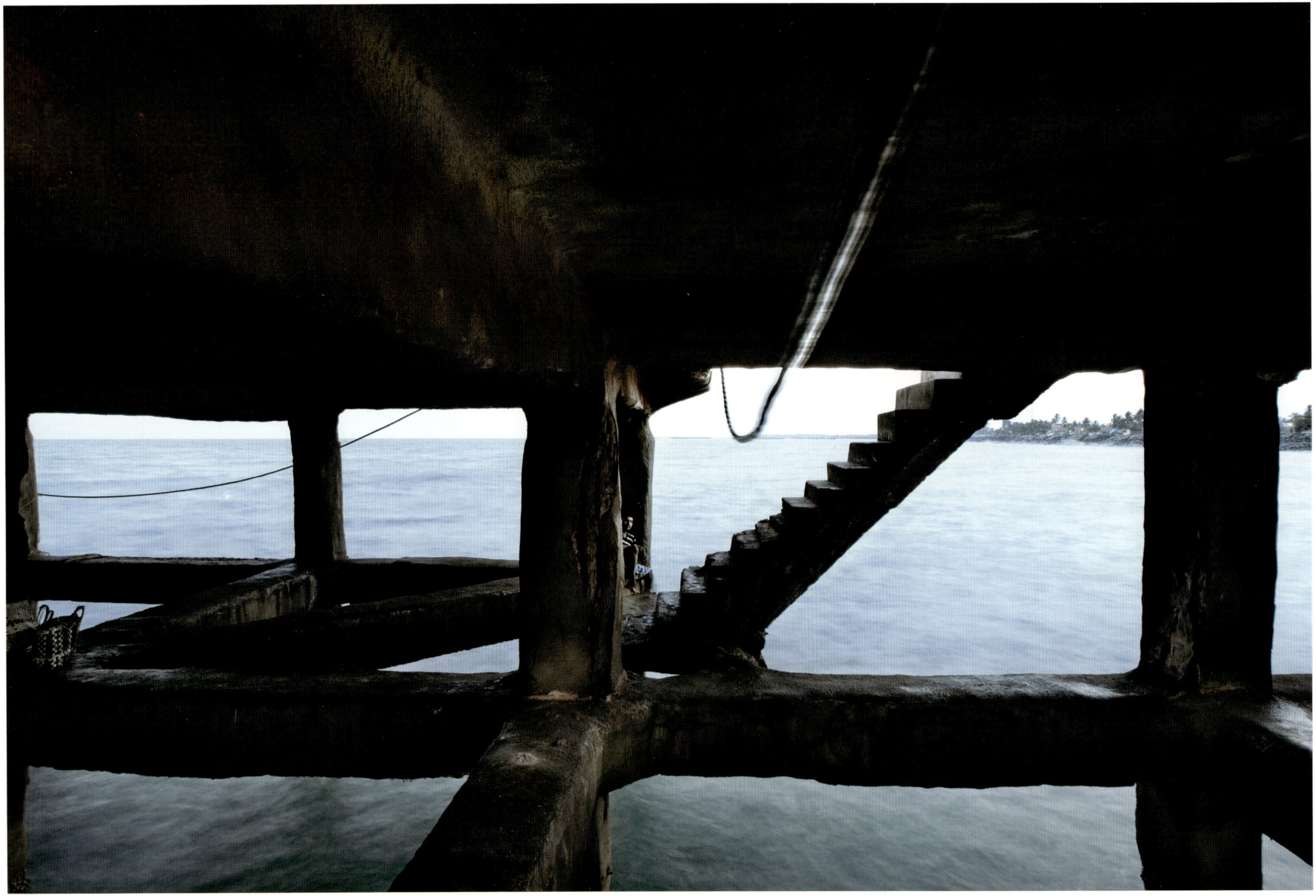

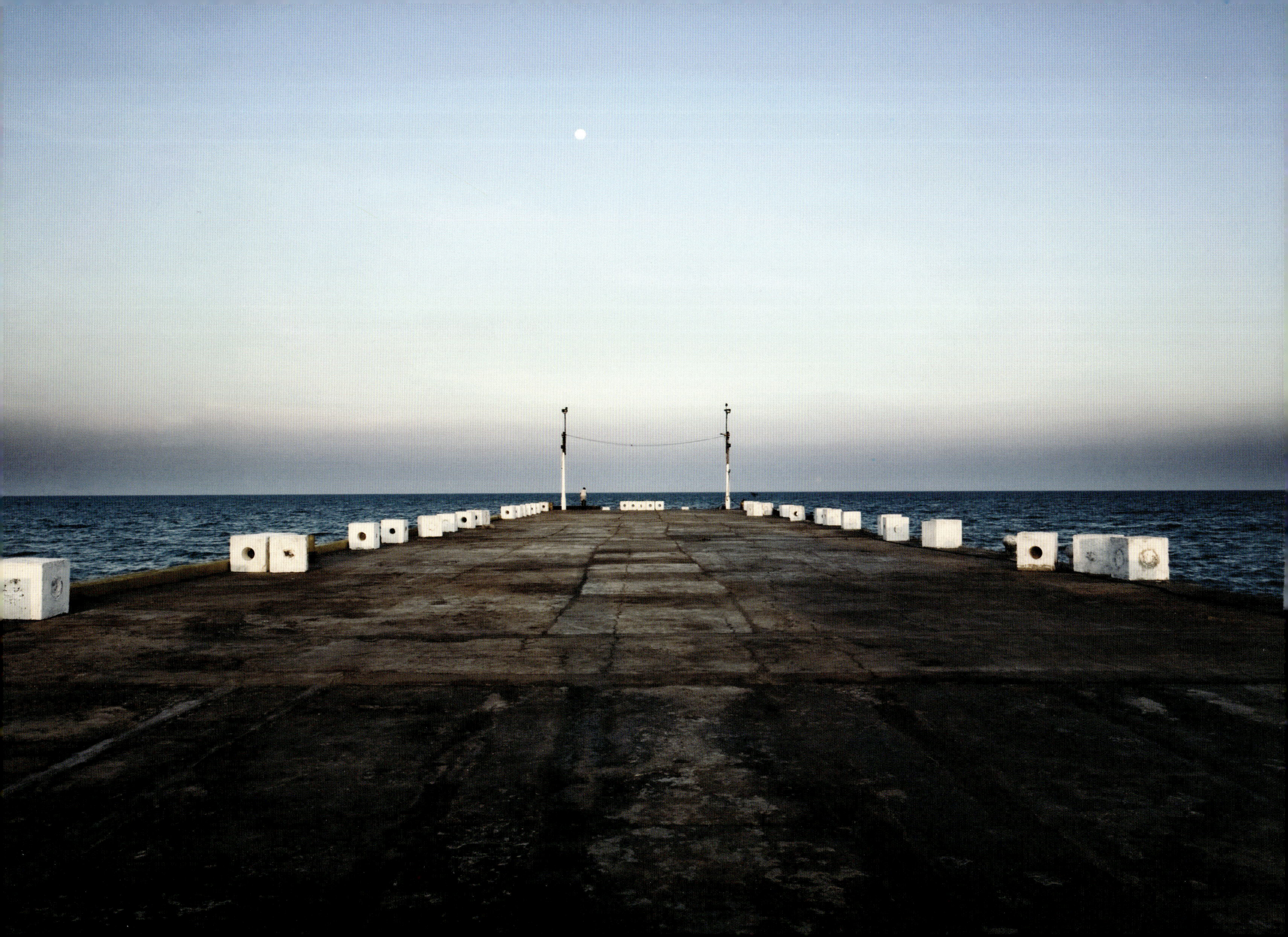

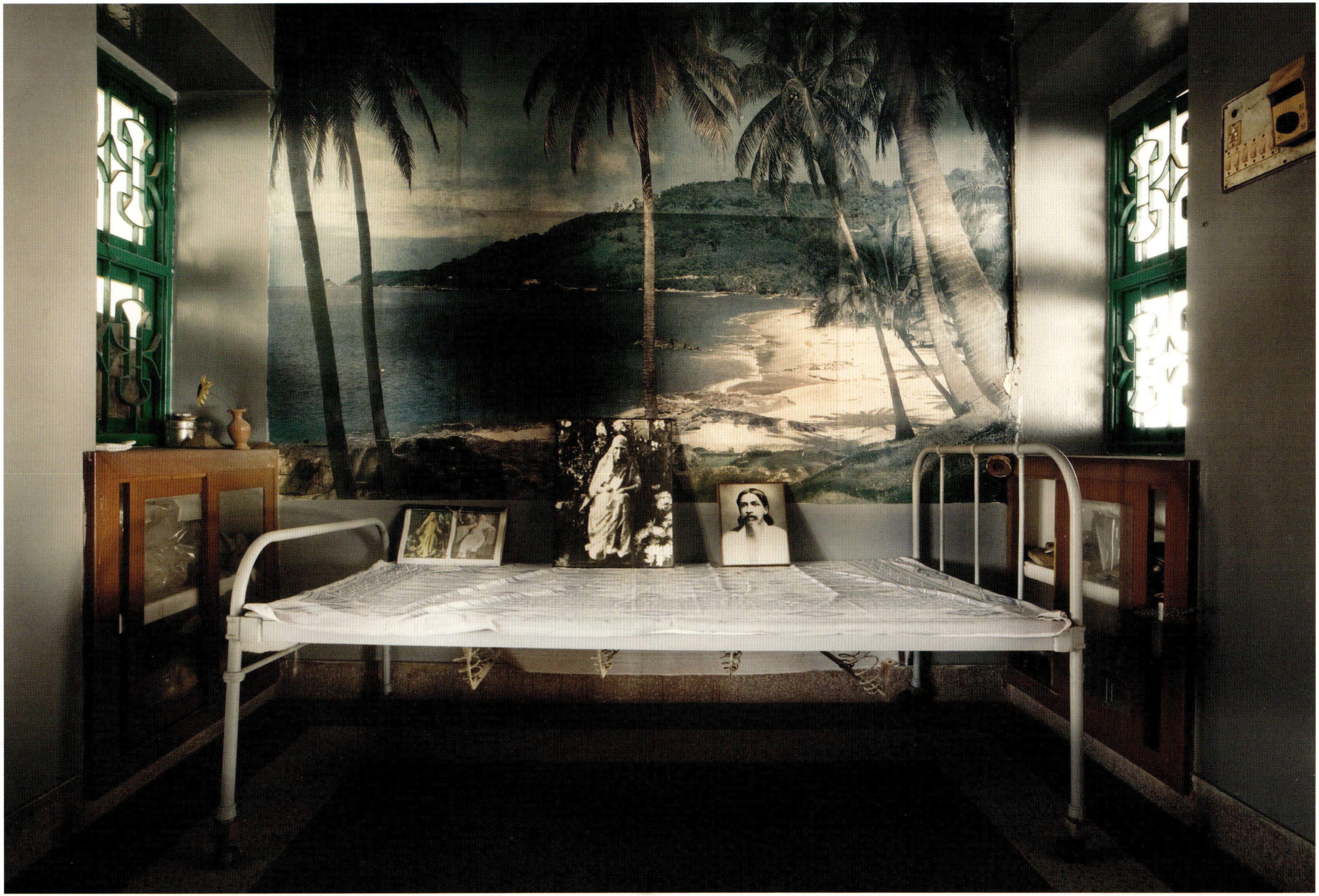

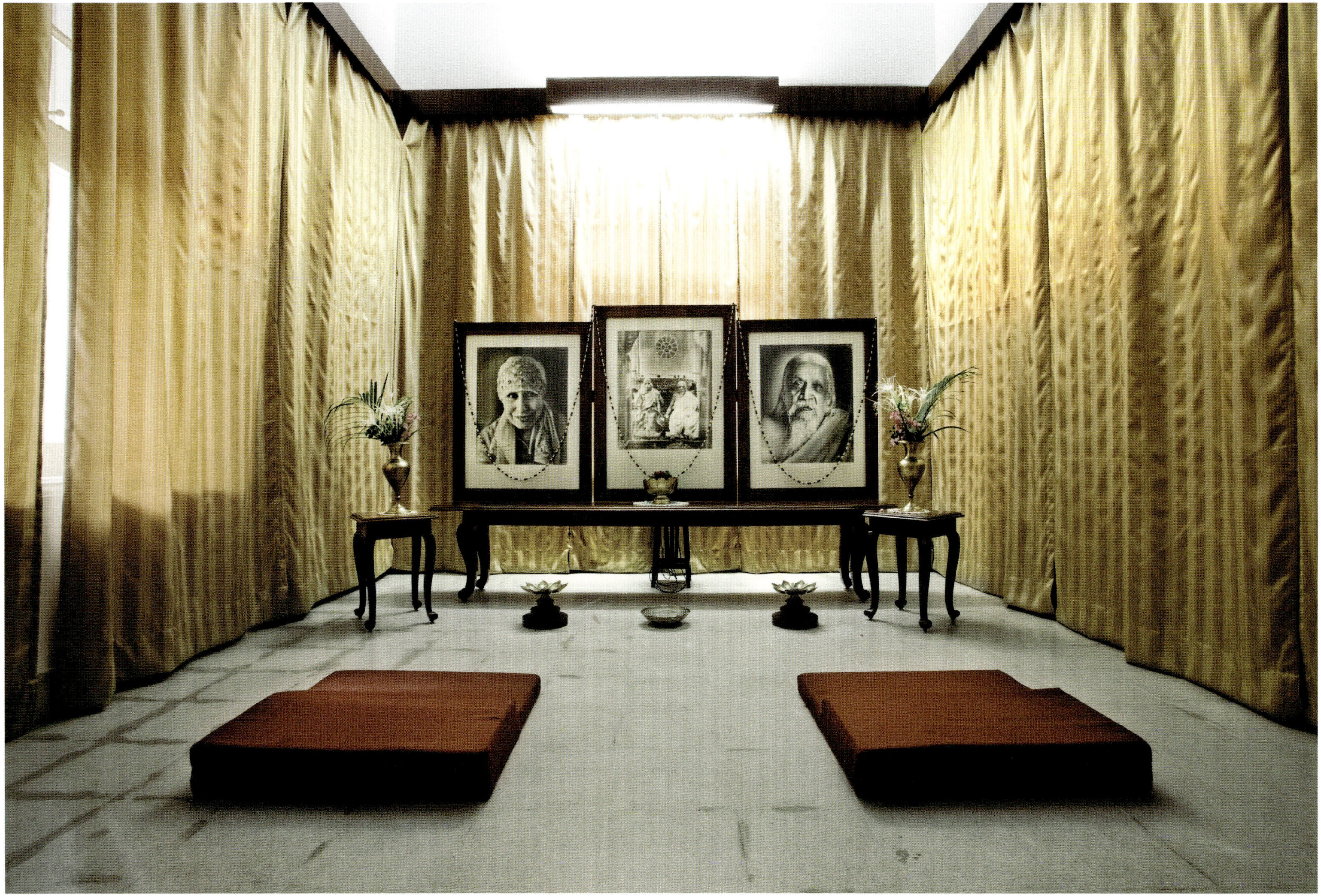

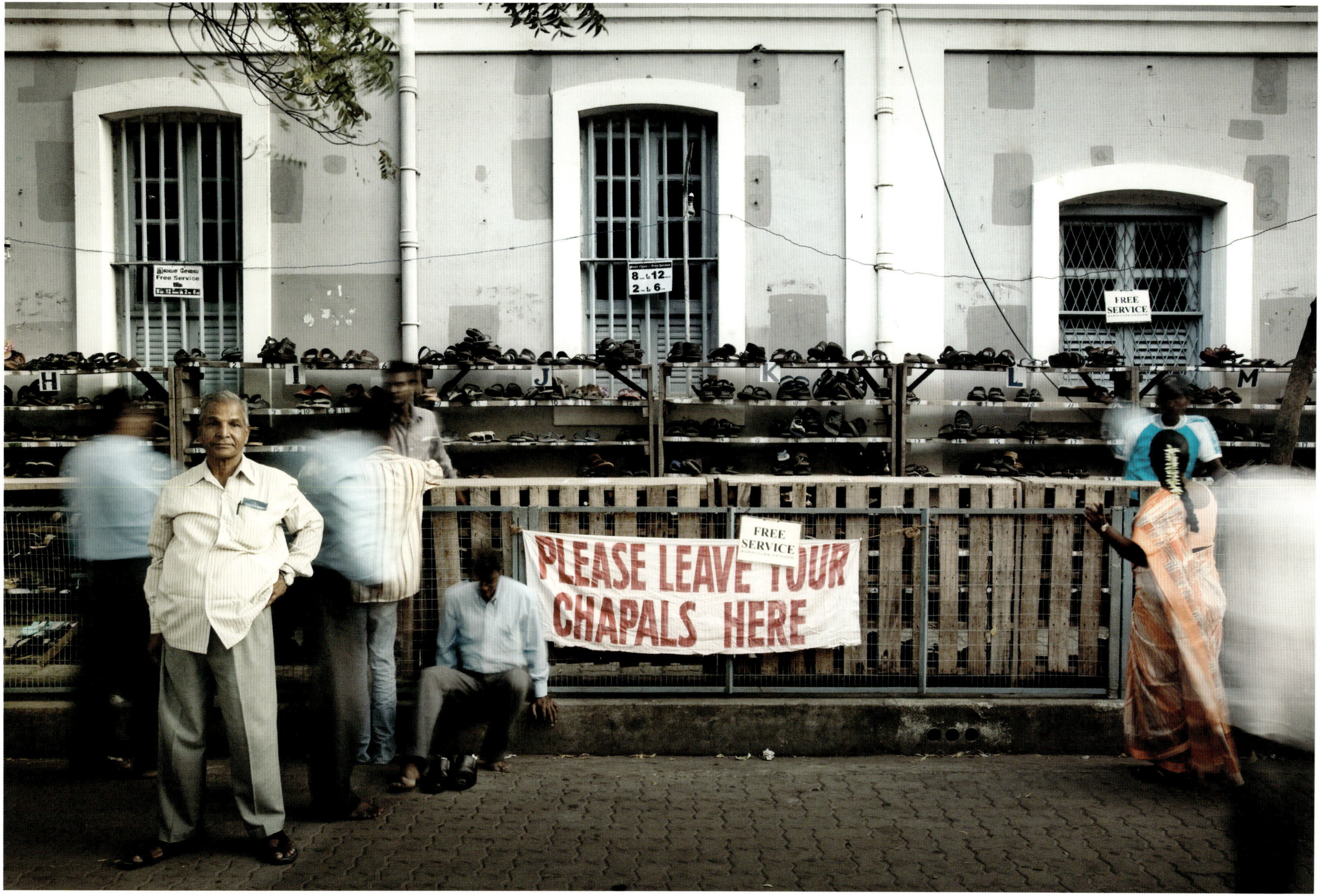
Free Service
FREE SERVICE
H
I
J
K
L
M
FREE SERVICE
PLEASE LEAVE
CHAPALS HERE

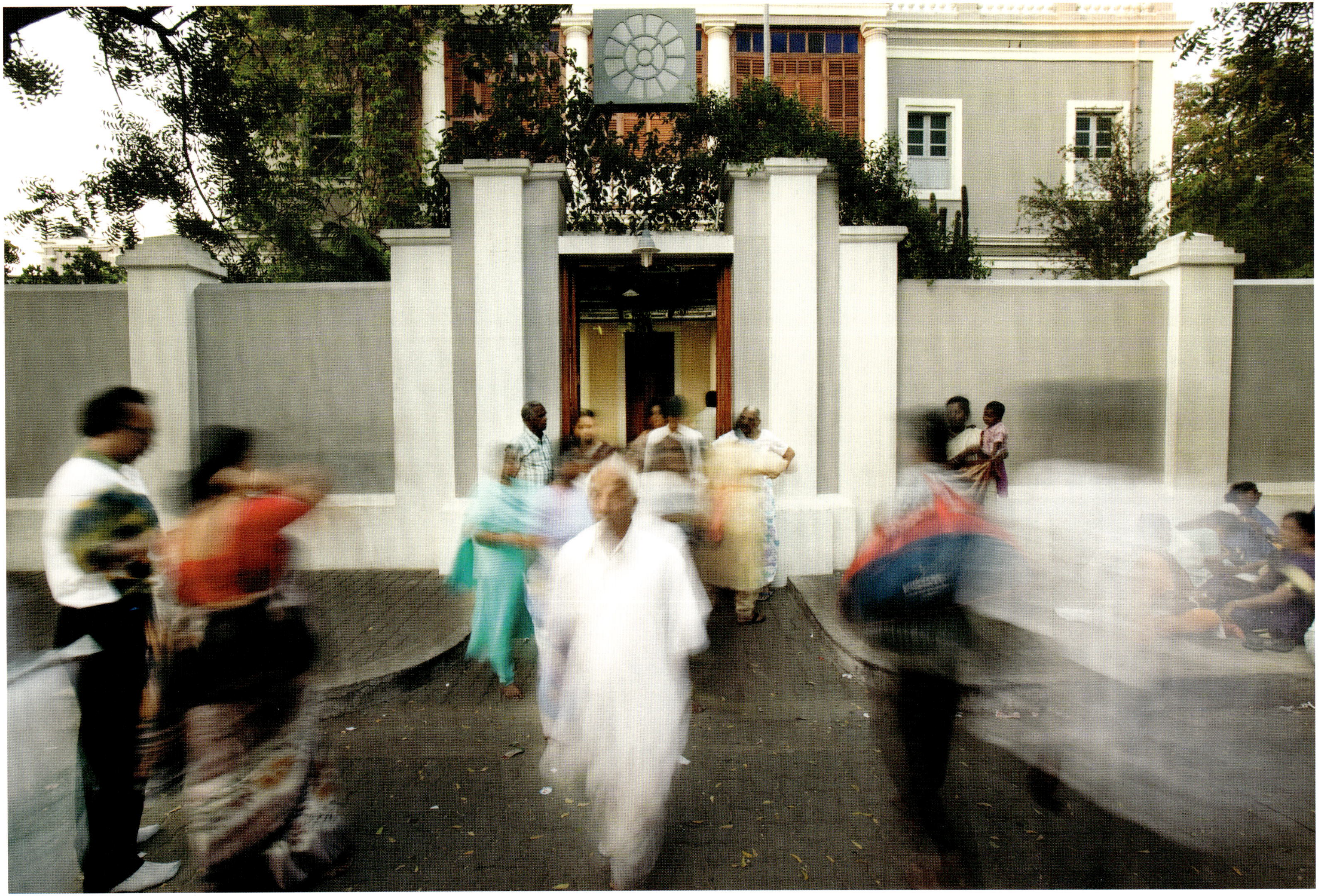

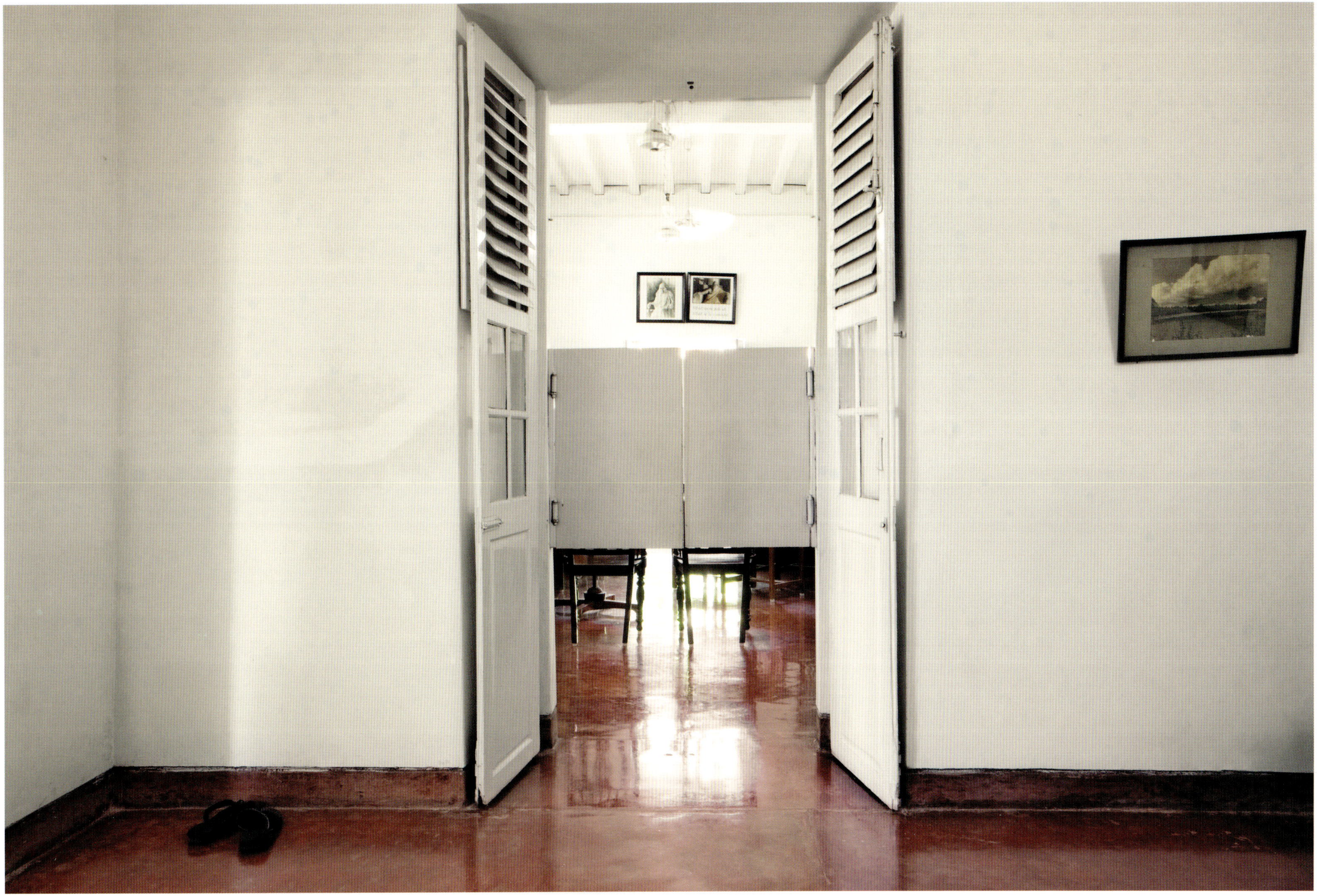

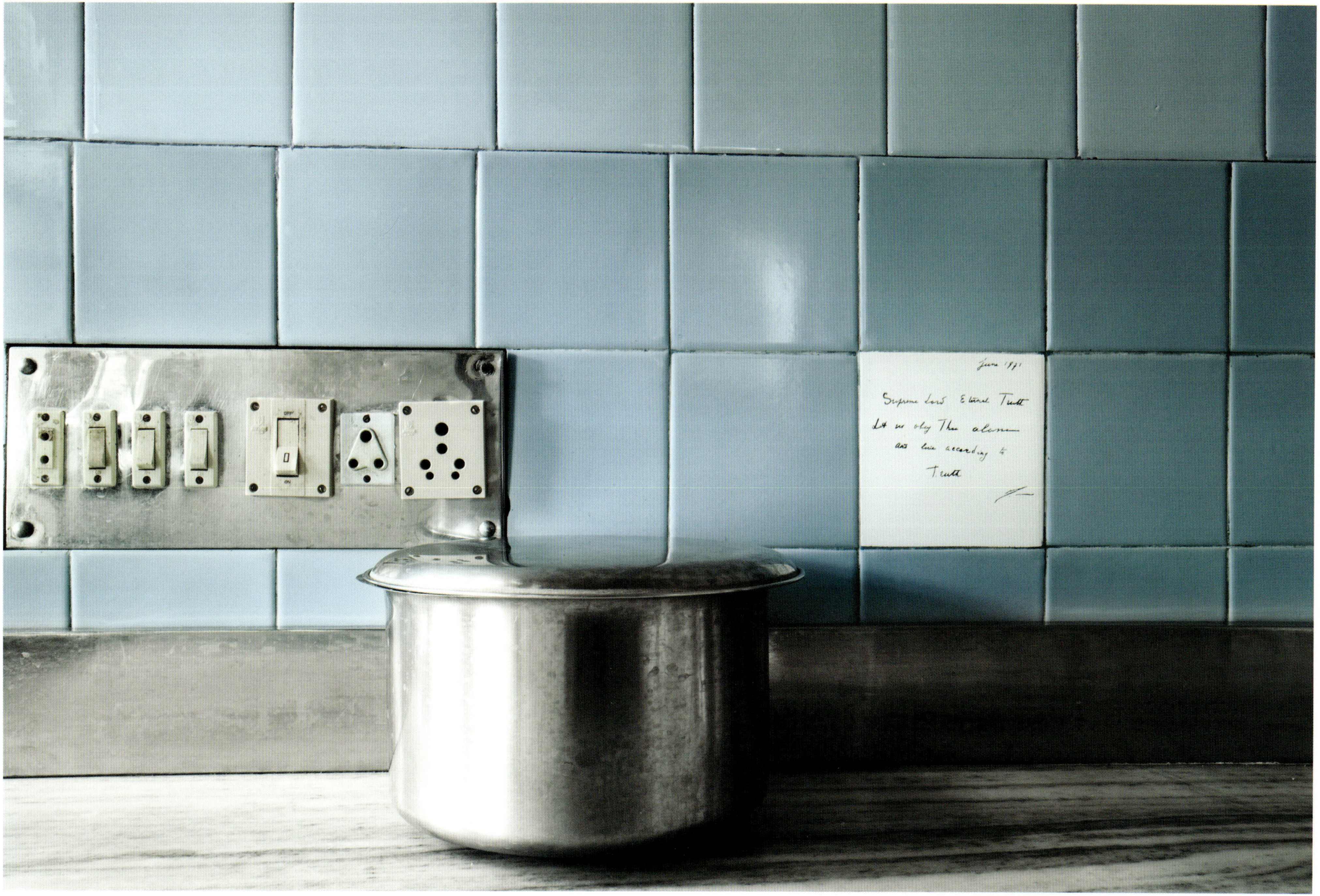
Supreme Lord Eternal Truth
Let us obey Thee alone
and live according to
Truth

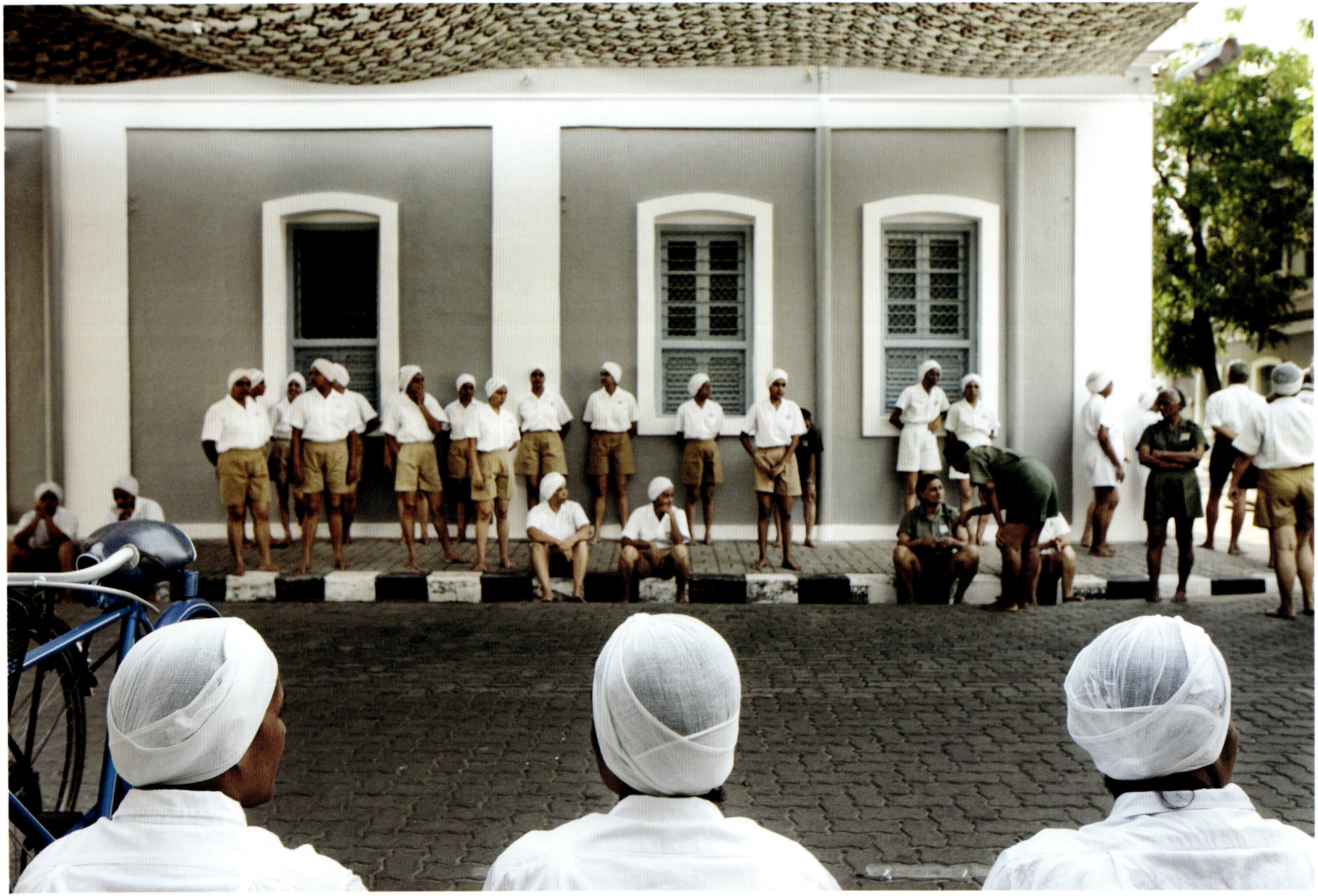

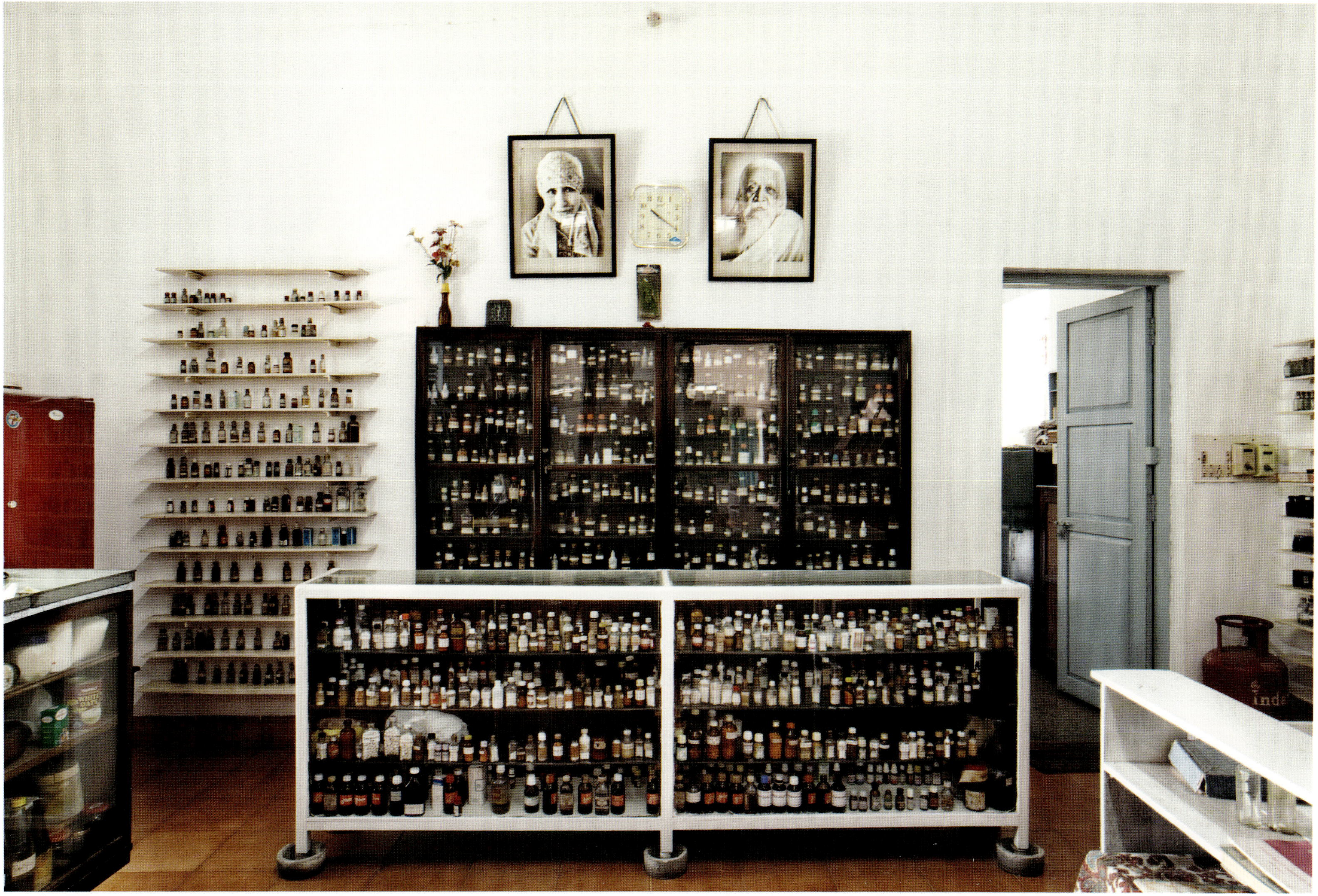

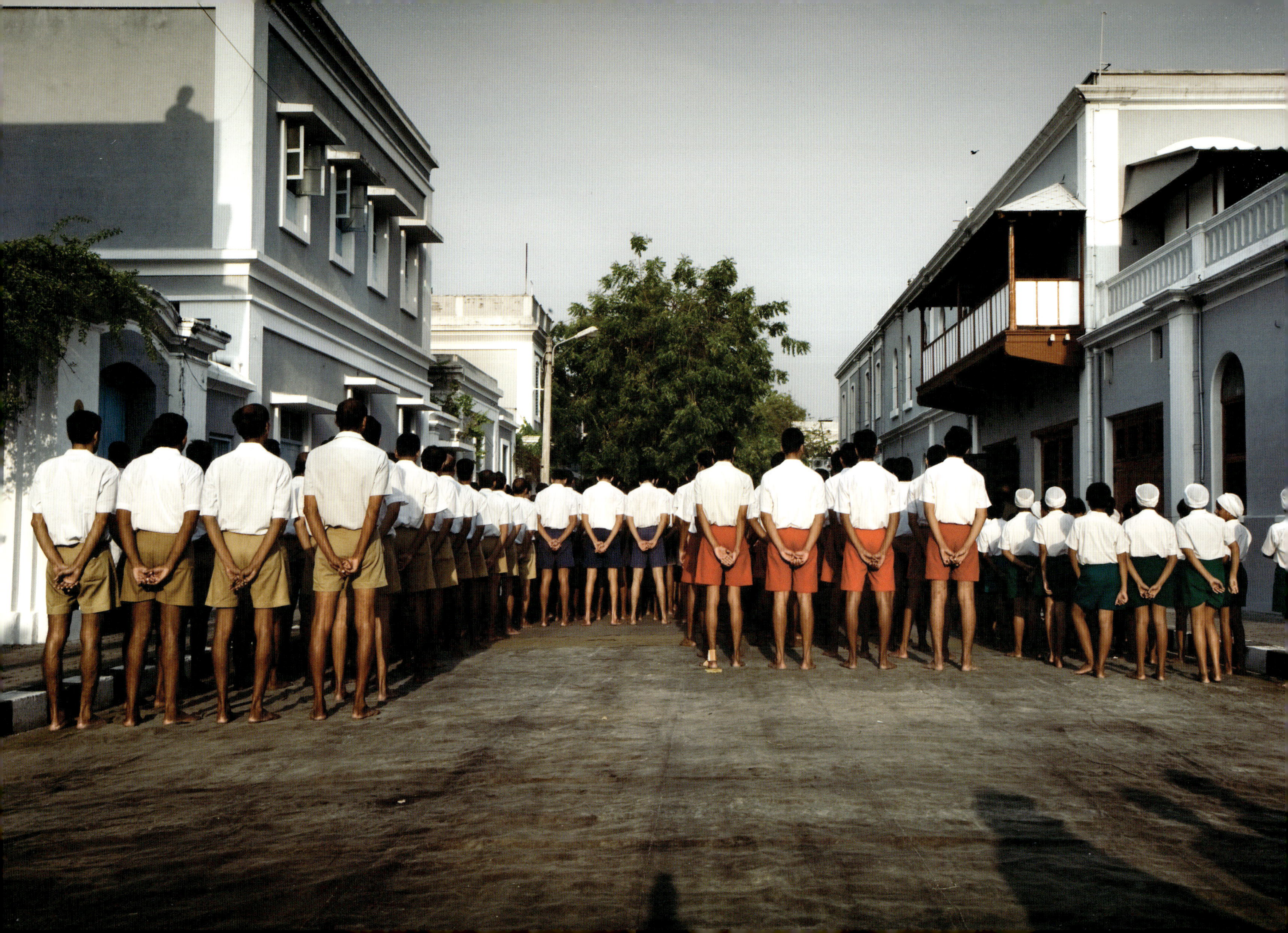

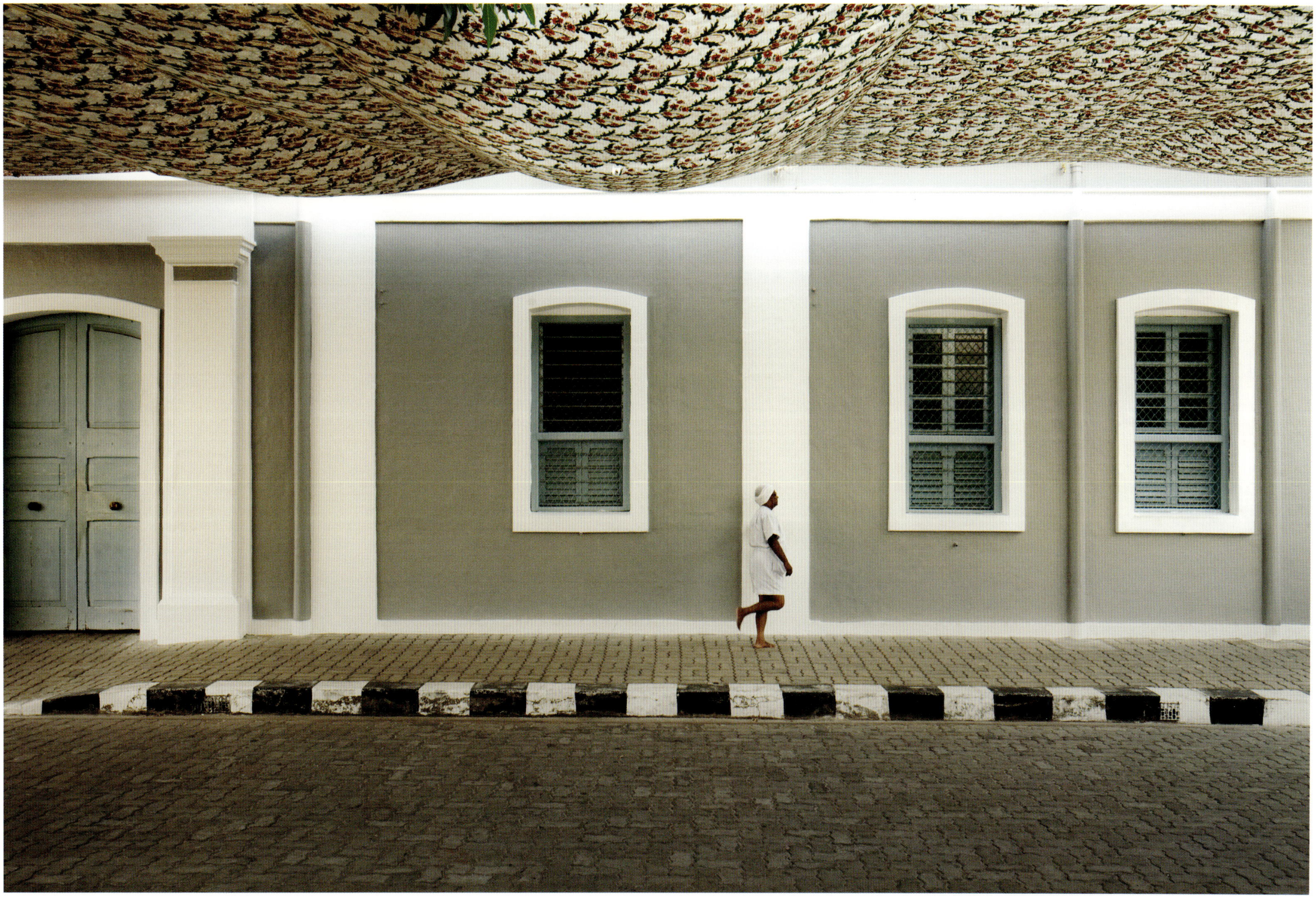

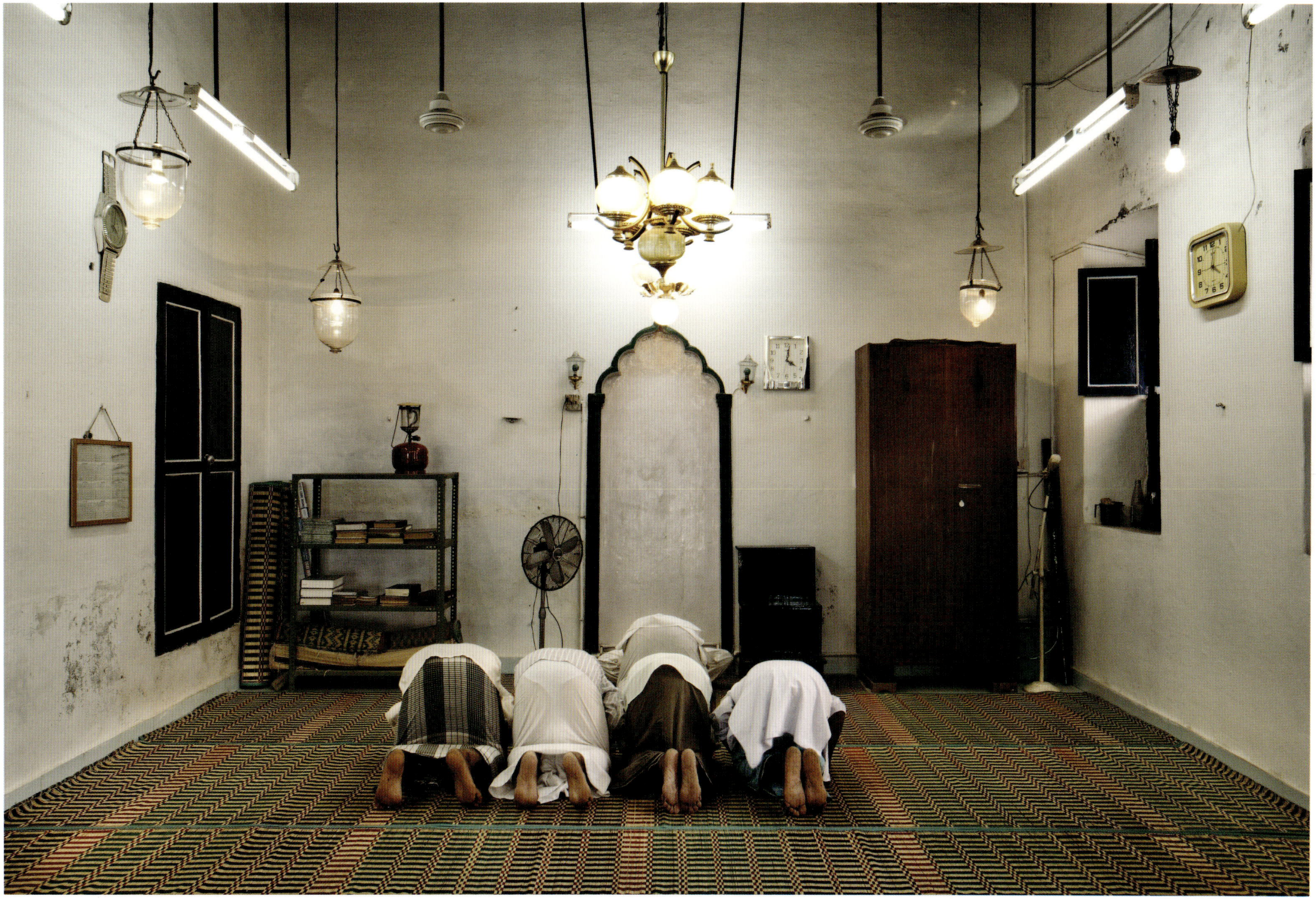

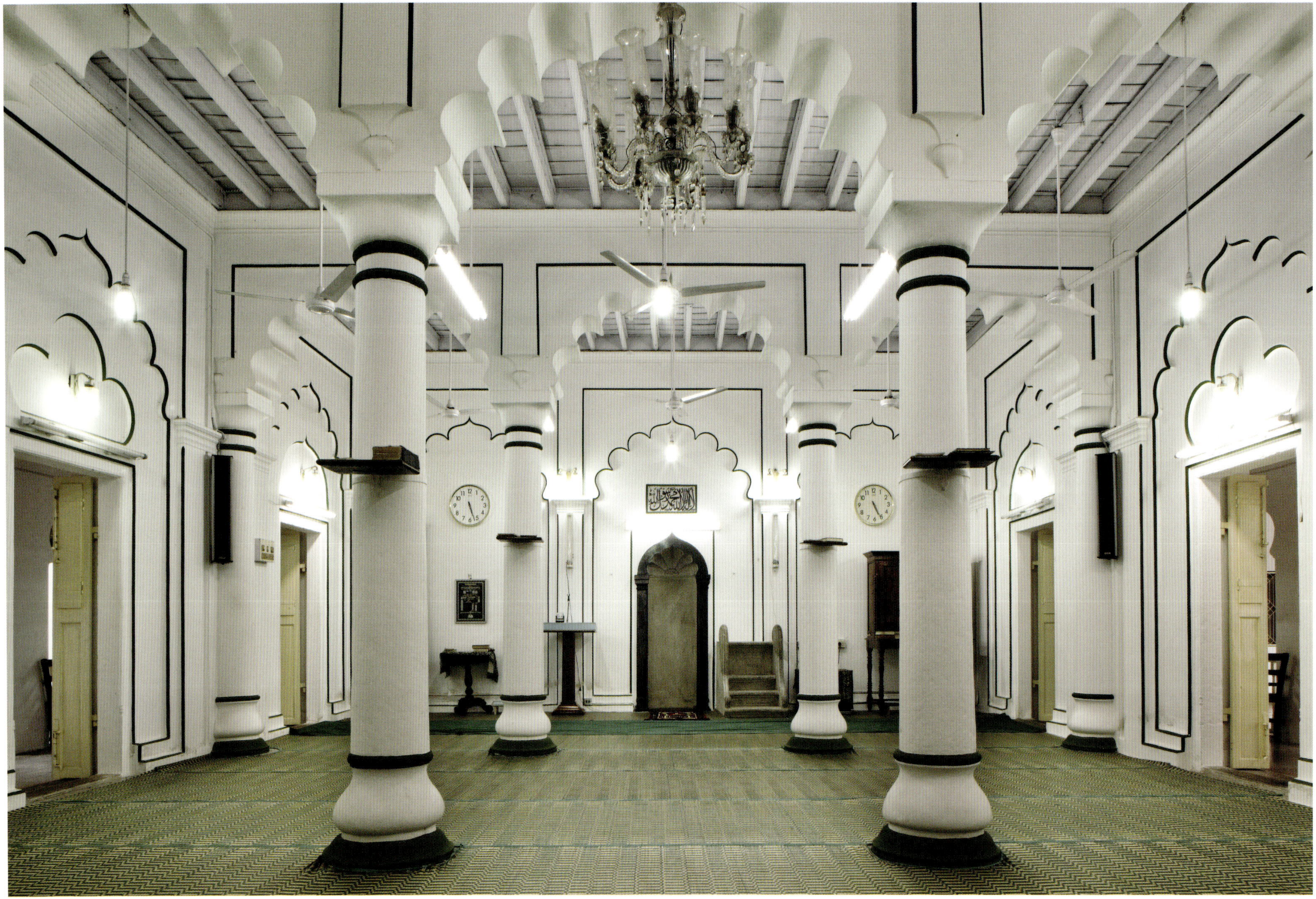

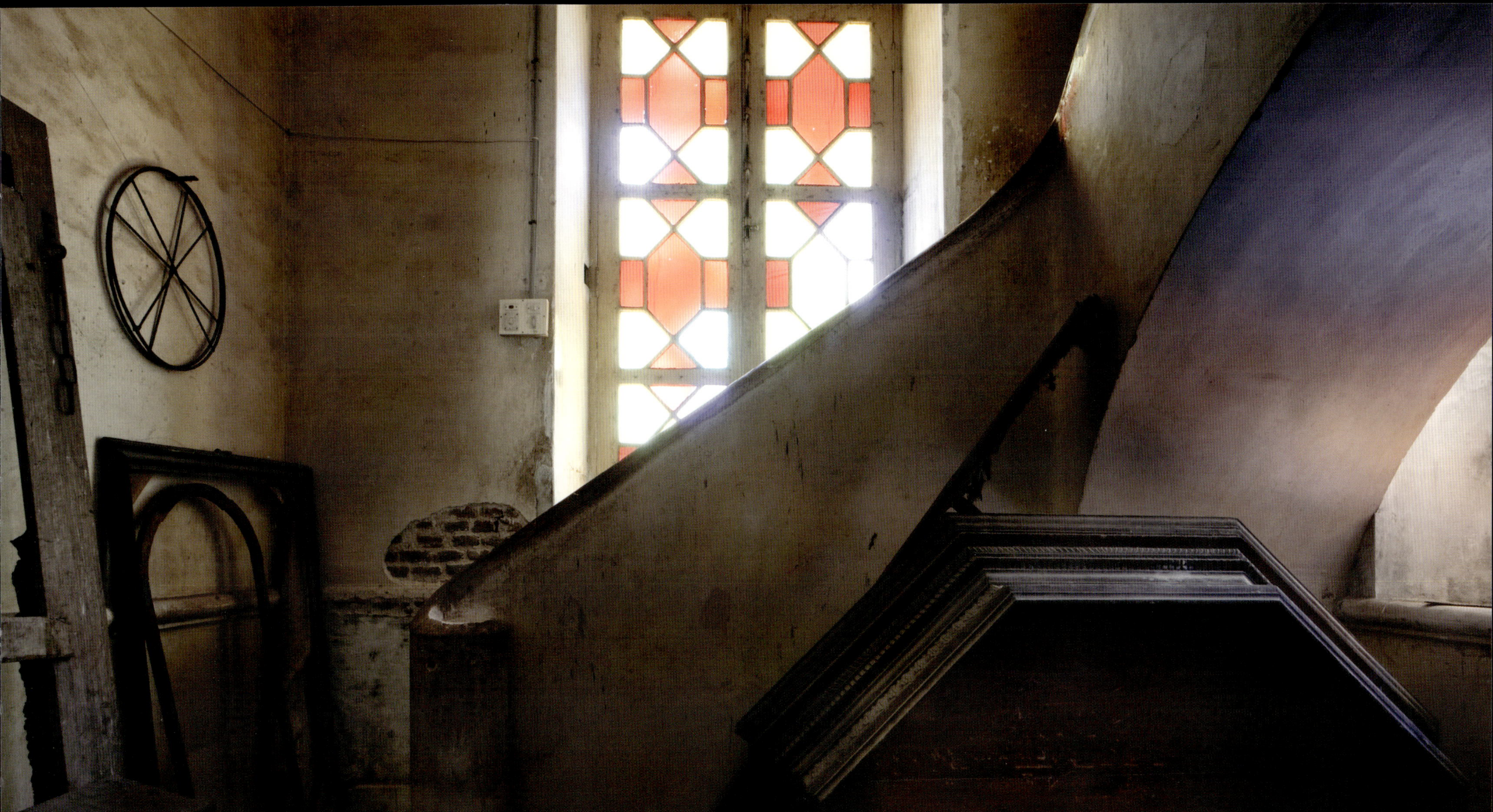

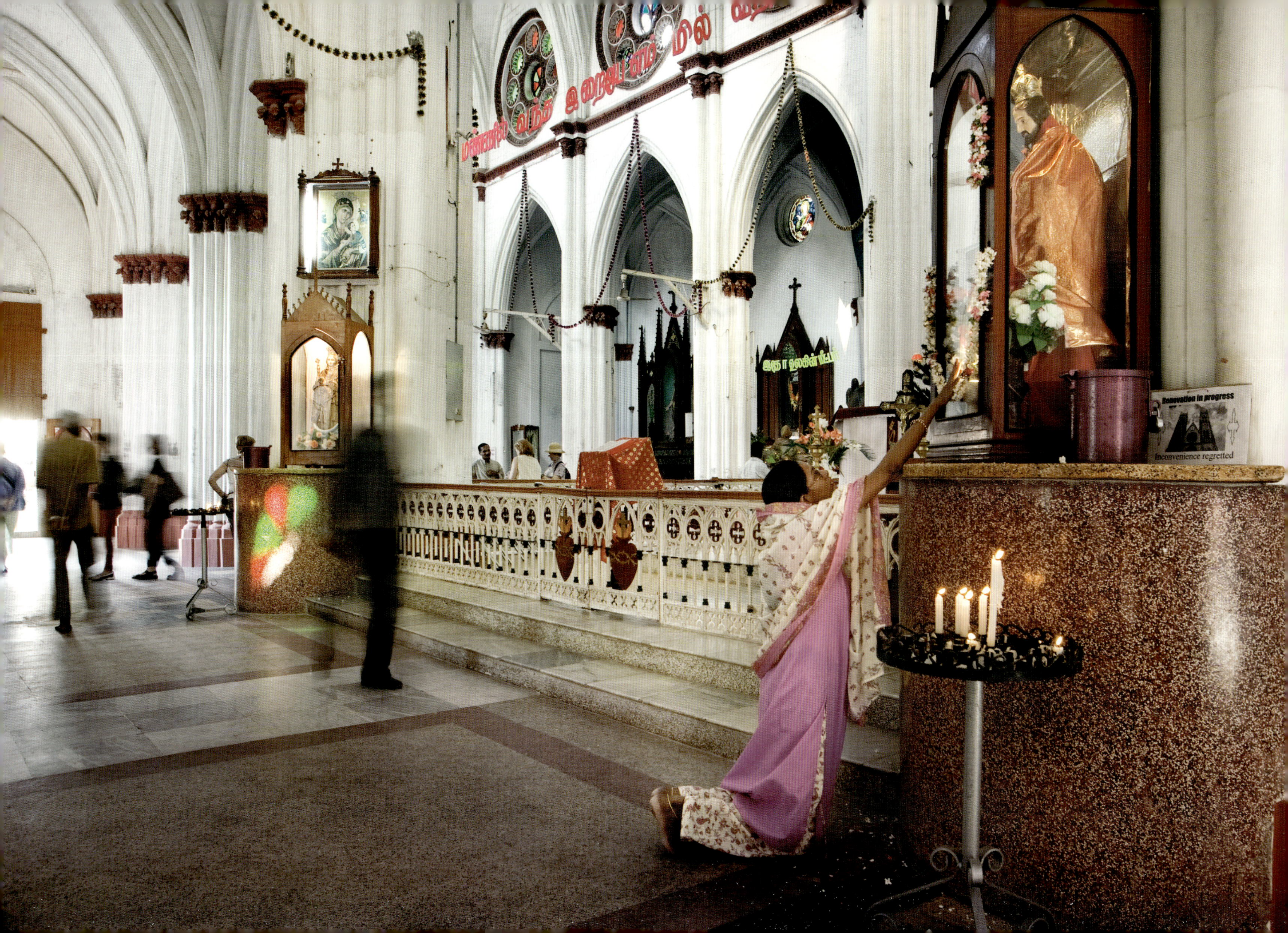
Renovation in progress
Inconvenience regretted

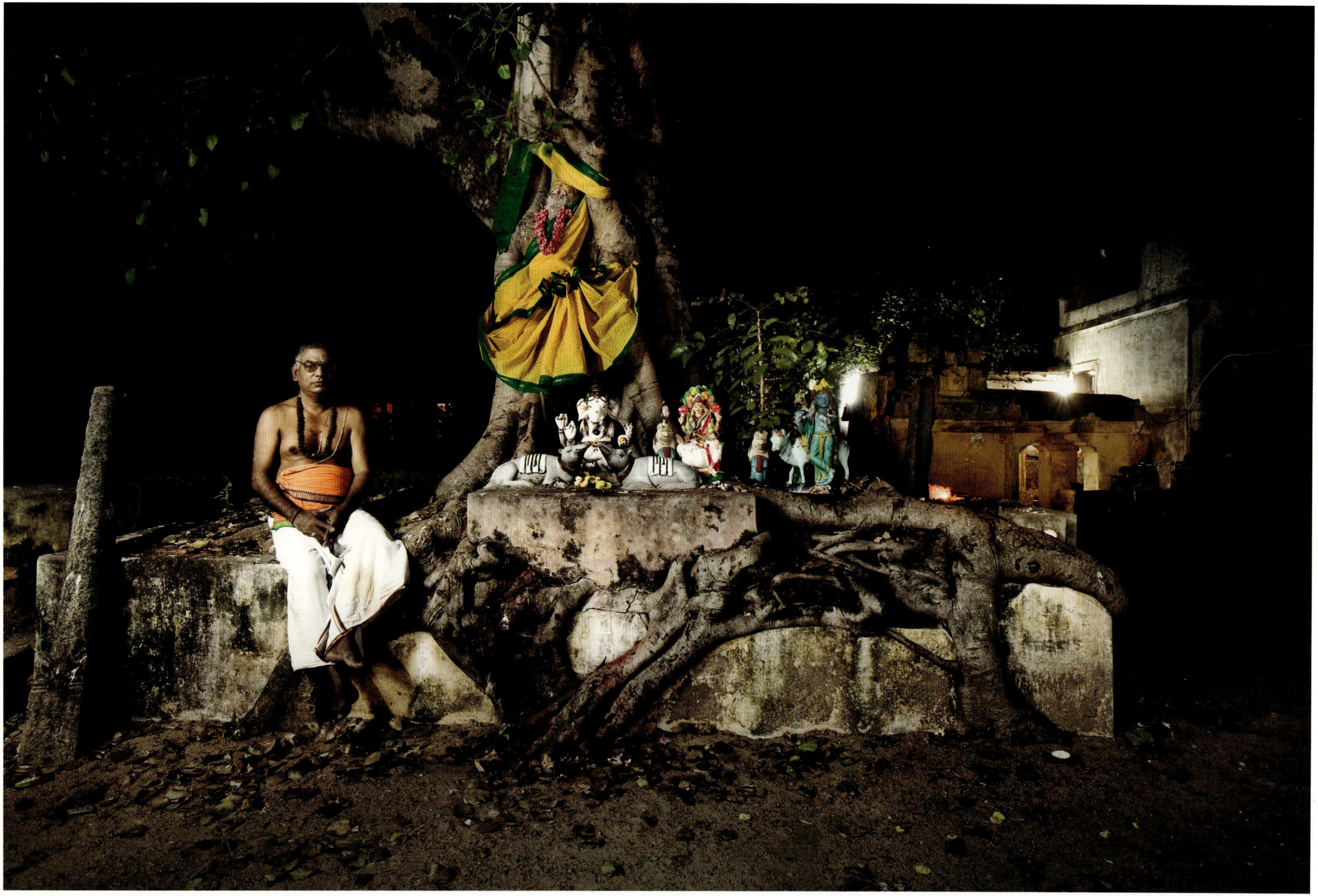

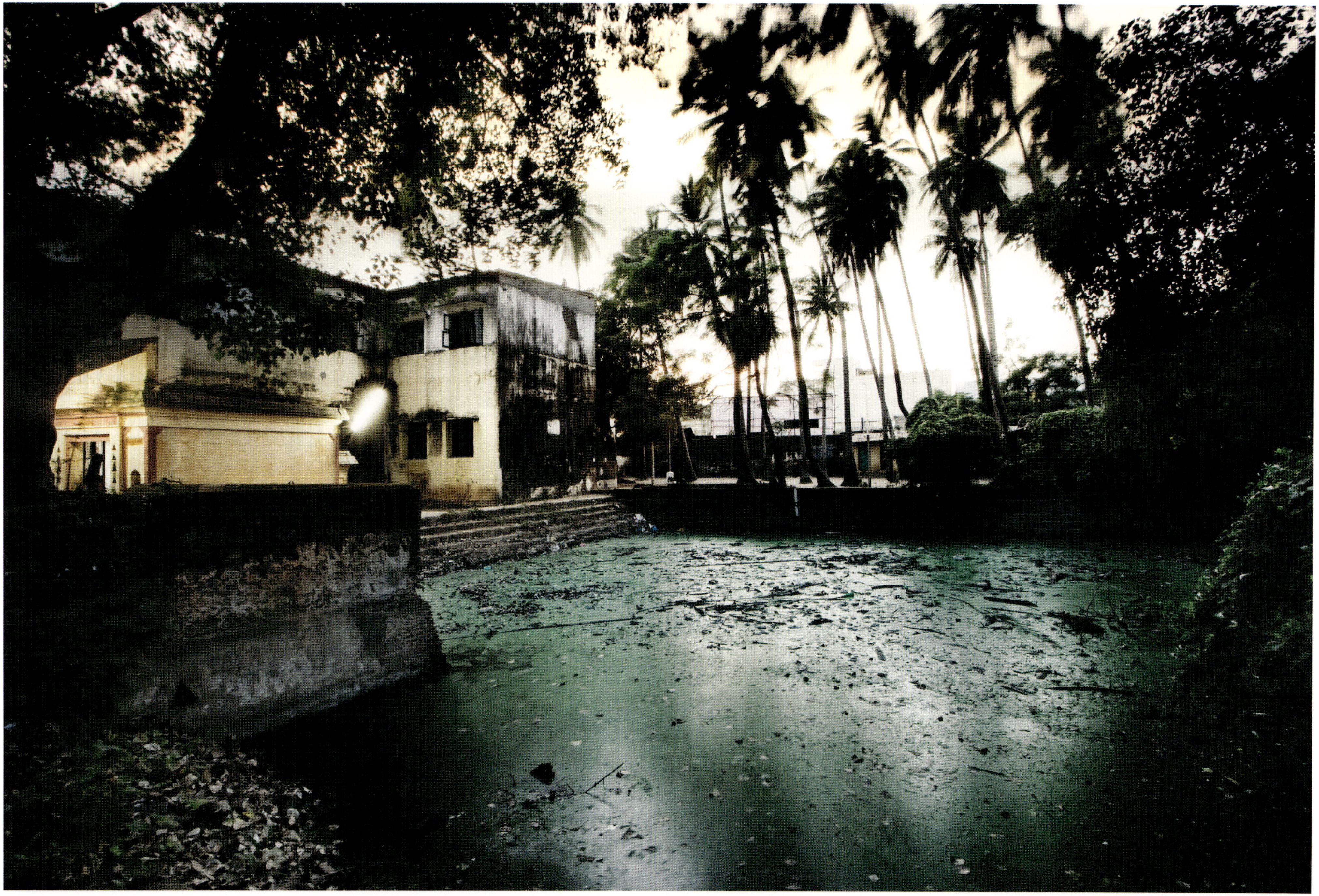

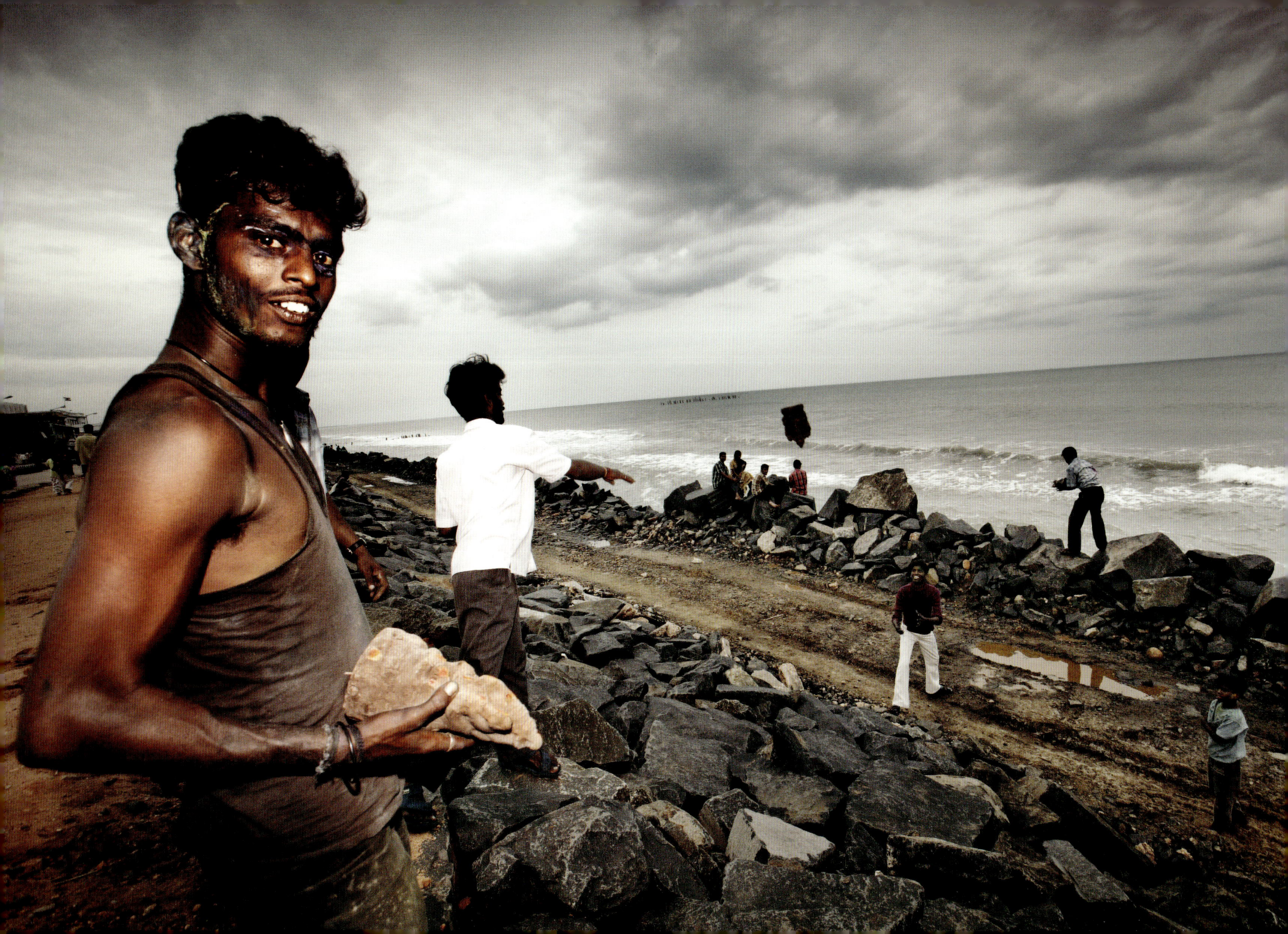

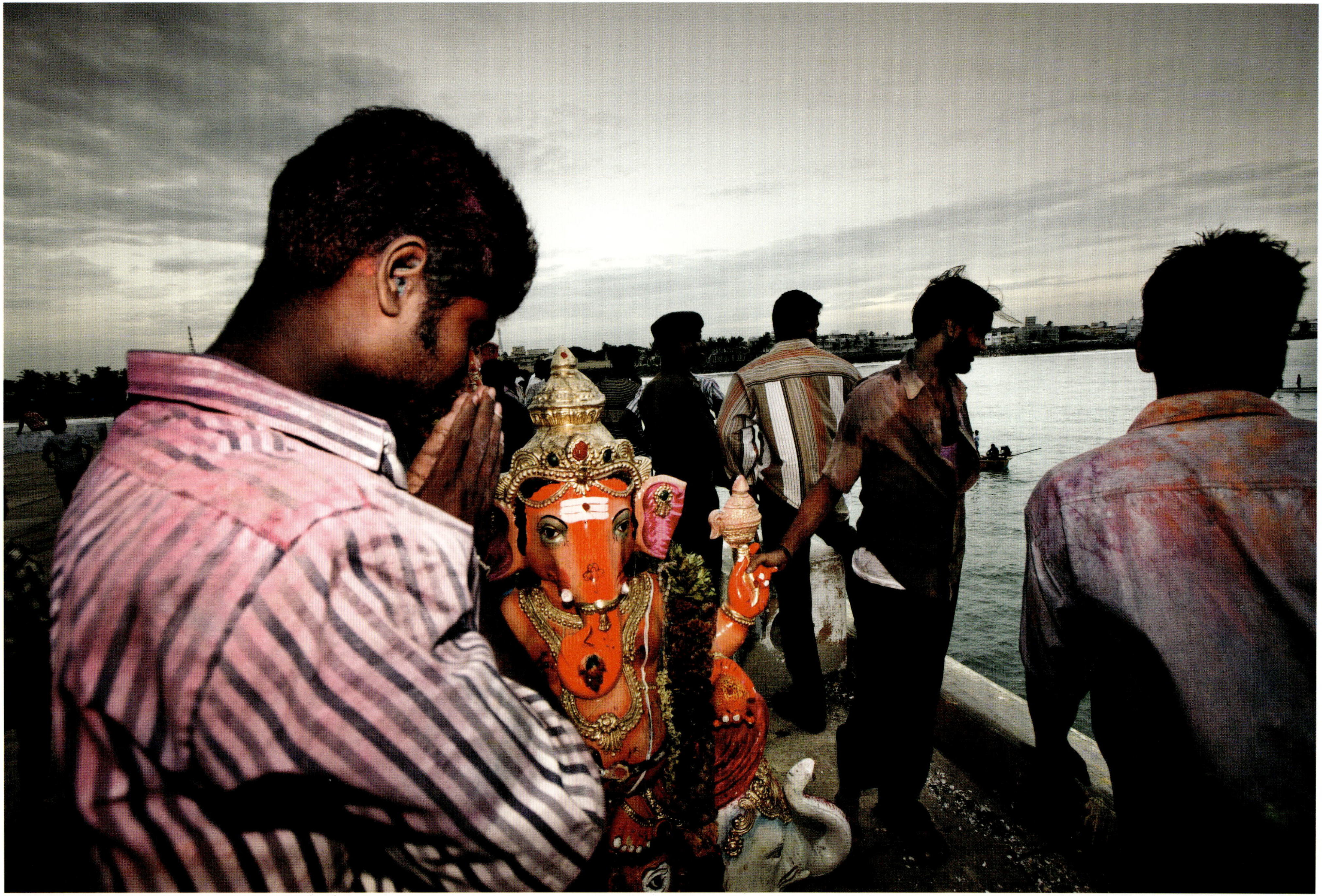

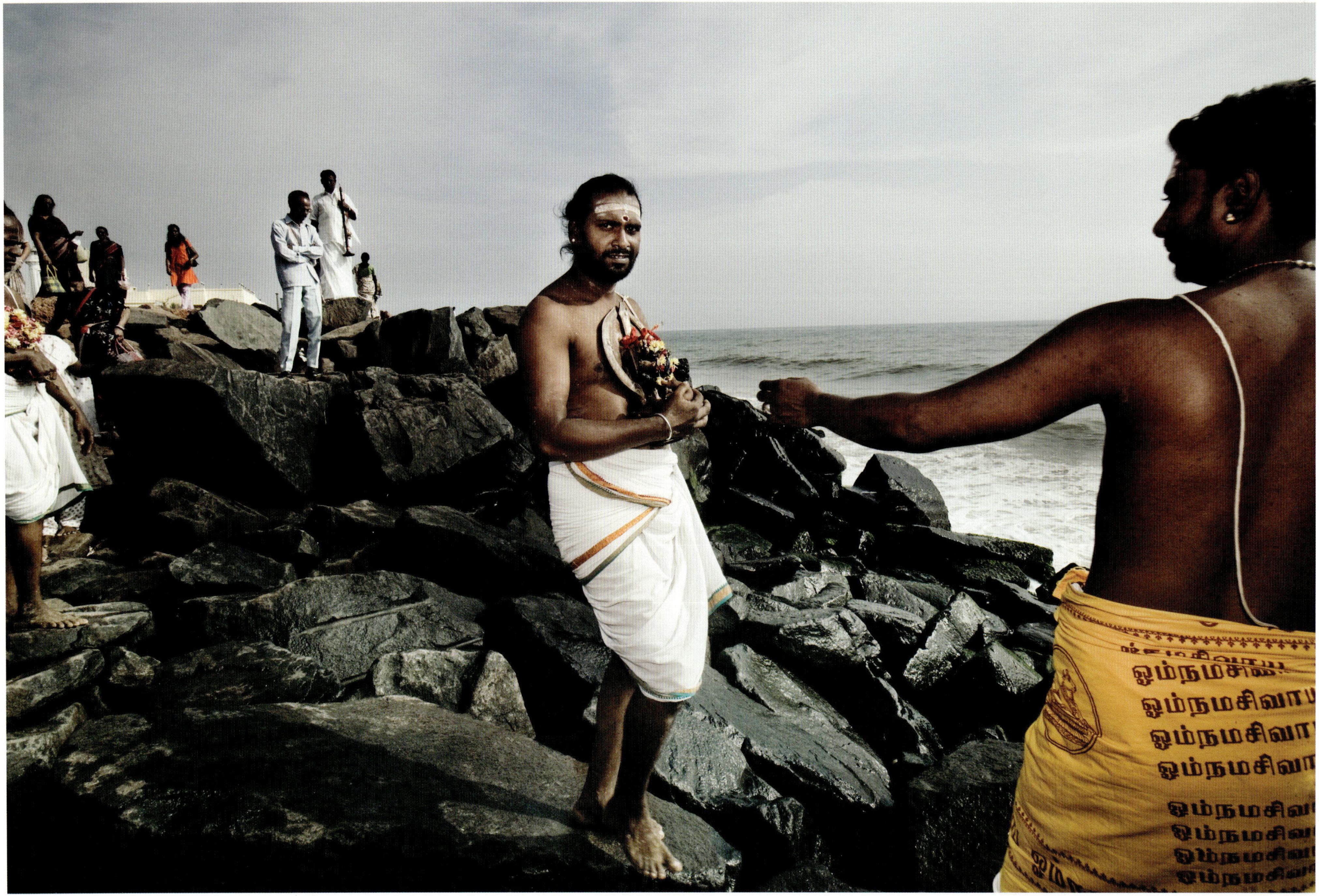
ஓம்நமசிவா
ஓம்நமசிவா
ஓம்நமசிவா
ஓம்நமசிவ
ஓம்நமசிவ
ஓம்நமசிவ
ஓம்நமசிவ

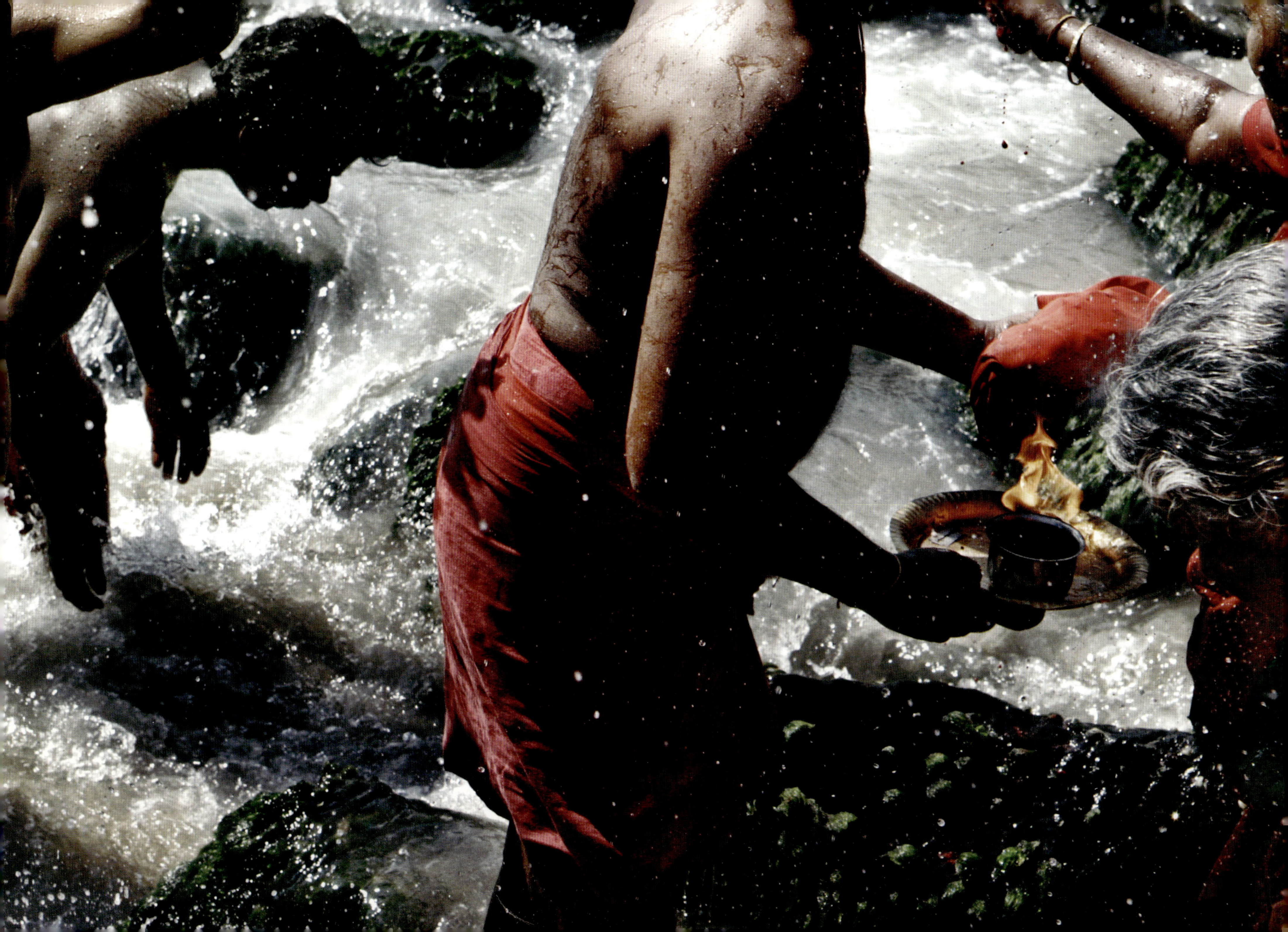

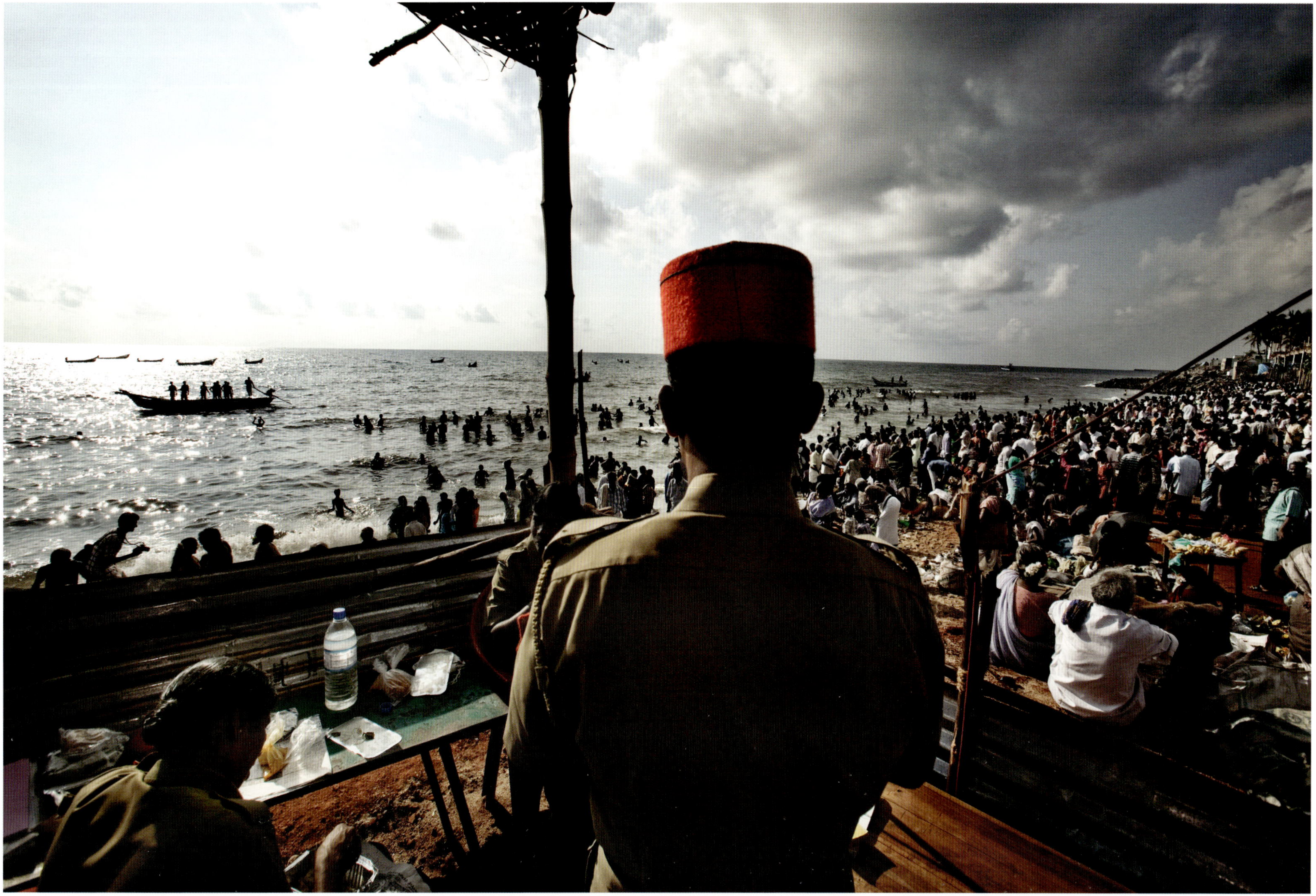

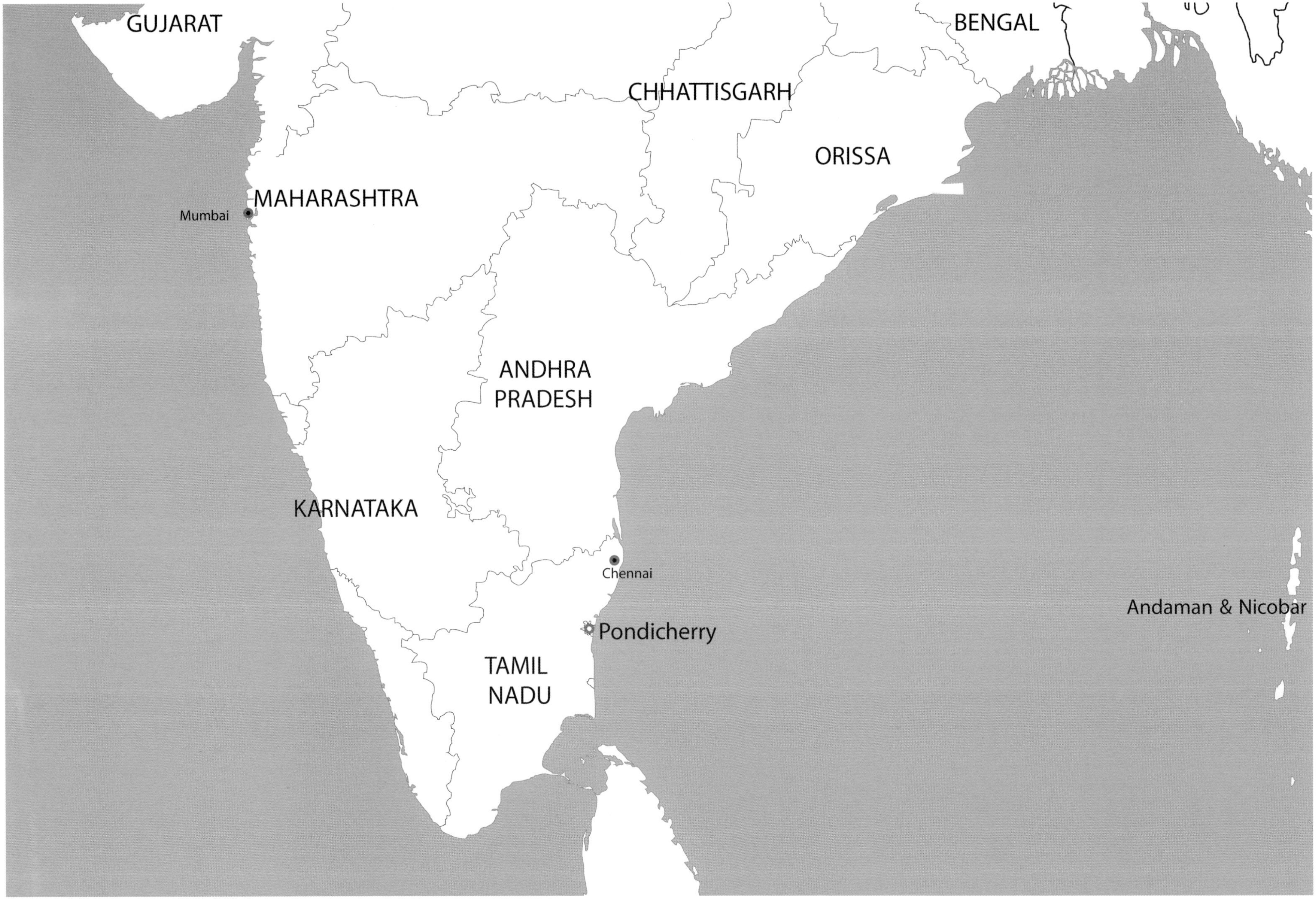
GUJARAT
BENGAL
CHHATTISGARH
ORISSA
MAHARASHTRA
Mumbai
ANDHRA
PRADESH
KARNATAKA
Chennai
Andaman & Nicobar
Pondicherry
TAMIL
NADU

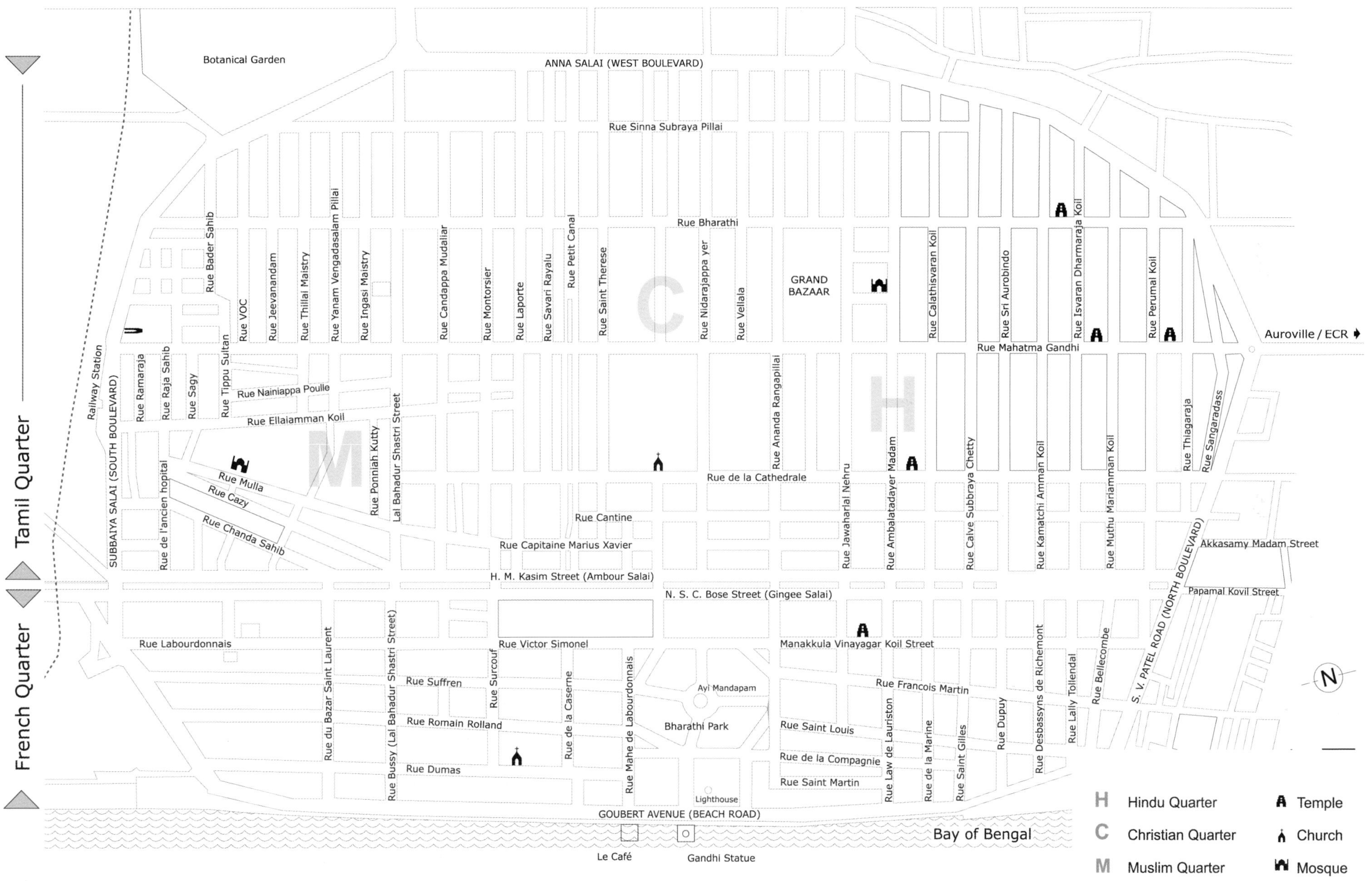
Tamil Quarter
French Quarter
Botanical Garden
ANNA SALAI (WEST BOULEVARD)
Rue Sinna Subraya Pillai
Rue Bharathi
Rue Bader Sahib
Rue VOC
Rue Jeevanandam
Rue Thillai Maistry
Rue Yanam Vengadasalam Pillai
Rue Ingasi Maistry
Rue Candappa Mudaliar
Rue Montorsier
Rue Laporte
Rue Savari Rayalu
Rue Petit Canal
Rue Saint Therese
Rue Nidarajappa yer
Rue Vellala
GRAND BAZAAR
Rue Calathisvaran Koil
Rue Sri Aurobindo
Rue Isvaran Dharmaraja Koil
Rue Perumal Koil
Auroville / ECR
Rue Mahatma Gandhi
Railway Station
SUBBAIYA SALAI (SOUTH BOULEVARD)
Rue Ramaraja
Rue Raja Sahib
Rue Sagy
Rue Tippu Sultan
Rue Nainiappa Poulle
Rue Ellaiamman Koil
Lal Bahadur Shastri Street
Rue Ponniah Kutty
Rue Ananda Rangapillai
Rue Thiagaraja
Rue Sangaradass
Rue de l'ancien hopital
Rue Mulla
Rue Cazy
Rue Chanda Sahib
Rue de la Cathedrale
Rue Jawaharlal Nehru
Rue Ambalatadayer Madam
Rue Calve Subbraya Chetty
Rue Kamatchi Amman Koil
Rue Muthu Mariamman Koil
Rue Cantine
Rue Capitaine Marius Xavier
Akkasamy Madam Street
S. V. PATEL ROAD (NORTH BOULEVARD)
H. M. Kasim Street (Ambour Salai)
N. S. C. Bose Street (Gingee Salai)
Papamal Kovil Street
Rue Labourdonnais
Rue du Bazar Saint Laurent
Rue Bussy (Lal Bahadur Shastri Street)
Rue Victor Simonel
Manakkula Vinayagar Koil Street
Rue Suffren
Rue Surcouf
Rue de la Caserne
Rue Mahe de Labourdonnais
Ayi Mandapam
Bharathi Park
Rue Francois Martin
Rue Romain Rolland
Rue Saint Louis
Rue de la Compagnie
Rue Saint Martin
Rue Dumas
Lighthouse
Rue Law de Lauriston
Rue de la Marine
Rue Saint Gilles
Rue Dupuy
Rue Desbassyns de Richemont
Rue Lally Tollendal
Rue Bellecombe
GOUBERT AVENUE (BEACH ROAD)
Bay of Bengal
Le Café
Gandhi Statue
N
C
H
M
H Hindu Quarter
C Christian Quarter
M Muslim Quarter
Temple
Church
Mosque

Captions

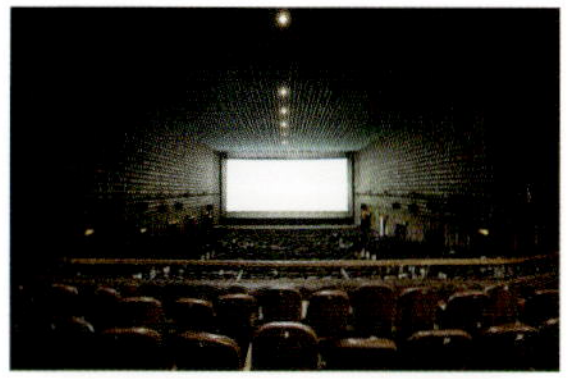

2 Bala Ananda Cinema

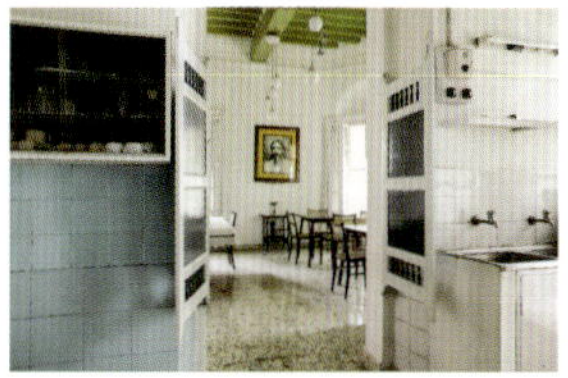

7 Sri Aurobindo Society Guest House

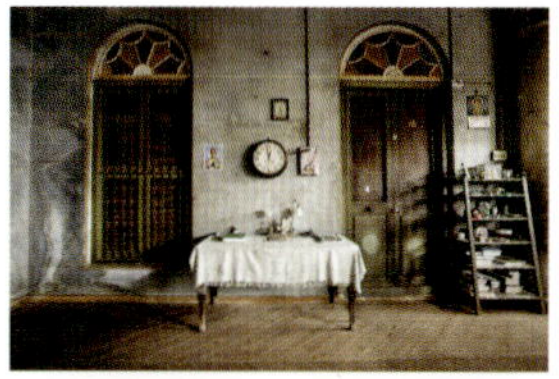

13 Ananda Rangapillai Street

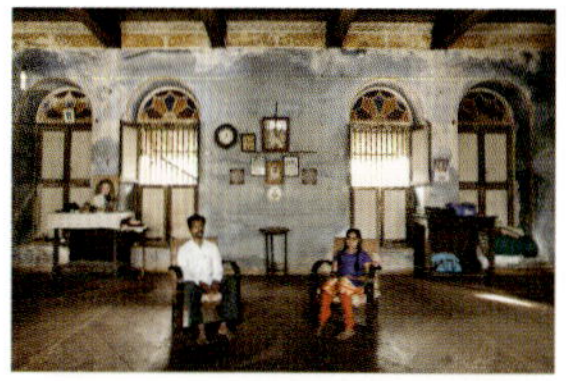

14 Ananda Rangapillai Street

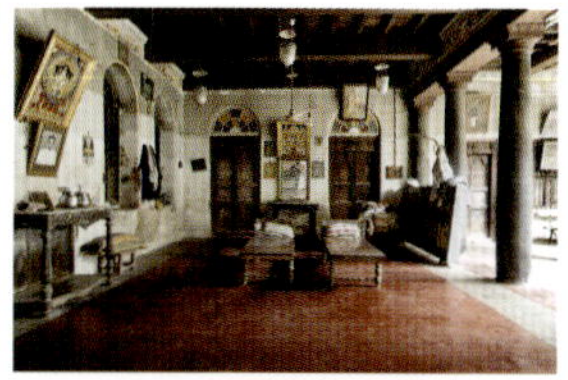

15 Ananda Rangapillai Street

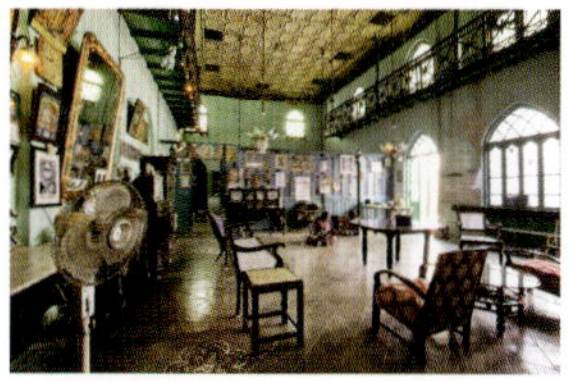

16 Vysial Street

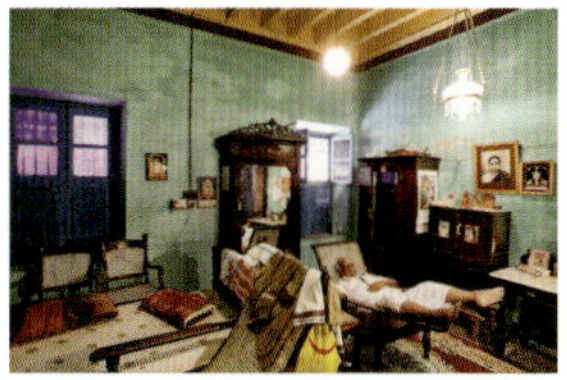

17 Vysial Street

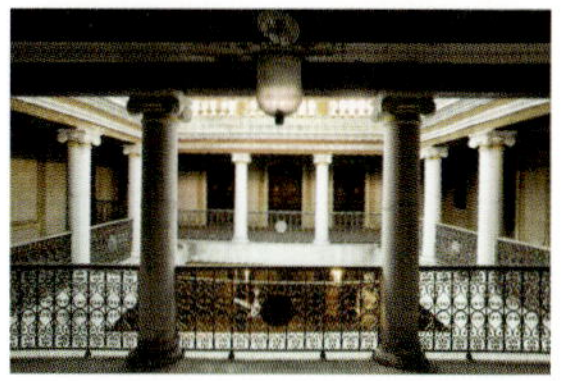

18 Ananda Rangapillai House

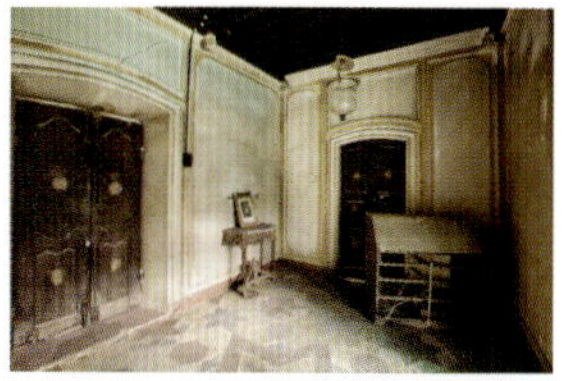

19 Ananda Rangapillai House

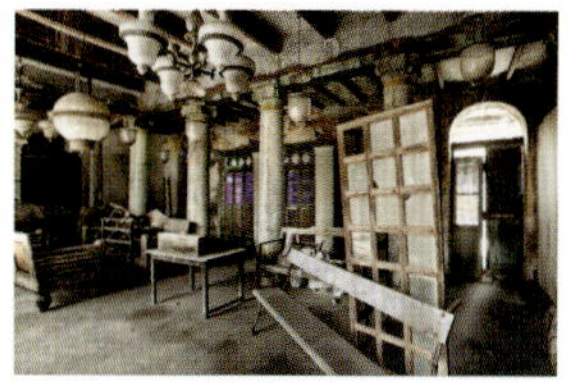

21 Vysial Street

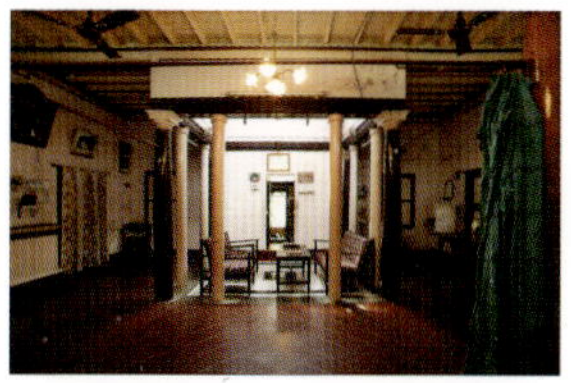

22 Kazy Street

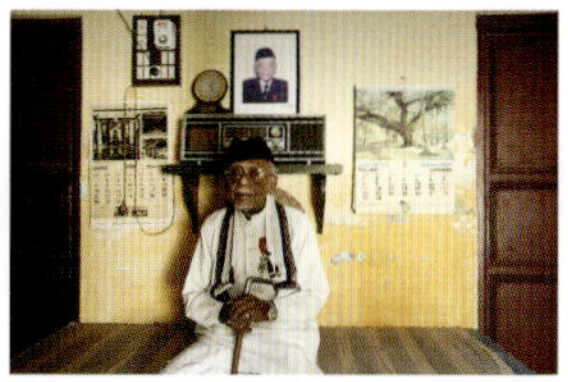

23 Mouhamed Houssein, Chevalier de la Légion d'Honneur

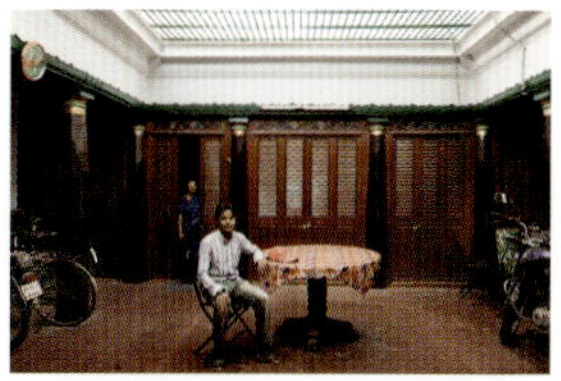

24 Chetty Street

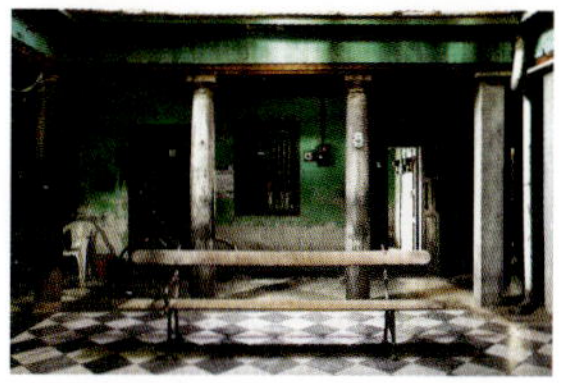

25 Vysial Street

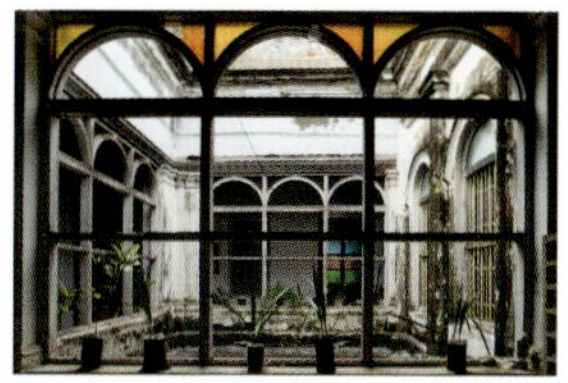

26 Academy House Maravadi Street

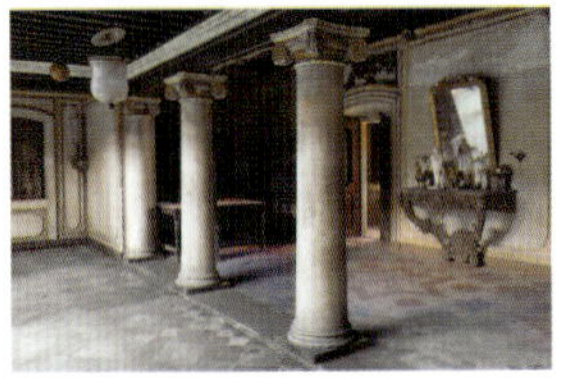
27 Ananda Rangapillai House

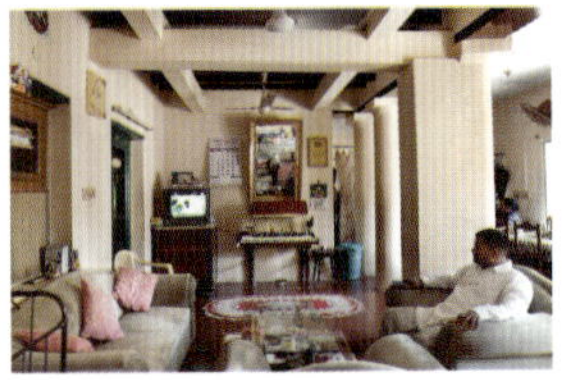
28 Chetty Street

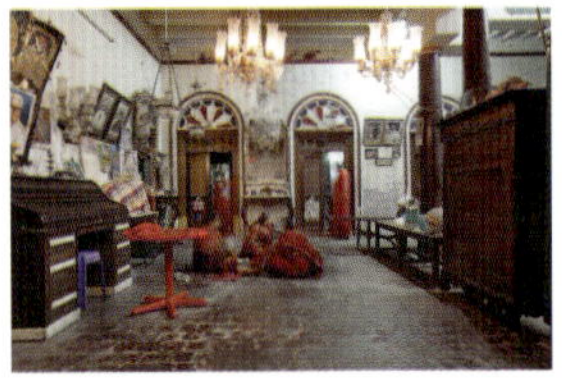
30 Aurobindo Street

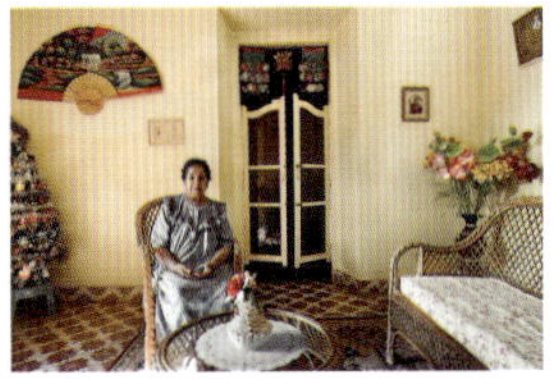
31 Rue Roman Rolland

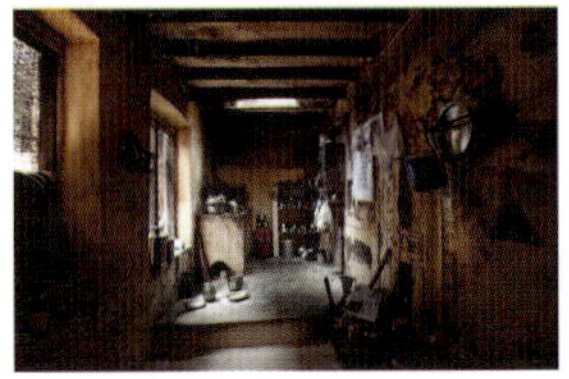
32 Vysial Street

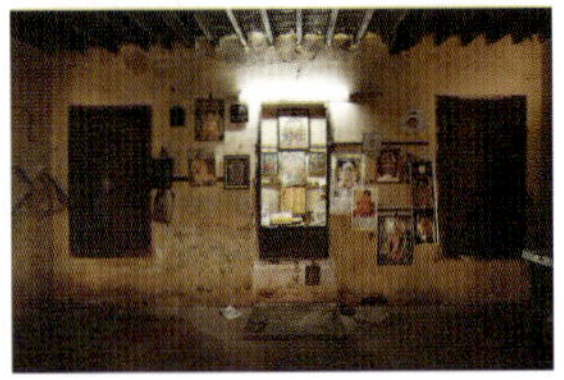
33 Vysial Street

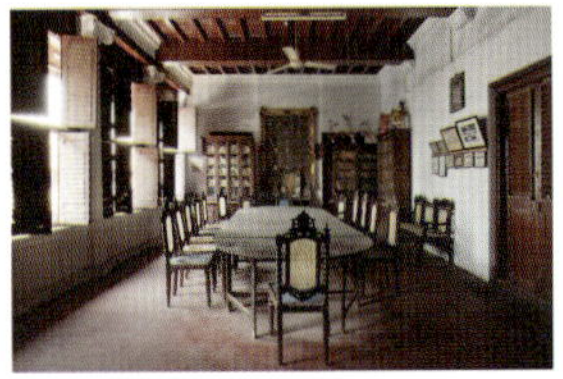
34 Société Progressiste

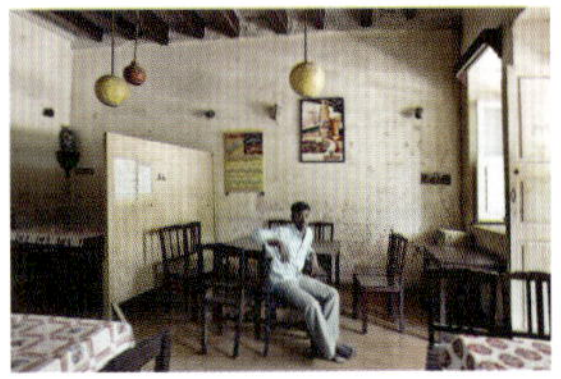
35 Qualithé Hotel

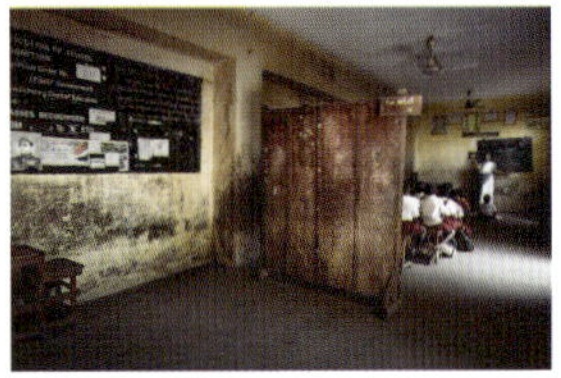
36 Société Progressiste

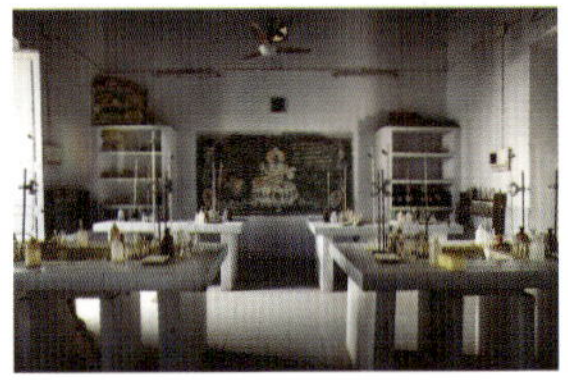
37 V.O.C. College

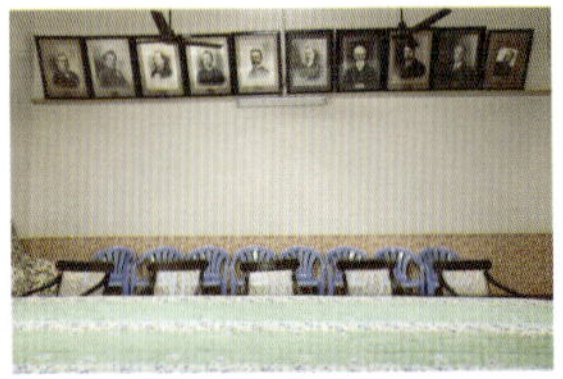
43 Chamber of Commerce

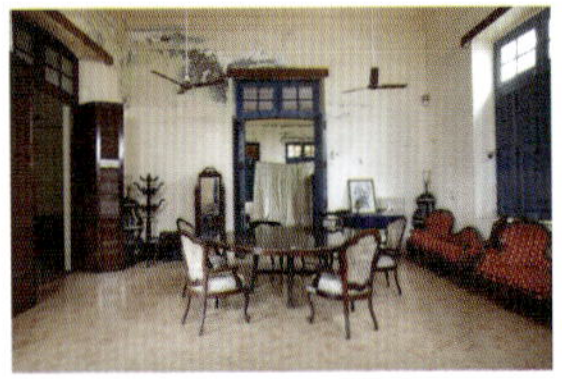
44 City Hall

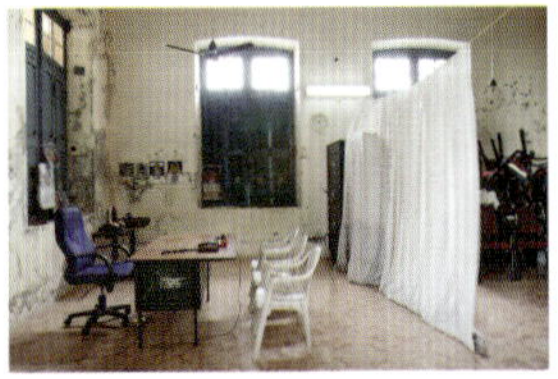
45 City Hall

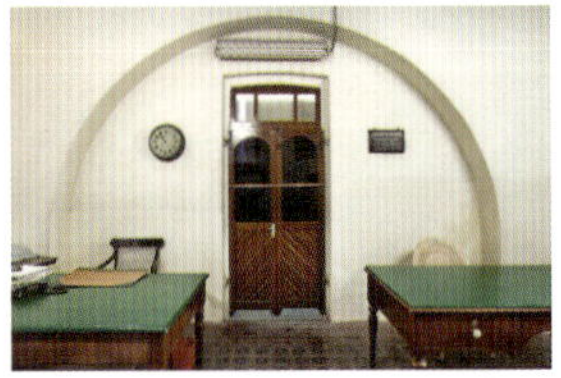
46 Chamber of Commerce

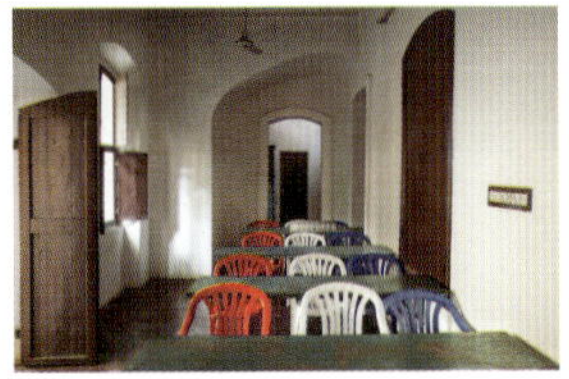
47 Foyer du Soldat

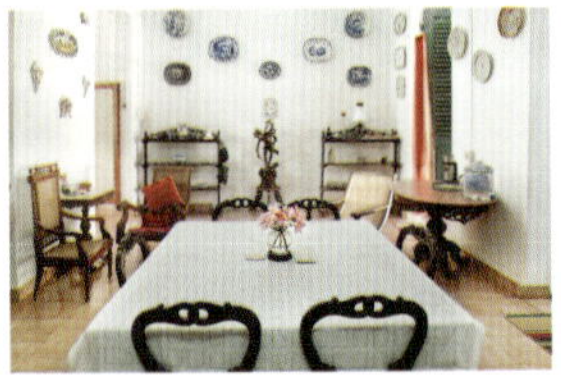
48 Rue Dumas, 36

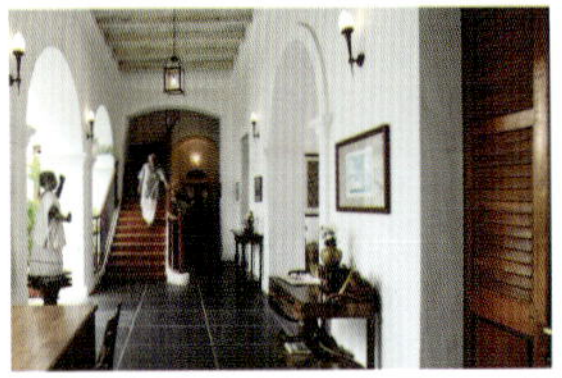
50 Hôtel de l'Orient

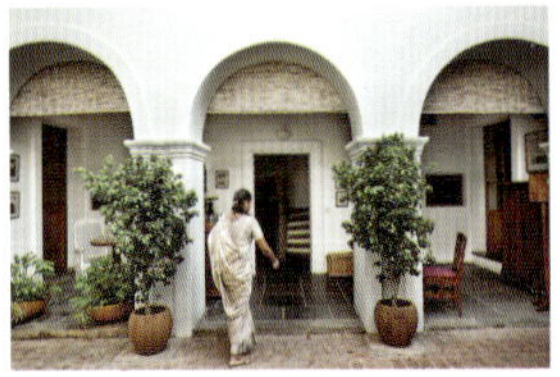
51 Hôtel de l'Orient

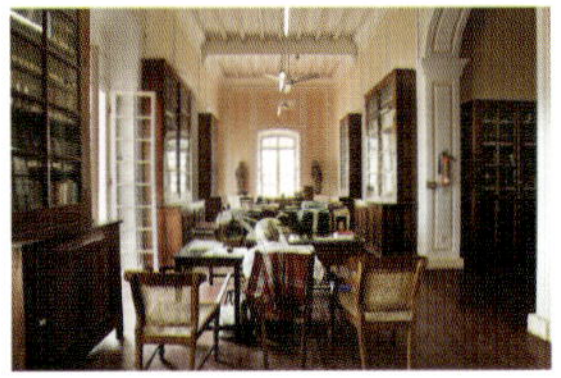
52 French Institute

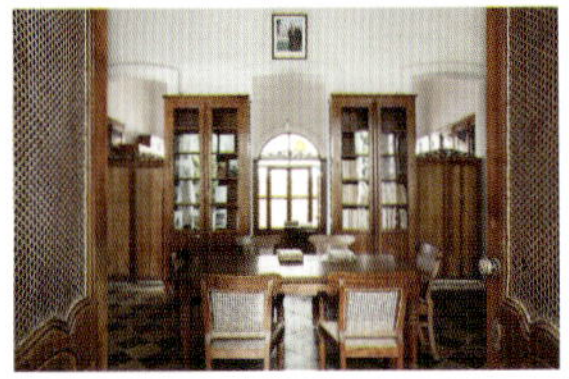
53 French School of the Far East

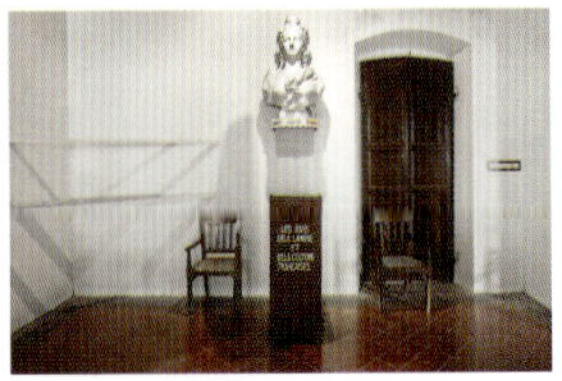
54 Foyer du Soldat

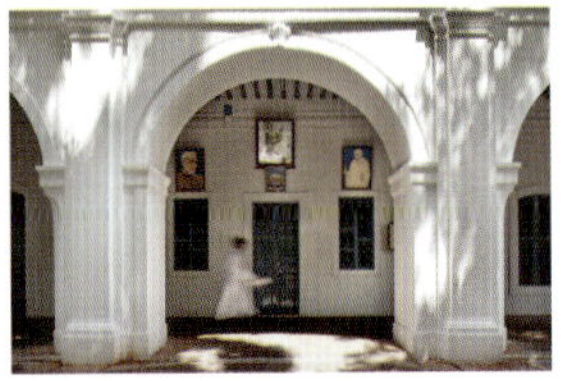
55 Archbishop's House

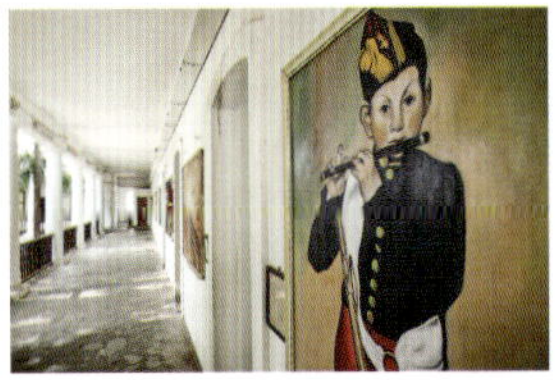
56 Lycée Français

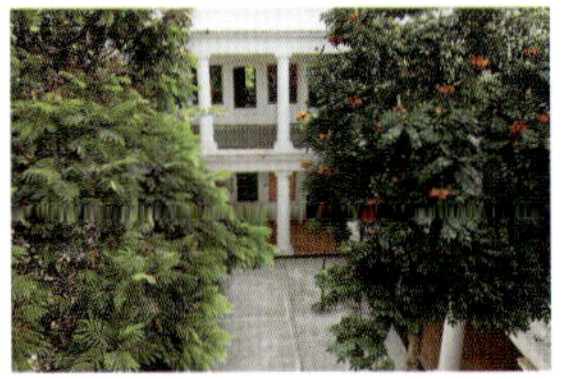
57 Lycée Français

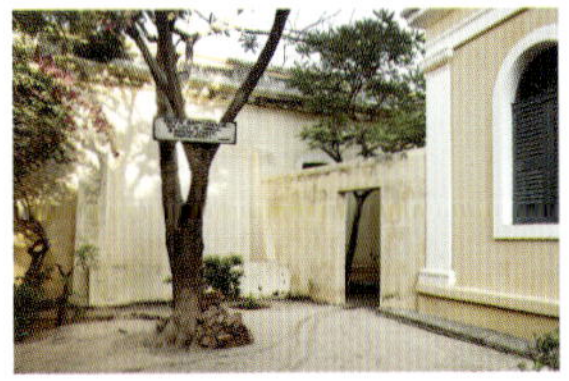
59 Boys Orphanage our Lady of Angolo

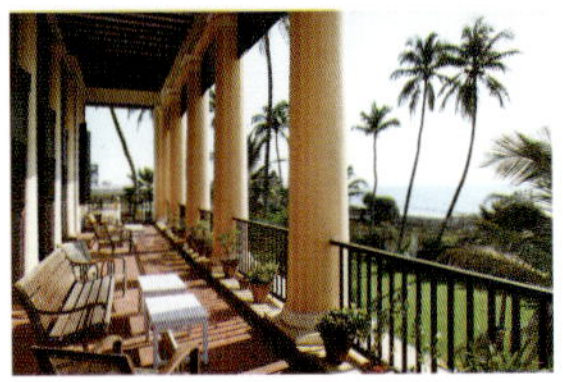
60 French Consulate General

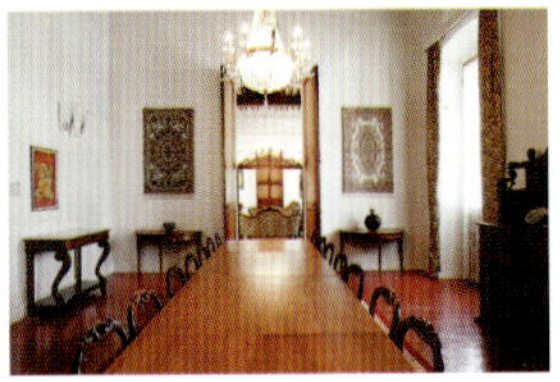
61 French Consulate General

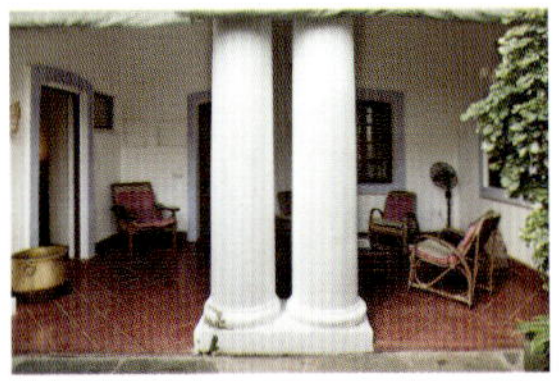
62 Hotel de Pondicherry

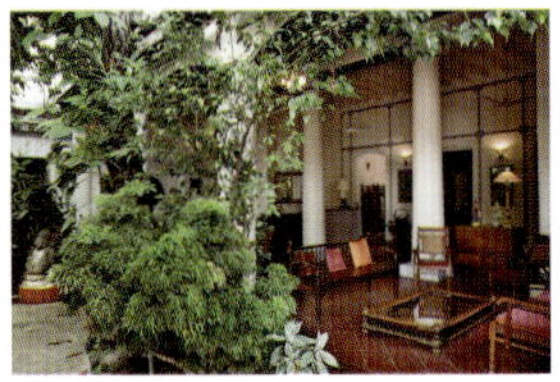
63 Hotel de Pondicherry

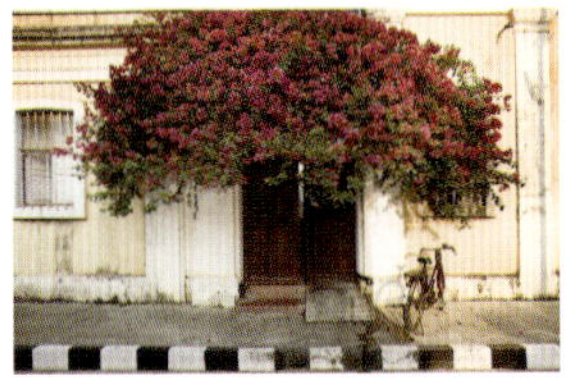
64 Rue Romain Rolland

65
French
School of
the Far East

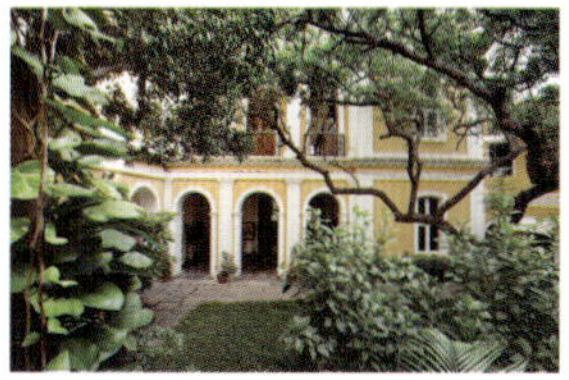

67
Hotel
Dupleix

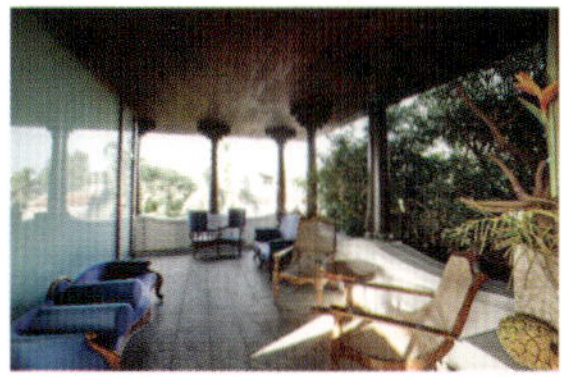

68
Hotel
Dupleix

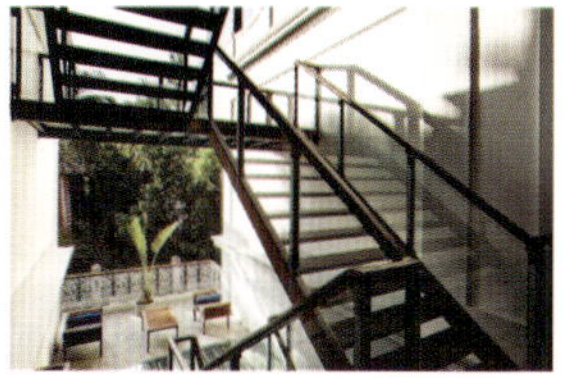

69
Montorsier
Street

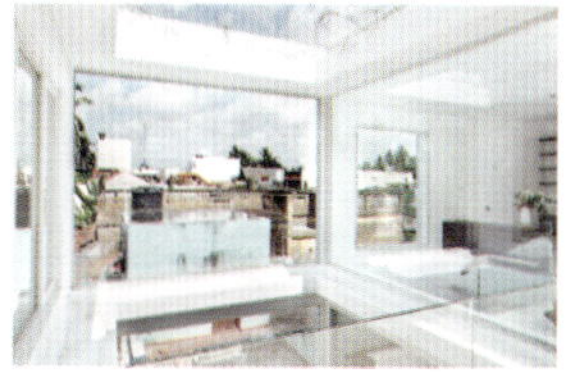

70
Montorsier
Street

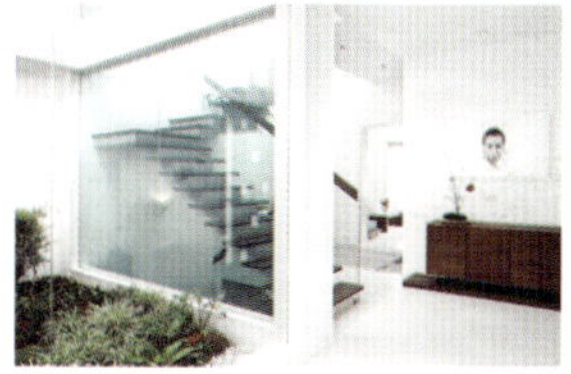

77
Goubert
Avenue

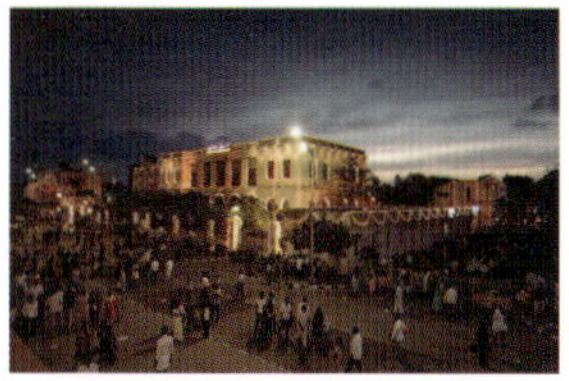

78
Anna
Thidal

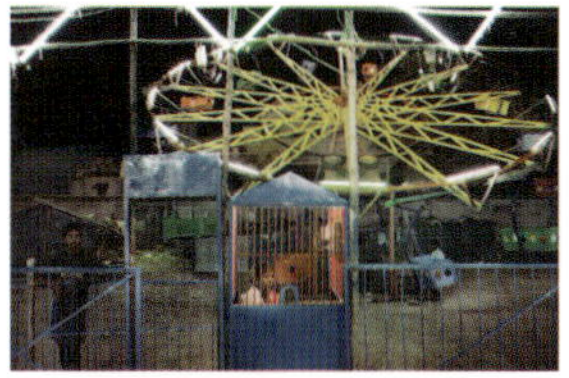

79
Anna
Thidal

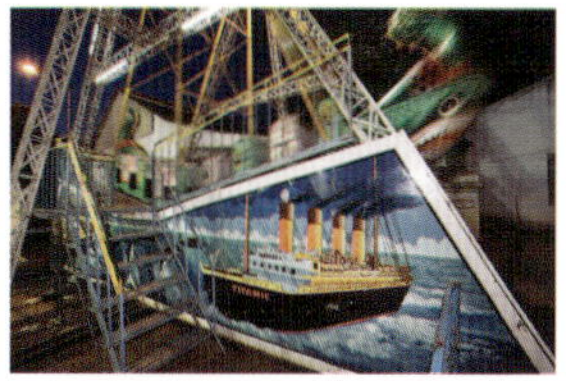

80
Goubert
Avenue

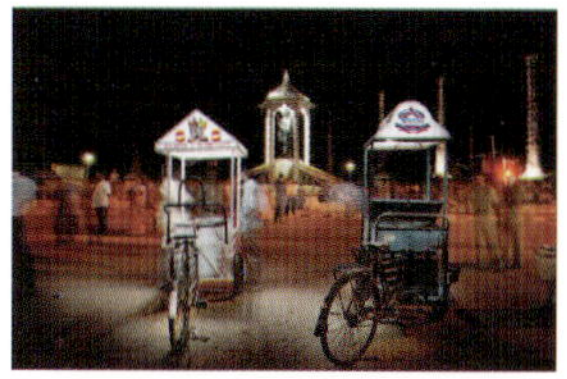

81
Bharathi
Park

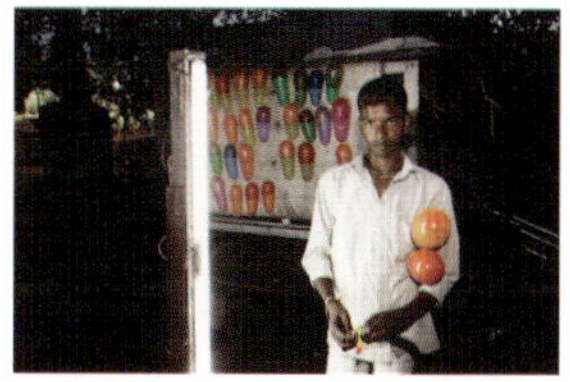

82
Bharathi
Park

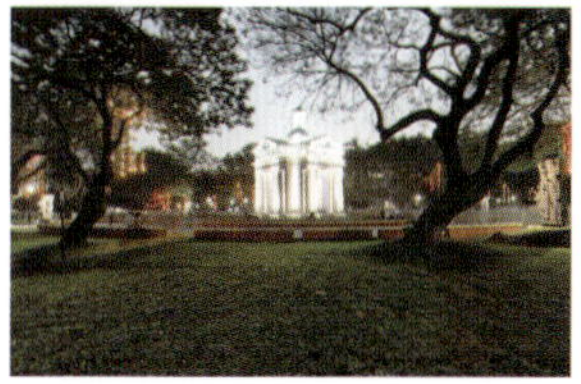

83
Raj Nivas

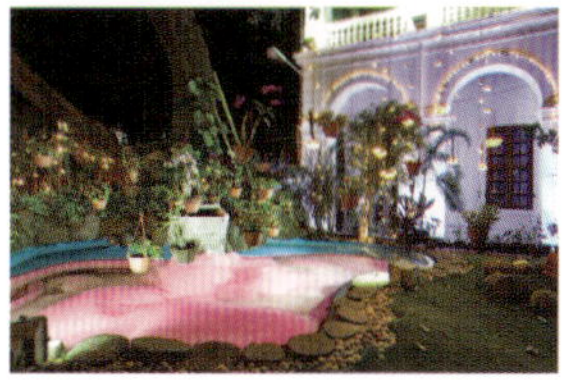

85
Fire
Service
Station

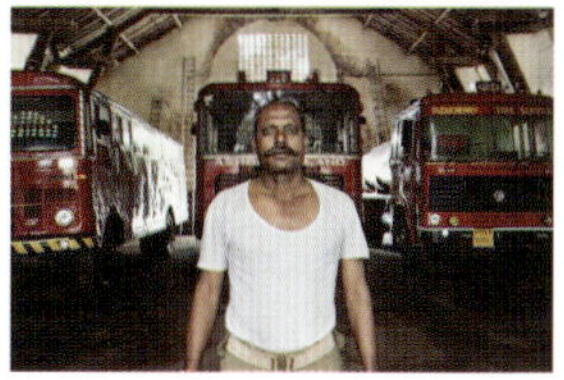

86
Goubert
Market

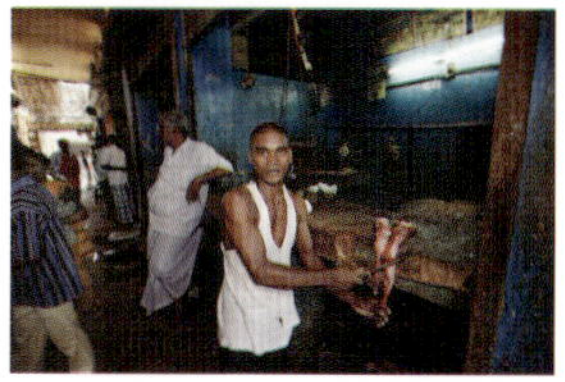

87
Goubert
Market

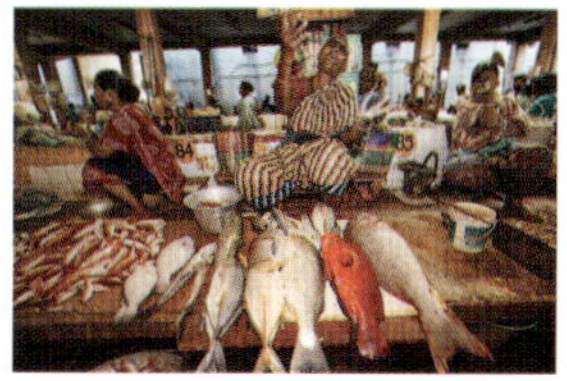

88
Indian
Coffee
House

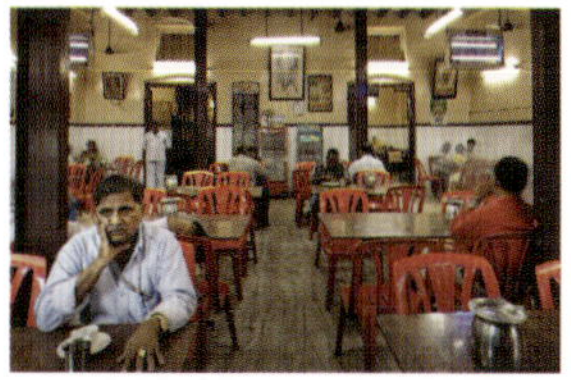

89
Indian
Coffee
House

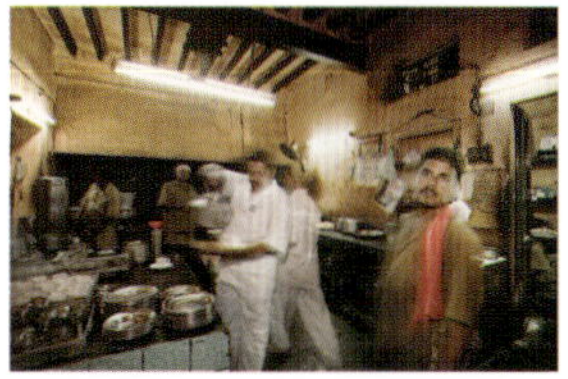

90
Fire
Service
Station

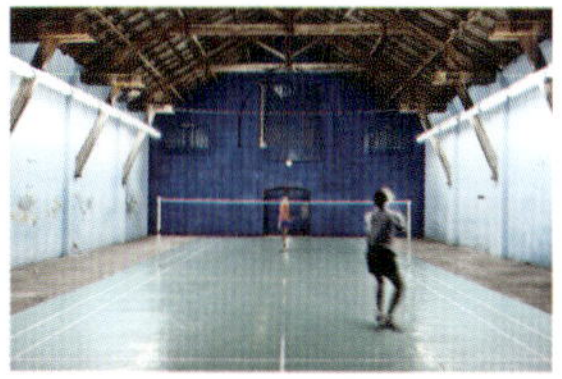

92
Pondicherry
Railway
Station

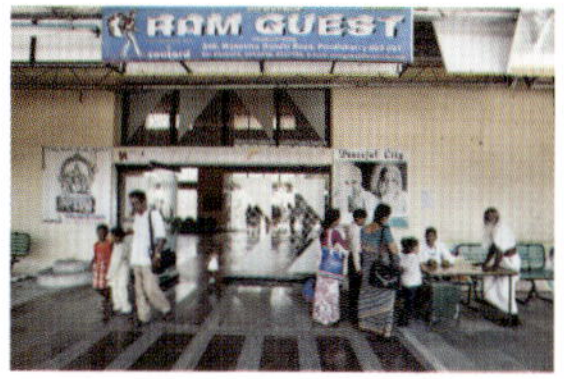

93
Pondicherry
Railway
Station

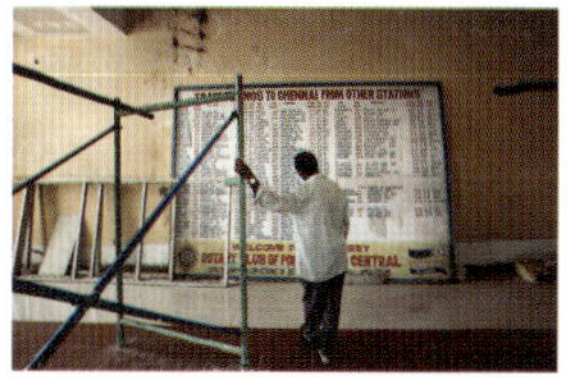

94
Rue
Bazaar
Saint
Laurent

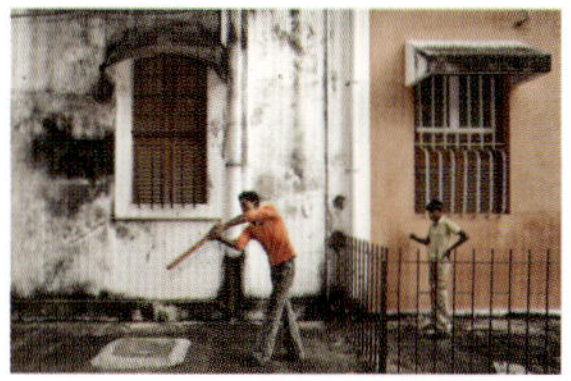

95
Kazy
Street

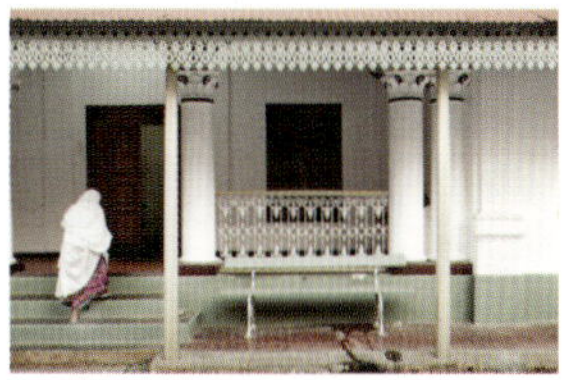

96
Gandhi
Road

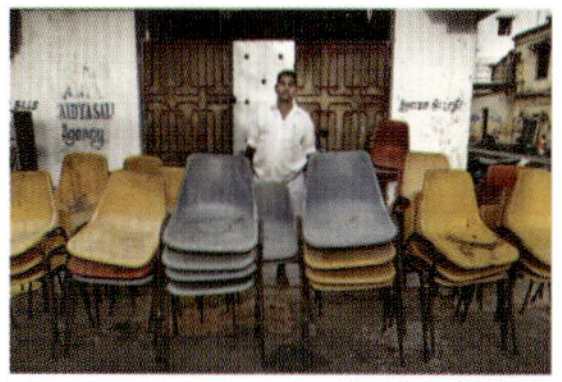

97
Petit Canal
Street

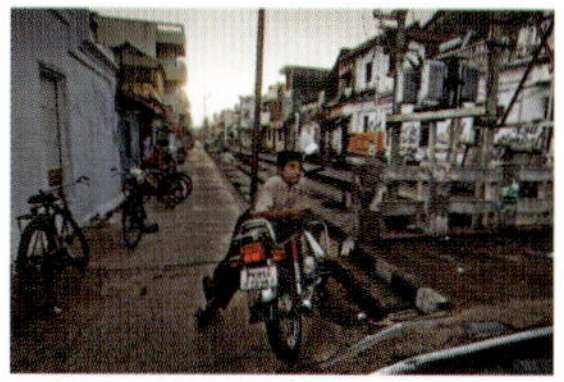

99
Rue
Surcouf

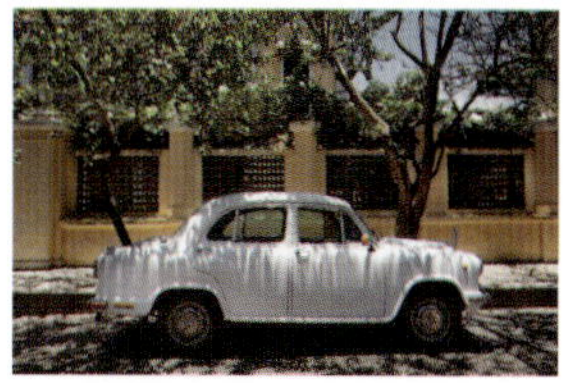

100
Vysial
Street

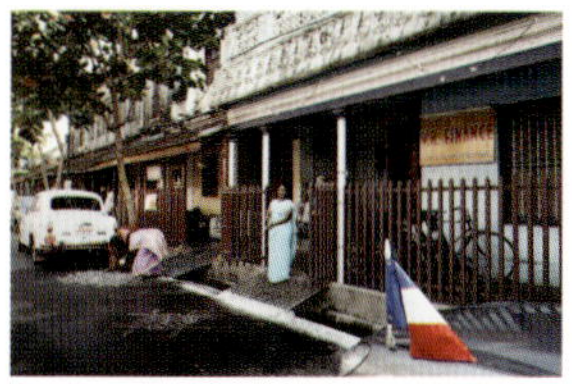

101
Vysial
Street

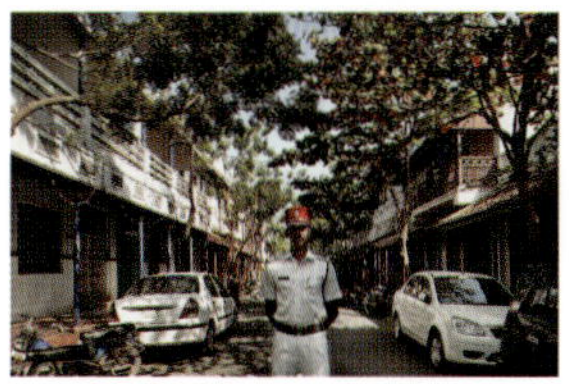

102
Indira
Gandhi
Sport
Complex

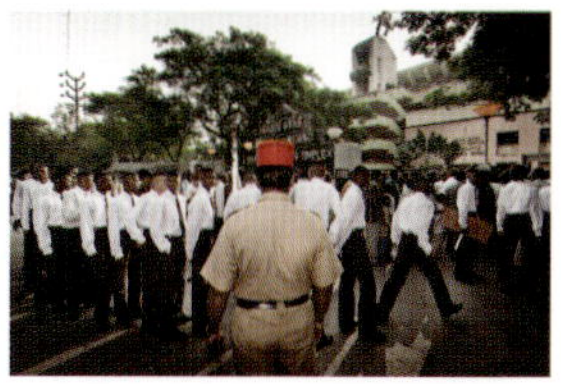

103
Ambour
Salai

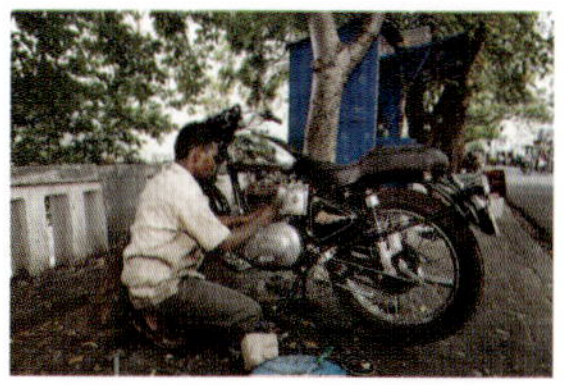

105
Botanical
Garden

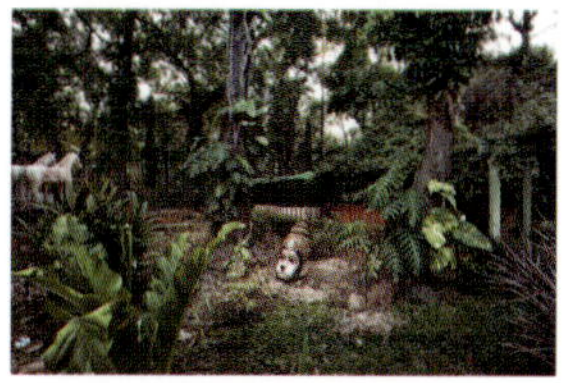

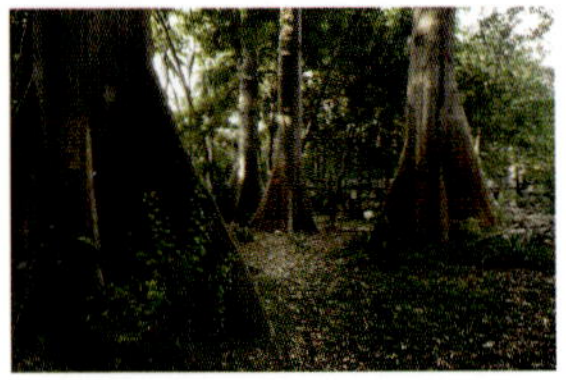

106 Botanical Garden

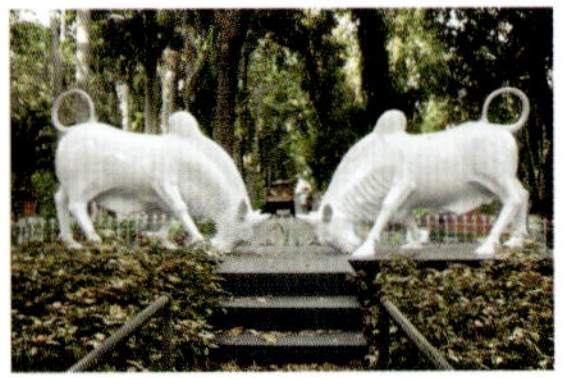

107 Botanical Garden

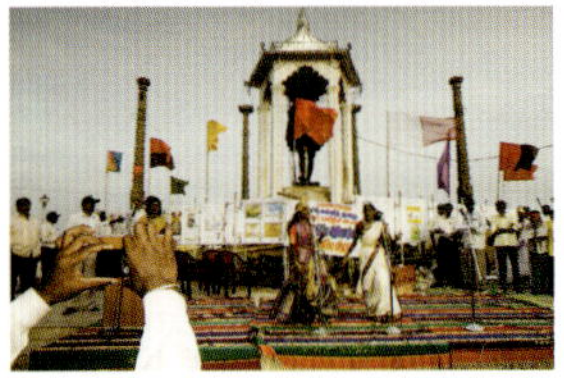

109 Gandhi Statue

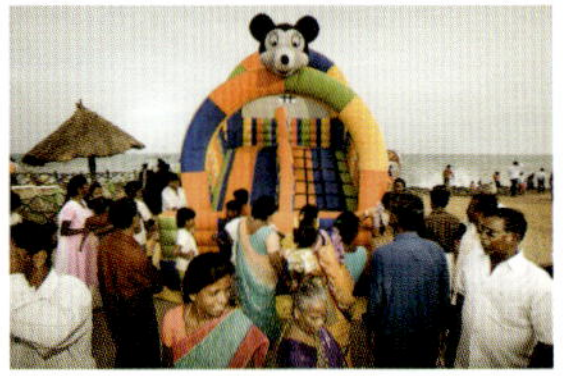

110 Goubert Avenue

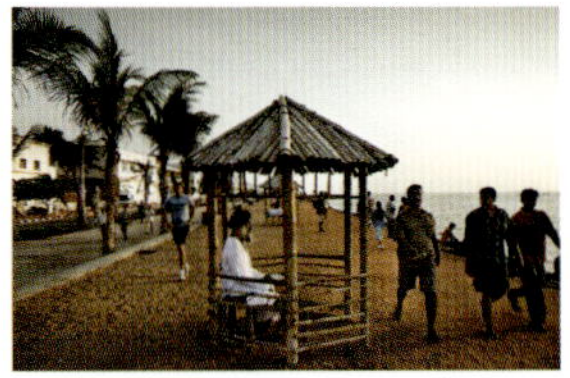

111 Goubert Avenue

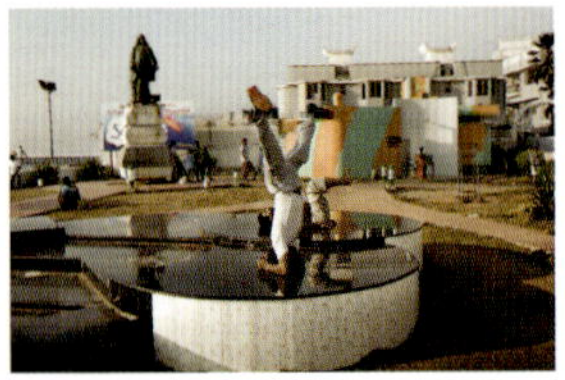

112 Statue of Dupleix

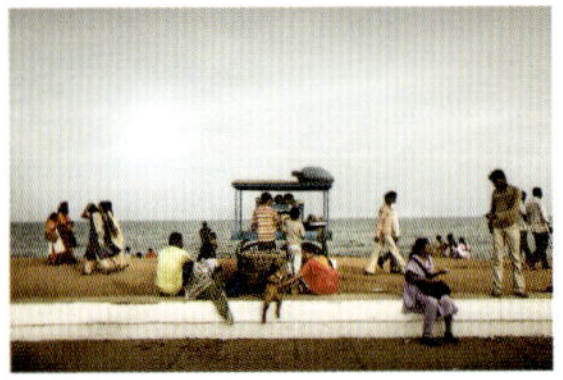

113 Goubert Avenue

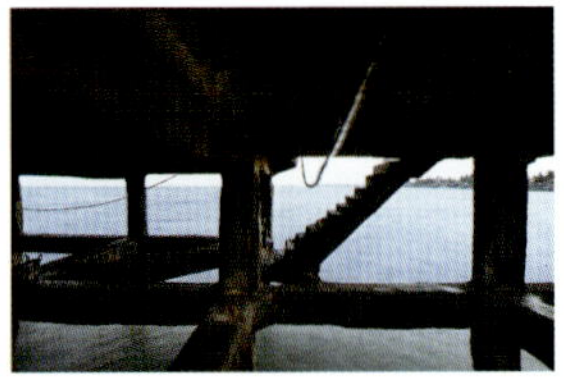

114 Under the pier

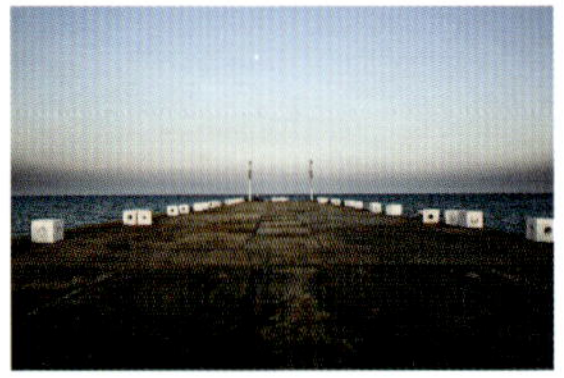

115 The pier

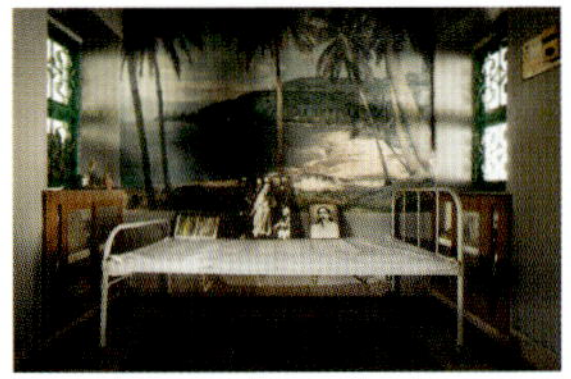

117 Vysial Street

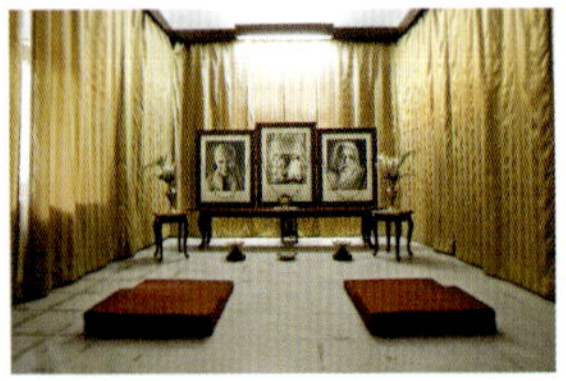

118 Sri Aurobindo Society Guest House

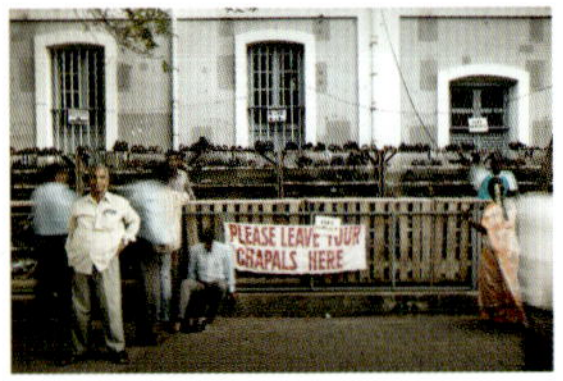

119 Rue de la Marine

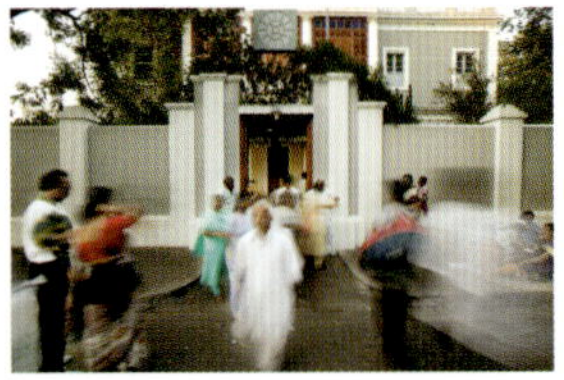

120 Rue de la Marine

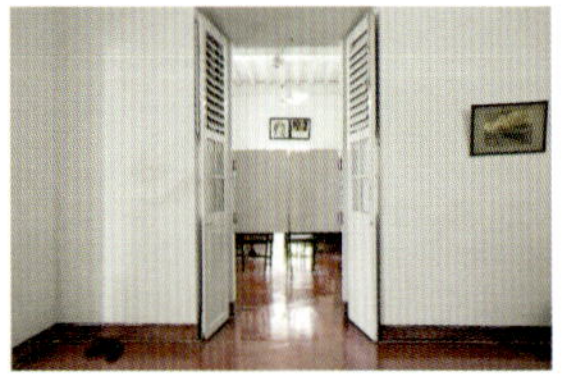

121 La Clinique

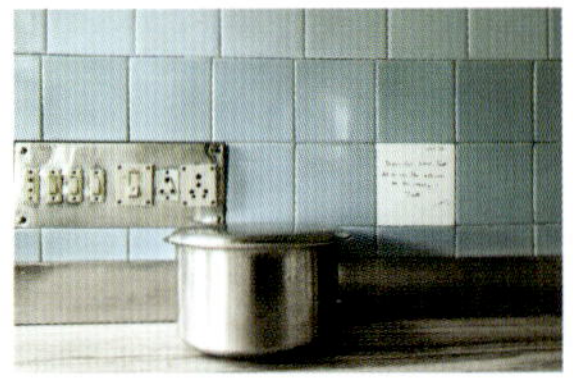

123 Sri Aurobindo Society Guest House

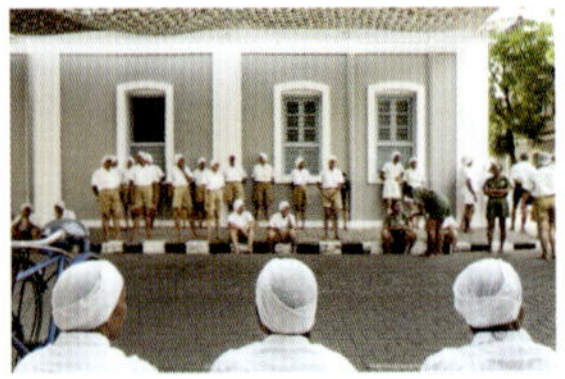

124 Darshan Day

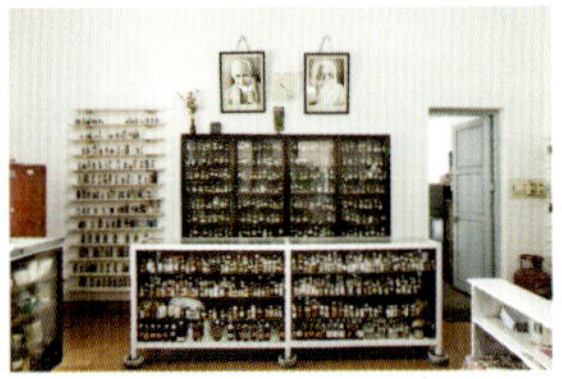

125 La Clinique

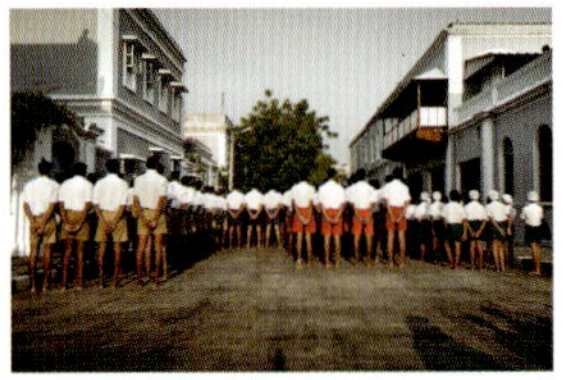

126 Darshan Day

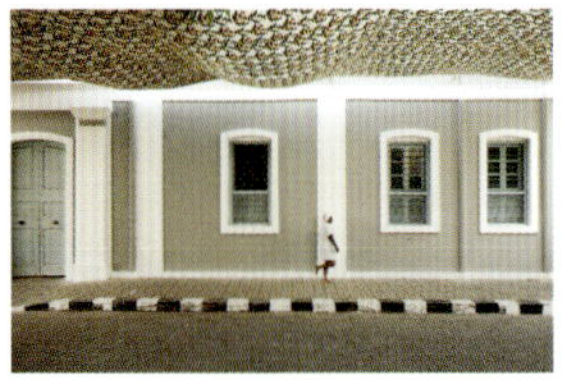

127 Rue François Martin

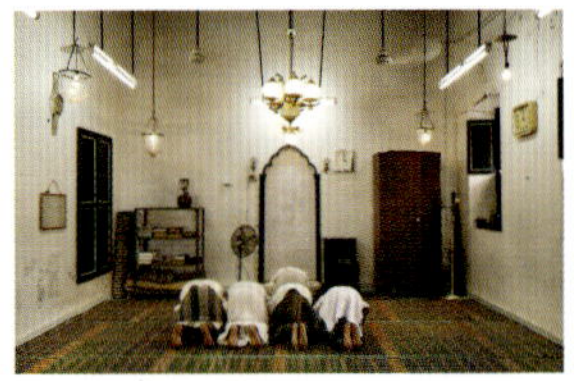

129 Muvahidiya Mosque

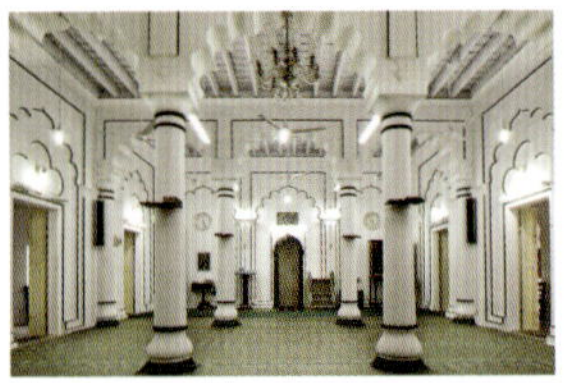

130 Kutpa Mosque

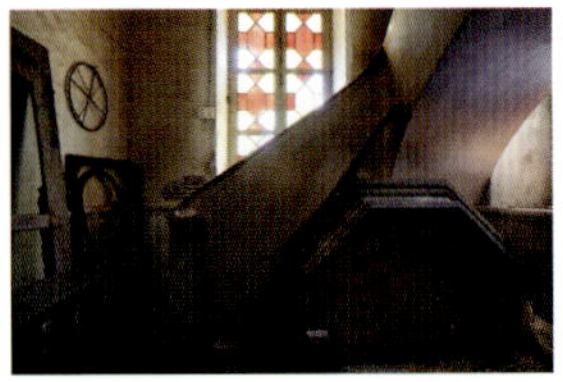

131 Our Lady of Angels Church

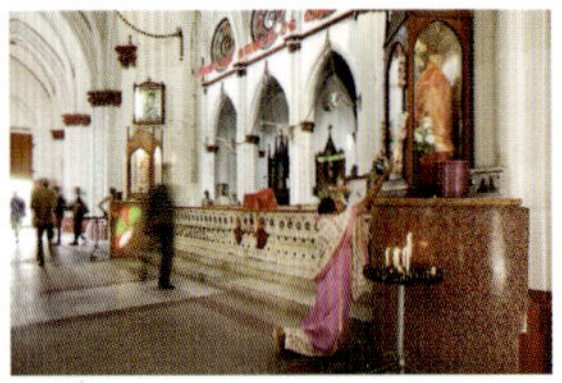

132 Sacred Heart of Jesus Church

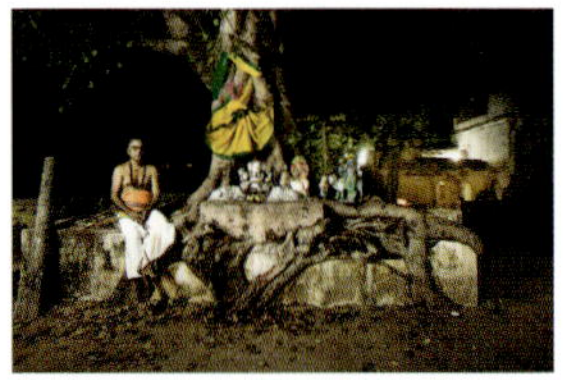

133 Kennai Kulam Temple

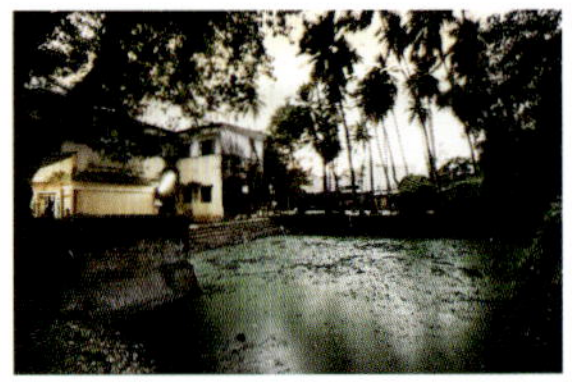

135 Kennai Kulam Pond

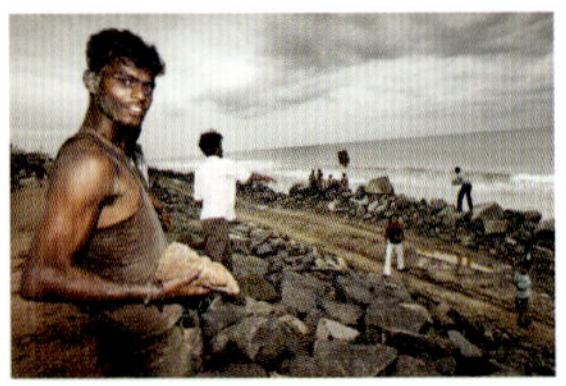

136 Ganesh pooja on Goubert Avenue

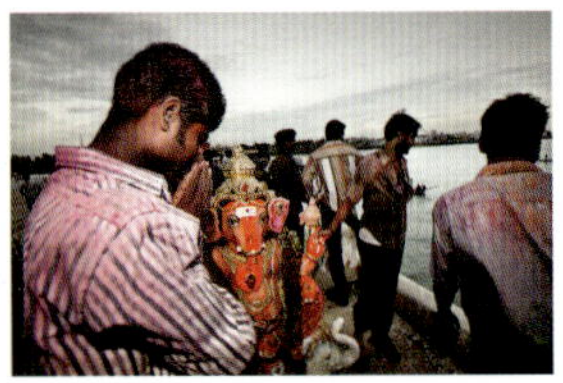

137 Ganesh pooja on the pier

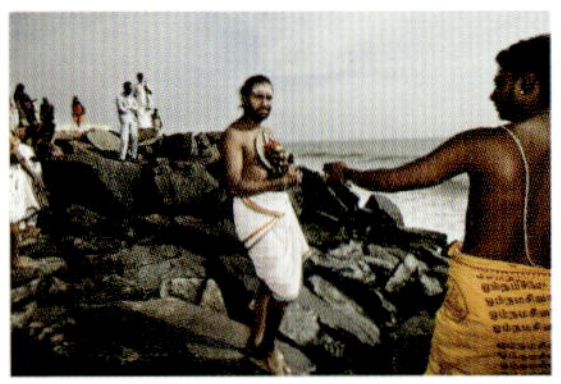

138 Masi Magam

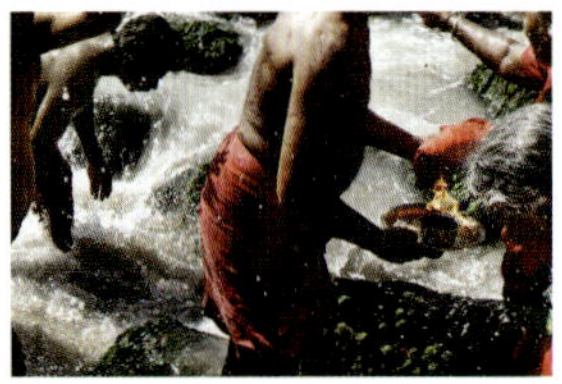

139 Masi Magam

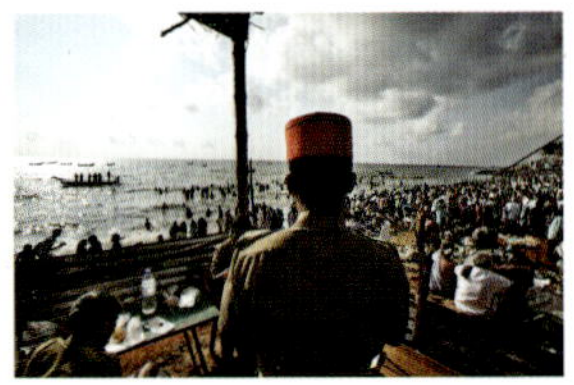

141 Masi Magam

Thank you

This book is for my wife, Marcella, who first brought me to India.

I would like to thank my many friends in India, especially those in Pondicherry who have expressed warmth and support throughout this project: Martin Quentric-Séguy, who opened her very exclusive address book and got me started; Ajit Koujalgi, Ashok Panda, and Arul of INTACH, who initially navigated me through the maze of Pondicherry's streets; Francis Wacziarg for his hospitality at the Hôtel de l'Orient; Jean-Pierre Muller for his strong encouragement; Dominic Goodall for his understanding. A special thanks to the French Consul General Pierre Fournier, for his enthusiasm and continuous practical support; Brigitte Maury for constantly offering her ideas and insight; Ramraj Sehgal for helping to open a dialogue with the Ashram; Elisabeth de Farcy for her encouragement; and Gopi, my assistant, who battled with the endless bureaucracy for permits and helped me communicate in Tamil.

I would also want to thank all those who have allowed me into their private sphere and facilitated my rummaging and searching for an image – this hospitality and trust have been the key to this project. I'm also very grateful to the writers, who have offered me a deeper insight into Pondicherry: Amin Jaffer, who, notwithstanding a very busy schedule, sent me his very touching and intimate view; Akash Kapur who was instantly taken by the project and has added the much needed vision of a worldly Pondicherian; Pascal Bruckner, whose work I deeply admire and whose fame in French intellectual circles is no mystery, has honoured me with his beautiful preface. Finally, the legendary Raghu Rai for taking the time to discuss my work.

But this book would not have been possible without the watchful eyes of friends and colleagues: Giulio di Sturco, a talented prize-winning photographer, whose editing suggestions were priceless; Franco Chiarpei of Velvet Design, for his sensitive graphic insight; Daniele Coralli with his outstanding skills. Maurice Shukla for his masterful translations and constant support, and Priya and Pramod Kapoor of Roli Books, who believed in the project.

But most of all, I would like to thank my wife and creative partner, Marcella, whose love for India has brought us and our two daughters to live in Auroville, a stone's throw from Pondicherry. Her endless support and nuanced sensibility have been a driving force for this project and many others.

Merci

Ce livre est dédié à ma femme Marcella, qui m'a fait découvrir l'Inde.

Je voudrais remercier mes nombreux amis en Inde et en particulier ceux de Pondichéry qui m'ont chaleureusement soutenu tout au long de ce projet: Martin Quentric-Séguy, qui a mis à ma disposition son carnet d'adresses et m'a permis de commencer; Ajit Koujalgi, Ashok Panda et, Arul d'INTACH qui m'a guidé dans le dédale des rues de Pondichéry; Francis Wacziarg, pour son hospitalité à l'Hôtel de l'Orient; Jean-Pierre Muller, pour ses encouragements; Dominic Goodall, pour sa compréhension. Un remerciement particulier pour le Consul Général, Pierre Fournier, pour son enthousiasme et son soutien constant et Brigitte Maury, pour ses idées et sa sagacité; Ramraj Sehgal, qui m'a introduit auprès de l'Ashram; Elisabeth de Farcy pour ses encouragements; Gopi, mon assistant, qui a bataillé sans relâche avec la bureaucratie indienne, afin d'obtenir les autorisations nécessaires et m'a aidé à communiquer en tamoul.

Je voudrais aussi remercier tous ceux qui m'ont reçu dans leur intimité et m'ont permis de fureter partout à la recherche d'images – leur hospitalité et leur confiance ont été la clef de ce projet. Je suis reconnaissant aux écrivains et aux amis qui m'ont offert une vision plus profonde de Pondichéry: Amin Jaffer, qui, malgré un agenda chargé, a bien voulu partager sa perception intime et touchante; Akash Kapur, qui a été immédiatement intéressé par le projet et y a apporté la vision d'un Pondichérien avisé; Pascal Bruckner, dont j'admire l'œuvre et dont la réputation dans le milieu intellectuel français n'est plus à faire, et qui m'a honoré d'une très belle préface.

Pourtant ce livre n'aurait pas été possible sans l'œil vigilant d'amis et de collègues: Giulio di Sturco, un jeune et talentueux photographe dont les suggestions sont sans prix. Franco Chiarpei de Velvet Design pour sa perspicacité graphique sensible; Daniele Coralli, pour ses compétences exceptionnelles. Priya et Pramod Kapoor de Roli Books qui ont cru à ce projet et Maurice Shukla pour ses traductions magistrales et sa disponibilité constante.

Mais par-dessus tout, je voudrais remercier ma femme et ma partenaire, dont l'amour de l'Inde a amené nos filles et moi-même à vivre à Auroville, située à un jet de pierre de Pondichéry. Son soutien sans limites et sa sensibilité ont été le moteur de ce projet comme de beaucoup d'autres.

Roli Books Pvt. Ltd.
M-75, G.K. II Market,
New Delhi-110 048, India.
Phone: ++91-11-40682000
Fax: ++91-11-29217185
Email: info@rolibooks.com.
Website: rolibooks.com

ISBN: 978-81-7436-872-0

Photography: Sebastian Cortés
Art direction: Marcella Calvani Cortés
Graphics: www.velvetdesign.it

Printed and bound in India